DAS RESTAURANTQUIZ

EGON MARK

DAS RESTAURANTQUIZ

Das Wichtigste über Speisen in Restaurant und Küche

VERLAG GEBRÜDER KORNMAYER

© 2010 Verlag Gebrüder Kornmayer,
www.kornmayer-verlag.de
ISBN 978-3-942051-06-4

Autor: Egon Mark
Umschlag und Gestaltung: Evert Kornmayer
Lektorat:Angelika Radloff
Druck: Leibi, Neu-Ulm

Die Deutsche Bibliothek - CIP-Einheitsaufnahme. Ein Titelsatz dieser Publikation ist bei der Deutschen Bibliothek (Frankfurt) erhältlich.

Dieses Buch ist urheberrechtlich geschützt. Alle Rechte, insbesondere das Recht der Vervielfältigung und Verbreitung sowie die Übersetzung, vorbehalten. Kein Teil des Werks darf in irgendeiner Form ohne schriftliche Genehmigung des Verlags reproduziert oder vervielfältigt werden. Dies gilt insbesondere für Vervielfältigungen und Übernahme des Inhalts in elektronische Medien. Die Wiedergabe von Warenzeichen, Handelsnamen, Gebrauchsnamen etc. in diesem Buch berechtigt auch ohne besondere Kennzeichnung nicht zu der Annahme, dass solche Namen im Sinne der Warenzeichen- und Markenschutzgesetzgebung als frei zu betrachten wären und daher zur allgemeinen Benutzung freigegeben wären.

Die Inhalte dieses Buches wurden nach bestem Wissen aufbereitet. Weder Verlag, Herausgeber noch Autor haften für eventuelle Schäden, die aus den Angaben dieses Buches resultieren.

Klimaneutral gedruckt
Wir gleichen alle durch unsere Arbeit entstehenden CO_2-Emissionen, die (noch) nicht verhindert oder reduziert werden konnten, durch Beteiligungen an Klimaprojekten aus. Das ist für uns ein weiterer bewusster Schritt hin zu einer nachhaltigen Wirtschaftsweise. Weitere Informationen: www.leibi.de/klima
Zertifikat-Nr.: 143-53247-0910-1103

Inhalt

Vorwort 6

Die Quizfragen

Kategorie: Küchenklassiker 9

Kategorie: Regional und international 61

Kategorie: Speisekammer 125

Kategorie: Allerlei rund um das Essen und Trinken 179

Kategorie: Ernährung 225

Kategorie: Flüssiges 263

Kategorie: Service 307

Index 328

Der Autor 339

Vorwort

Sehr geehrte Leserinnen und Leser,
liebe Freunde der Genüsse auf dem Teller und im Glas,

den meisten von uns geht es wirtschaftlich recht gut, zumindest wenn man die Situation mit anderen Ländern vergleicht. Gerade deswegen halte ich es für wichtig, einiges, was mit unserer Ernährung und mit dem Genießen zusammenhängt, einmal kritisch zu betrachten.

In Bezug auf Nahrungsmittel gab es schon immer Dinge, die die meisten von uns nicht gutgeheißen hätten, wenn sie bekannt geworden wären. Noch nie haben wir so viel erfahren wie heute, zum Beispiel über die massive Vernichtung von Lebensmitteln in unvorstellbaren Größenordnungen.

Ich selbst bin ein Genussmensch, aber durch meine Kindheit in „schlechten Zeiten" und durch meine detaillierten Kenntnisse über die Produktion von Nahrungsmitteln wurde ich zu einem eher kritischen Genießer. Ich weiß, wie Fleisch, Eier und weitere tierische Lebensmittel produziert werden, die bei Diskountern zu Dumpingpreisen verschleudert werden. Ich esse z. B. gerne Fleisch, Fisch und Meeresfrüchte, aber nur dann, wenn ich zu wissen glaube, dass ihre Entstehung mit der Natur vereinbar ist. Antibiotika aus Aquafarming, Giftrückstände in Obst und Gemüse, Fleisch- und Milchprodukten usw. schaden ganz gewiss unserer Gesundheit und unserer Umwelt in erheblichem Maße. Etwas weniger Konsum, dafür aber wert- und verantwortungsbewusster, ist wohl ein vernünftiger Weg - für den Konsumenten genauso wie für den Produzenten.

Vielleicht kennen Sie mein Buch DAS WEINQUIZ, das ebenfalls im Verlag Gebrüder Kornmayer erschienen ist. Wein und alles, was mit ihm zusammenhängt, ist für mich neben dem Thema „Gastronomie" das wichtigste Thema, mit dem ich mich seit jeher beschäftige.

Eine strenge Ausbildung im Bereich Service absolvierte ich in einem Hotel am Arlberg; „Kellnerlehre" nannte man das damals. Die Küche interessierte mich genauso wie der Umgang mit Gästen und Menschen im Allgemeinen.

Man sagt, Wassermänner seien reiselustig. Das trifft auf mich als Wassermann ganz sicher zu. Schon mit zwanzig Jahren - damals war

Vorwort

man in dem Alter noch nicht einmal volljährig - suchte ich den Weg in die weite Welt. Schweden war mein Ziel, und der Luxus-Liner „Kungsholm" der Schweden-Amerika-Linie war der schönste und interessanteste Arbeitsplatz, den ich je hatte. Was gibt es Großartigeres, als mit einem angesehenen Arbeitgeber die Welt zu bereisen: Zwei Herbste lang waren es die Inseln der Karibik, es folgte eine dreimonatige Luxuskreuzfahrt in die Südsee und nach Fernost. Während dieser Zeit, als es noch äußerst schwierig war, einen Job im Ausland zu bekommen, machte ich somit eine zweite Ausbildung.

Die darauf folgenden Jahre in einigen Spitzenrestaurants in Göteborg brachten mir viel weiteres Wissen und wertvolle Erfahrungen. Und wenn es vielleicht auch merkwürdig klingt: Schweden war das Land, in dem ich mein Interesse für Wein entdeckte. Ich besuchte viele Seminare dazu, sodass ich eine Zeitlang wie ein Sommelier in Frankreich arbeiten konnte.

Zurück in Österreich war ich Oberkellner, Geschäftsführer, Cafetier und Restaurateur. Zu den ersten Kursen als Vortragender am WIFI-Tirol (Wirtschaftsförderungsinstitut) musste man mich überreden. Aber bald machte es mir große Freude, mein Wissen an Interessierte weiterzugeben. Neben der Kurstätigkeit am WIFI war ich mehr als zwanzig Jahre als Fachlehrer mit drei verschiedenen Lehramtsprüfungen an der Pädagogischen Akademie am Kolleg für Tourismus in Innsbruck tätig. Als Lektor an der Weinakademie, als Trainer und Prüfer bei der Sommelierausbildung in ganz Österreich und mit unzähligen weiteren Weinseminaren war ich sehr beschäftigt. Aber obwohl der Wein immer im Vordergrund stand, kamen das Kochen und Genießen nie zu kurz.

Nachdem das schon erwähnte Buch DAS WEINQUIZ schon bald nach dem Erscheinen mit dem Award „Best Wine Education Book in Germany" ausgezeichnet wurde, entschloss ich mich, das nun vorliegende Buch DAS RESTAURANTQUIZ auch wieder in Quiz-Form zu schreiben. Es ist ein Buch, das jedem Genießer in einer kurzweiligen Art die Möglichkeit gibt, sein Wissen aufzufrischen. Für alle, die beruflich im Restaurantfach beginnen möchten oder schon mitten drin sind, ist es eine gute Möglichkeit, Fachwissen zu erweitern und zu festigen.

Der Index am Ende des Buches enthält eine große Zahl an Stichwörtern aus allen Fragen und Antworten in alphabetischer Reihenfolge mit einer Seitenangabe. So hat dieses Buch gleichzeitig die Funktion eines Fach-

Vorwort

lexikons. Bei jedem Stichwort oder Thema, das Sie interessiert, können Sie einsteigen. Die Aussage „Dieses Buch habe ich schon gelesen" wird es hier nicht geben.

Fast nichts im Leben geht von selbst, und Wissen, Fertigkeiten und Fähigkeiten muss sich jeder erarbeiten. Ich möchte mich bei dieser Gelegenheit bei allen meinen Lehrmeistern bedanken, die mir die Möglichkeit dazu gaben. Leider sind die meisten davon nicht mehr unter uns.

„Last, but not least" gilt auch diesmal wieder mein größter Dank meiner Gattin Rosi, die seit mehr als vierzig Jahren viele Interessen mit mir teilt – und das hoffentlich noch sehr lange bei verantwortungsbewusst eingekauften und zubereiteten Genüssen auf dem Teller und bei einem regelmäßigen guten Glas Wein. Es darf auch mal ein zweites sein!

Egon Mark

Das Restaurantquiz

Kategorie: Küchenklassiker

Küchenklassiker

Nicht alles war früher besser, aber da man das Positive länger in Erinnerung behält als eher Negatives, erinnert man sich besonders gut an gerne gegessene Speisen aus der Kindheit, die „Leibgerichte".

Viele international bekannte Gerichte, die man heute noch als „Küchenklassiker" kennt, haben einen historischen Hintergrund. Einige sind fast vergessen, andere nie wirklich verschwunden, und einige feiern ihr Comeback. Manchmal ist es die Lieblingsspeise eines Monarchen, die sein Leibkoch für ihn kreiert hatte.

Manches Gericht erinnert an kriegerische Erfolge, wie zum Beispiel das „Filet Wellington" an den Sieger von Waterloo oder das „Huhn Marengo", das nach der Schlacht von Marengo entstanden sein soll.

Viel freundlicher klingen so manche Legenden, z. B. diejenigen über die Entstehung der „Crêpe Suzette", der „Birne Helene", des „Pfirsich Melba" oder der „Sachertorte" und natürlich des legendären „Kaiserschmarrens". Was an all den Geschichten wirklich stimmt, sei dahin gestellt; Hauptsache, es schmeckt.

Küchenklassiker [Fragen]

[1] Ein „Filet Wellington" besteht hauptsächlich aus ...
(1) Kalbfleisch
(2) Lachsfilet
(3) Hühnerbrüstchen
(4) Rindfleisch

[2] Die Altwiener-Küche kennt einen „Vanillerostbraten". Den besonderen Geschmack gibt aber nicht die Vanille, sondern ...
(1) Salzgurken
(2) Paprikapulver
(3) Knoblauch
(4) Zwiebelringe

[3] „Salat Niçoise" hat neben den verschiedenen Zutaten aus dem Garten auch Fisch in der Standardrezeptur. Es sind ...
(1) kleine Tintenfische
(2) Sardellenfilets
(3) Thunfischstücke
(4) Streifen vom Räucherlachs

[4] Eine „Forelle Blau" wird gegart in ...
(1) Essigsud
(2) Sherryfond
(3) Kalbsfond
(4) Milchfond

[5] Nach welcher Grundzubereitungsart entsteht in der Küche ein „Züricher Geschnetzeltes"?
(1) Sautieren
(2) Braisieren
(3) Frittieren
(4) Grillieren

[6] Was sind „Croûtons"?
(1) Kleine Nordseegarnelen
(2) Kartoffelgebäck
(3) Geröstete Weißbrotstückchen
(4) Kleine pikante Gewürzgurken

Küchenklassiker [Antworten]

[1] ... Rindfleisch
Das Filet ist nach dem Herzog von Wellington, dem Sieger von Waterloo über Napoleon, benannt und wird mit Rinderfilet zubereitet. Das Filetstück - meist im Ganzen - wird kurz angebraten, zusammen mit einer Champignonfarce in Blätterteig gehüllt und im Rohr fertig gebacken. Ob es der Leibkoch des Herzogs oder der Schweizer Küchenchef Charles Senn für eine Kochkunstausstellung kreierte, ist nicht ganz sicher. Auf jeden Fall ist es ein Klassiker in der internationalen Küche.

[2] ... Knoblauch
Der Name dieses Rostbratens erinnert an die Zeit, als ausländische Gewürze für den einfachen Haushalt noch beinahe unerschwinglich waren. Tröstend nannte man den billigen Knoblauch auch „Vanille des armen Mannes". Somit ist Knoblauch, feinst zerdrückt direkt auf den Fleischscheiben und zusätzlich im Saft, der wichtige Geschmacksgeber für diesen Rostbraten.

[3] ... Sardellenfilets
Prinzessbohnen, Tomatenviertel, gekochte Kartoffeln, Paprika, Oliven und weitere Zutaten sind in dem klassischen Salat aus der Provençe enthalten. Die „richtigen" Fische dazu sind die Sardellenfilets.

[4] ... Essigsud
Die blaugekochte Forelle ist ein Küchenklassiker überall dort, wo es sie absolut frisch gibt. Je frischer sie gekocht wird, desto blauer und gekrümmter kann sie serviert werden. Der Essigsud ist üblich und kann mit Weißwein und Suppengemüse verfeinert werden. Das kalorienarme Gericht wird gerne mit zerlassener Butter und frisch gekochten Salzkartoffeln serviert.

[5] Sautieren
Die vier angeführten Arten sind Grundzubereitungen in der Küche. Ein Geschnetzeltes wird in der Regel kurz und scharf mit Fett angebraten; diese typische Garmethode für kleine Fleischstücke bezeichnet der Koch als Sautieren.

[6] Geröstete Weißbrotstückchen
Croûtons werden in der Küche vielfach eingesetzt: als Einlage in Suppen, als Garnitur für Salate oder als Sockel für kleinere Fleischstücke. Es sind kleine Weißbrotwürfel, die in Butter geröstet oder goldbraun gebacken werden.

Küchenklassiker [Fragen]

[7] Das typische Pizza-Gewürzkraut ist ...
(1) Majoran
(2) Oregano
(3) Rosmarin
(4) Basilikum

[8] „Lady Curzon" ist eine international bekannte Suppenkreation. Ein Gewürz ist dafür besonders wichtig. Es ist ...
(1) Curry
(2) Paprika
(3) Safran
(4) Chili

[9] Der „Rostbraten à la Esterhazy" ist nach einem berühmten Adelsgeschlecht aus der K&K-Zeit benannt. Die Garnitur ist einfach, aber schmackhaft, und besteht aus ...
(1) sautierten Morcheln
(2) Essiggurken in Fächerform
(3) gebratenen Speckscheiben und Kapern
(4) Julienne von Wurzelgemüse

[10] Eine Beerenfrucht ist typisch im „Rheinischen Sauerbraten". Es sind ...
(1) Rosinen
(2) Kapern
(3) Preiselbeeren
(4) Wacholderbeeren

[11] Welcher Käse ist beim Salatklassiker „Cesar`s Salad" unbedingt dabei?
(1) Edamer
(2) Feta
(3) Emmentaler
(4) Parmesan

[12] Wenn in der Küche etwas „pochiert" wird, dann geschieht das Folgende:
(1) Gemüse wird in einem gut verschlossenen Topf gegart
(2) Fleisch wird vor dem Garen weich geklopft
(3) Es erfolgt ein kurzes Überkochen unterhalb des Siedepunkts
(4) Früchte oder Gemüse werden durch ein Sieb gestrichen

Küchenklassiker [Antworten]

[7] ... Oregano
Alle Würzkräuter gibt es quer durch die Küchen der Erde. So auch das typischste Pizza-Gewürz: Oregano. Das Kraut ist auch als „wilder Majoran" über die Kontinente verbreitet. Die ausgeprägte Aromakraft macht Oregano bzw.

[8] ... Curry
Lady Curzon war die Gattin des adeligen Engländers George Nathaniel Curzon, der Generalgouverneur von Indien wurde. Ihre klare Schildkrötensuppe wurde mit Curry, Sherry und Sahnehäubchen verfeinert und oftmals auch gratiniert. „Echte" Schildkrötensuppe darf es in der EU nicht mehr geben und sollte aus Gründen des Artenschutzes auch anderswo tabu sein. Eine Alternative könnte die „falsche" Schildkrötensuppe sein, die als „Mock turtle soup" bekannt ist und aus Kalbskopf gemacht wird.

[9] ... Julienne von Wurzelgemüse
Als ungarische Adelsfamilie brachten es die Esterhazys zu beachtlichem Ansehen und Reichtum. Nach welchem der Esterhazy-Fürsten dieser Rostbraten benannt wurde, ist nicht bekannt. Die Garnitur besteht in der Hauptsache aus in Streifen geschnittenem Wurzelgemüse (Karotten, Petersilie und Zwiebeln), das in Butter angeschwitzt wird und zusammen mit einer leichten Sauce über den Rostbraten kommt.

[10] ... Rosinen
Das Rinderbratenstück wird roh einige Tage in einer Marinade aus Essig, Rotwein, Gemüse und Gewürzen eingelegt, wodurch es seinen typischen Geschmack bekommt. Nach dem Schmoren wird der Rheinische Sauerbraten mit einer süßlichen Sauce mit Rosinen serviert.

[11] Parmesan
„Cesar`s Salad" ist ein international bekannter Salat aus der US-amerikanischen Küche und wurde wahrscheinlich nach dem Italo-Amerikaner Cesare Cardini benannt. Römischer Salat, Eier, Oliven und Weißbrotcroûtons sind einige der Zutaten. Parmesan, meist in feine Scheiben gehobelt, ist der typische Käse dazu.

[12] Es erfolgt ein kurzes Überkochen unterhalb des Siedepunkts
Das Pochieren ist eine spezielle Garmethode. Klassisches Beispiel sind die pochierten Eier, die in einem Essigsud langsam gegart werden. Manche Speisen werden auch in kleinen Förmchen im Wasserbad pochiert.

Küchenklassiker [Fragen]

[13] Beim „Mazerieren" wird/werden ...
(1) ein feines Gebäck mit Marzipan überzogen
(2) verschiedene Zutaten durch eine Knetmaschine vermischt
(3) eine Zutat oder Speise von einem anderen Aroma durchzogen
(4) ein Stück Fleisch vor dem Grillen weich geklopft

[14] Wenn ein Koch vom „Montieren" spricht, dann muss er ...
(1) etwas aufschlagen
(2) Fleischstücke mit Garn binden
(3) Fleischstücke mit Speckstreifen spicken
(4) Knochen und Wurzelwerk für eine Grundsauce herrichten

[15] Wenn Sie sich aus der Speisenkarte ein „Entrée" empfehlen lassen, dann bekommen Sie ...
(1) einen frischen Gemüsesaft anstelle der Suppe
(2) eine Vorspeise bzw. einen ersten Gang
(3) einen kleinen kulinarischen Gruß aus der Küche
(4) Brot und Butter zusammen mit einem besonderen Aufstrich

[16] Wenn eine „Sauce Hollandaise" mit geschlagenem Obers bzw. Schlagsahne verfeinert wird, entsteht nach den Regeln der Kochkunst eine ...
(1) Sauce Béarnaise
(2) Sauce Mousseline
(3) Sauce Choron
(4) Sauce Maltaise

[17] Wenn die bestellte Kraftsuppe mit „Julienne" angeboten wird, dann besteht die Einlage aus ...
(1) französischen Fadennudeln
(2) kleinen Profiterolen
(3) Eierstichwürfeln
(4) feinen Gemüsestreifen

[18] Eine Forelle nach „Müllerinnen Art" wird üblicherweise ...
(1) in Bierteig gebacken
(2) in einer Béchamel-Sauce serviert
(3) in einem Weißweinsud gegart
(4) in Butter gebraten

Küchenklassiker [Antworten]

[13] ... eine Zutat oder Speise von einem anderen Aroma durchzogen
Das Wort „mazerieren" kommt aus der französischen Sprache und bedeutet etwa soviel wie „einweichen". Ein klassisches Beispiel in der Küche ist das Mazerieren von Früchten mit Zitrone oder Likören. Dabei wird die Frucht mit dem Aroma der verwendeten Flüssigkeit durchtränkt.

[14] ... etwas aufschlagen
In der Küche werden Suppen, Saucen, Cremen, Pürees und anderes mit einem Schneebesen bearbeitet bzw. aufgeschlagen. Dabei werden z. B. Butter, Obers oder Eigelb eingearbeitet, um die Speisen cremiger oder luftiger zu machen. Die bekannte Sauce Hollandaise ist z. B. eine „montierte Buttersauce".

[15] ... eine Vorspeise bzw. einen ersten Gang
„Entrée" ist das französische Wort für Einfahrt oder Eintritt. Im Restaurant ist es der erste Gang in einer Speisenfolge oder eben eine Vorspeise, kalt oder warm.

[16] ... Sauce Mousseline
Alle vier angeführten Saucen sind „aufgeschlagene Buttersaucen". Wenn Schlagsahne bzw. Schlagobers unter die Sce. Hollandaise gehoben wird, entsteht die feine „Sce. Mousseline".
Wird die Sauce mit einer Reduktion aus Estragon bereitet, ist es die „Sce. Béarnaise"; mit Tomatenpüree aromatisiert, ergibt es die „Sce. Choron"; die „Sce. Maltaise" wird mit Blutorangensaft verfeinert.

[17] ... feinen Gemüsestreifen
„Julienne" ist ein Begriff aus der französischen Küche für sehr feine Gemüsestreifen. Hauptsächlich werden dafür Karotten, Sellerie und Lauch verwendet. Julienne dienen häufig als Suppeneinlage, können aber auch eine Beilage für Fleisch- und Fischgerichte sein.

[18] ... in Butter gebraten
Der Fachbegriff ist „à la meunière", eine sehr häufige Zubereitungsart für Forellen und andere Fische. Dabei wird der vorbereitete und gewürzte Fisch in Mehl gewendet, in Butter gebraten und mit Zitronensaft und gehackter Petersilie vollendet.

Küchenklassiker [Fragen]

[19] Welches Getreide wird bevorzugt für die Herstellung von russischen „Blinis" verwendet?
(1) Buchweizen
(2) Roggen
(3) Gerste
(4) Hafer

[20] Was ist eine „Vinaigrette"?
(1) Essigsauce
(2) Weinsuppe
(3) Gemüseeintopf
(4) Suppe mit Innereien

[21] Escoffier, der „König der Köche", bestaunte den „Clam chauder" als amerikanische Nationalsuppe. Die namens- und geschmacksgebenden Zutaten dafür sind ...
(1) Pilze
(2) Fische
(3) Krustentiere
(4) Muscheln

[22] Ein klassisches englisches Weihnachtsdessert ist der ...
(1) Kastanienauflauf
(2) Preiselbeerpfannkuchen
(3) Pflaumenpudding
(4) Yorkshirepudding

[23] „Sauce Cumberland" ist eine typische Beigabe zu Wild- oder Fleischpasteten. Geschmack und Farbe bekommt die Sauce vor allem durch ...
(1) Tomaten und Knoblauch
(2) Himbeeren und Rotwein
(3) Preiselbeeren und Cognac
(4) Johannisbeeren und Portwein

[24] Ein „Savarin" ist ein Gebäck, meist in Ringform, das zusammen mit verschiedenen Zutaten gerne als Dessert serviert wird. Gebacken wird es aus ...
(1) Hefe- bzw. Germteig
(2) Blätter- oder Butterteig
(3) Biskuitmasse
(4) Brandteig

Küchenklassiker [Antworten]

[19] Buchweizen
Blinis sind Klassiker in der russischen Küche, die zusammen mit verschiedenen Zutaten serviert werden. Eine der nobelsten Servierarten ist die Kombination mit Sauerrahm und Kaviar oder Lachs. Traditionell werden Blinis mit Buchweizenmehl hergestellt und wie kleine Pfannkuchen gebacken. Buchweizen ist ein Knöterichgewächs.

[20] Essigsauce
„Vinaigrette" leitet sich vom französischen Wort für Essig (=Vinaigre) ab und ist eine kalte Sauce auf der Basis von Essig und Öl mit verschiedenen Kräutern und Gewürzen. Varianten sind möglich. Verwendung findet die Sauce z. B. für Spargel, Gemüse oder Fleisch.

[21] ...Muscheln
„Clam chauders" sind Muscheln, von denen es auf der Erde etwa 2000 verschiedene Arten gibt. Die Muscheln werden nach Art und Größe unterschieden. In den verschiedenen US-Bundesstaaten haben sich spezielle Formen der „Chauders" entwickelt, so zum Beispiel der „Manhattan chowder" oder der „New Bedford chowder".

[22] ... Pflaumenpudding
Der klassische Weihnachtspudding in England, Irland und anderen Ländern des Commonwealth ist der „Plum pudding", also der Pflaumenpudding. Die Zutaten wie Trockenfrüchte, Mehl und Fett werden entweder in Tüchern oder in Puddingformen gegart und dann am Tisch mit Alkohol flambiert. Üblicherweise wird die Süßspeise schon Wochen vor Weihnachten zubereitet, damit sie gut durchziehen kann, und am ersten Weihnachtsfeiertag serviert.

[23] ... Johannisbeeren und Portwein
Die fruchtige und feinherbe Sauce wird gerne zu warmen und kalten Wildgerichten und natürlich zu Fleischpasteten serviert. Die Basis für die Sauce bilden Johannisbeergelee, Portwein oder Rotwein und eine Reihe von Gewürzen. Benannt ist die Köstlichkeit nach dem Herzog von Cumberland, der im 19. Jahrhundert lebte; den erblichen britischen Adelstitel gibt es aber schon seit mehreren Jahrhunderten.

[24] ... Hefe- bzw. Germteig
Vermutlich entstand das Gebäck in einer Pariser Patisserie. Es wurde nach dem Gastrosophen Brillant-Savarin benannt. Der Ring aus Hefe- bzw. Germteig wird nach dem Auskühlen mit Alkohol getränkt und mit frischen oder getrockneten Früchten garniert.

Küchenklassiker [Fragen]

[25] Wenn ich im Restaurant „Mignon de veau chasseur" bestelle, bekomme ich ...
(1) gebratene Steinpilze in Kräutersauce
(2) Kalbsfile mit Champignons
(3) gefüllte Hühnerbrüstchen
(4) Kalbsbriesscheibchen mit Artischockenherzen

[26] „Labskaus" war einst dastypische Essen der ...
(1) Zimmerleute
(2) Fuhrleute
(3) Seefahrer
(4) Bergarbeiter

[27] "Schupfnudeln" sind beliebte Beilagen zu Gerichten mit Sauce. Gemacht werden sie hauptsächlich aus ...
(1) Kartoffeln
(2) Maisgrieß
(3) Weizengrieß
(4) Dinkelmehl

[28] „Hollandaise" und „Béarnaise" sind zwei wichtige Saucen in der feinen Küche. Welche dieser Aussagen ist richtig?
(1) Die Sce. Hollandaise wird mit Olivenöl aufgeschlagen
(2) Die Sce. Béarnaise wird mit einer Mehlschwitze verfeinert
(3) Die Sce. Hollandaise wird mit Eigelb und Eiweiß zubereitet
(4) Die Sce. Béarnaise wird mit Estragon verfeinert

[29] Die Basis für die Herstellung einer guten Sauce ist üblicherweise ein ...
(1) Fondue
(2) Flambée
(3) Fondant
(4) Fond

[30] Gebackene Kartoffeln wie z. B. Pommes frites werden gegart bei etwa ...
(1) 160 - 180 °C
(2) 190 - 210 °C
(3) 100 - 120 °C
(4) 120 - 140 °C

Küchenklassiker [Antworten]

[25] ... Kalbsfilet mit Champignons
„Mignons" sind kleinere Fleischstücke, meist aus dem Filet. „Veau" ist das französische Wort für Kalbfleisch, „chasseur" ist der Jäger und steht für die Pilzbeilage.

[26] ... Seefahrer
Labskaus ist ein traditionsreiches Gericht. „Erfunden" haben es Seefahrer, die gut haltbare Zutaten wie Kartoffeln, gepökeltes Rindfleisch und Gemüse als Basis verwendeten. Kräftig soll das Labskaus sein und den Hunger ordentlich stillen. Ansonsten unterscheiden sich die Rezepturen sehr stark; die Beilagen reichen von Roter Bete (österr.: Rohnen) über Salzheringe oder Rollmöpse bis hin zu Kaviar.

[27] ... Kartoffeln
Schupfnudeln, für die es verschiedene Rezepte gibt, sind beliebte Beilagen in der süddeutschen und österreichischen Küche. Meistens werden Kartoffeln für die Zubereitung verwendet.

[28] Die Sce. Béarnaise wird mit Estragon verfeinert
Beide Saucen haben in der Herstellung eins gemeinsam: Es sind warm aufgeschlagene Buttersaucen. Mit Öl könnte man diese Saucen nicht herstellen. Während die Holländische Sauce eher neutral gehalten ist, wird die Béarner Sauce mit Estragon und anderen Kräutern geschmacklich verfeinert. Die Hollandaise wird daher auch eher zu Feingemüse und edlen gekochten Fischen serviert, dieBéarnaise meist zu gebratenem oder gegrilltem Fleisch oder Fisch.

[29] ... Fond
Meistens aus Knochen oder Abschnitten sowie Gemüse und Kräutern hergestellt, ist ein Fond die Basis für die Zubereitung schmackhafter Saucen und Suppen. Weißer und brauner Fond, Gemüse-, Fisch- und Kalbsfond sollten in jeder guten Küche vorhanden sein.

[30] ... 160 – 180 °C
Das Backen - in der Küchenfachsprache „Frittieren" - geschieht in hitzebeständigem Fett in der Friteuse oder einer entsprechenden Pfanne. Bei zu hohen Temperaturen kann sich der giftige Stoff Acrolein bilden.

Küchenklassiker [Fragen]

[31] Die Zubereitungsart „en papillote" eignet sich besonders für ...
(1) Tofu
(2) Fische
(3) Teigwaren
(4) Parmaschinken

[32] Aus welchem Teil des Rindes werden „Tournedos" geschnitten?
(1) Aus der Schulter
(2) Aus der Keule
(3) Aus der Lende
(4) Aus dem Roastbeef

[33] Ein „Sorbet" ist ...
(1) eine geeiste Gemüsesuppe
(2) ein kleiner Salzwasserfisch
(3) ein kleiner Auflauf
(4) ein Fruchteis

[34] Ein Frischlingskotelett kommt vom ...
(1) Wildschwein
(2) Fohlen
(3) Lamm
(4) Kalb

[35] Speiseeis gibt es nicht erst, seit wir moderne Kühlmaschinen besitzen. Der Ursprung der Eiserzeugung liegt wahrscheinlich ...
(1) bei den Römern
(2) bei den Griechen
(3) bei den Indianern
(4) in China

[36] „Carpaccio" - das marinierte Rindfleisch - ist eine klassische italienische Vorspeise. Der Name stammt von ...
(1) einem Berg in Venetien
(2) einem Opernsänger
(3) einem Künstler aus der Renaissance
(4) dem Koch, der es kreierte

Küchenklassiker [Antworten]

[31] ... Fische
„En papillote" bedeutet soviel wie „in der Papierhülle". Es ist eine besonders schonende Zubereitungsart, bei der die jeweilige Rohware im eigenen Saft gegart wird. Anstelle einer Hülle aus Backpapier kann man auch Alufolie verwenden. Die Zubereitung ist besonders für Edelfische empfehlenswert.

[32] Aus der Lende
Die verschiedenen Fleischteile haben in Deutschland, Österreich und der Schweiz sehr unterschiedliche Bezeichnungen. Tournedos werden aus dem dünneren Teil des Filets geschnitten. Es ist das weichste und zarteste Stück aus dem Rinderrücken. Auch „Lendenstück" ist geläufig, in Österreich auch „Lungenbraten".

[33] ... ein Fruchteis
„Sorbet", „Sherbet" oder „Sorbetto" ist meistens ein sehr kleiner Zwischengang bei einem mehrgängigen Menü. Es kann eine Art Fruchteis aus nicht zu süßen Früchten sein oder etwas Gefrorenes auf der Basis von Champagner. In den letzten Jahrzehnten wurden auch gewagte Abwandlungen des Sorbets kreiert.

[34] ... Wildschwein
Als „Frischlinge" gelten sowohl die männlichen als auch weiblichen Wildschweine bis zu einem Alter von etwa einem Jahr. Das Fleisch ist zart und schmackhaft. Im Alter von ein bis zwei Jahren heißen die Tiere „Überläufer".

[35] ... in China
Wenn man den historischen Aufzeichnungen glaubt, gibt es Eisdesserts schon seit 3000 oder gar 5000 Jahren, wenn auch in etwas anderer Form als heute. Als Pioniere werden die Chinesen gesehen. Schnee und Gletschereis dienten zur Kühlung. Marco Polo brachte die Technik und die Rezepte nach Europa. Auch die Römer und die Griechen kannten gefrorene Desserts. Katharina von Medici brachte das eisige Handwerk nach Frankreich.

[36] ... einem Künstler aus der Renaissance

Küchenklassiker [Fragen]

[37] Wenn Kalbsleber mit gebratenen Apfelscheiben und Röstzwiebeln serviert wird, dann ist es nach der klassischen Küchenkunde die ...
(1) Meraner Art
(2) Berliner Art
(3) Tiroler Art
(4) Schweizer Art

[38] Wenn ein Restaurant „Tournedos Rossini" anbietet, sollte das Fleisch eine besondere Garnitur haben. Welche ist die richtige?
(1) Gänseleber und Trüffel
(2) Hummerscheibe und Sauce Béarnaise
(3) Champignons und Portweinsauce
(4) Artischockenböden und Steinpilzpüree

[39] Wenn eine Speise nach dem französischen Apotheker Antoine Auguste „Parmentier" benannt ist, darf etwas nicht fehlen, nämlich ...
(1) Karotten
(2) Kartoffeln
(3) Blumenkohl
(4) Zwiebeln

[40] „Farce" bedeutet in der Küche:
(1) Auf dieser Basis werden Pasteten hergestellt
(2) Ein wichtiges Lebensmittel ist vergriffen
(3) Es kommen zu viele Bestellungen auf einmal herein
(4) Das Kühlhaus ist ausgefallen

[41] Der „Gugelhupf" ist in Süddeutschland und Österreich ein Klassiker unter den Mehlspeisen. Welche Aussage trifft zu?
(1) Er ist klein, rund und mit Schokolade gefüllt
(2) Er hat seine Marmorierung durch Safran, Zimt und Kakao
(3) Der Teig wird nur mit Weinstein-Backpulver hergestellt
(4) Er wird aus Hefeteig gebacken und hat eine besondere Form

Küchenklassiker [Antworten]

[37] ... Berliner Art
Gerichte von Innereien haben vielleicht nicht mehr die gleiche Bedeutung wie früher, aber eine gebratene Kalbsleber ist auf jeden Fall etwas Feines. Wenn diese dann mit Apfelscheiben und Röstzwiebeln und zudem mit einer feinen Sauce und Kartoffelpüree serviert wird, kann es nur die „Berliner Art" sein.

[38] Gänseleber und Trüffel
Eine besondere Fleischzubereitung für ein Rinderfilet wurde nach dem kulinarisch sehr interessierten Musiker und Komponisten Gioacchino Rossini benannt: Das Filetstück wird auf einem Sockel angerichtet, mit Gänseleber und Trüffeln belegt und mit Madeirasauce überzogen.

[39] ... Kartoffeln
Parmentier war zwar Apotheker, hat aber die Kartoffeln in Frankreich bekannt und populär gemacht, nachdem er sie in Deutschland kennen gelernt hatte. Angefangen bei der „Potage Parmentier", der Kartoffelsuppe, tragen verschiedene Kartoffelgerichte seinen Namen.

[40] Auf dieser Basis werden Pasteten hergestellt
Eine Farce sollte gut binden und gleichzeitig locker, zart und saftig sein. Die feine Masse wird aus Fleisch, Wild, Geflügel, Fisch oder anderen Zutaten gewonnen und für Pasteten, Terrinen oder Suppeneinlagen verwendet.

[41] Er wird aus Hefeteig gebacken und hat eine besondere Form
Der Name „Guglhupf"stammt aus Österreich und Süddeutschland und wurde auch im Elsass übernommen. Im nördlichen Deutschland wird etwas Ähnliches gebacken: Wegen der Form werden diese Backwerke als „Napf-", „Topf-",„Bund-" oder „Rodonkuchen" bezeichnet. Rezepte gibt es viele, aber der „echte" wird nur aus Germ- bzw. Hefeteig gebacken. Er ist eine typische Mehlspeise zum Nachmittagskaffee.

Küchenklassiker [Fragen]

[42] „Erdbeeren Romanow" waren eine beliebte Nachspeise im Hause des letzten Zaren Russlands. Bei der Zubereitung werden die Erdbeeren ...
(1) auf Vanilleeis angerichtet und mit Schokosauce überzogen
(2) mit hochwertigem Wodka flambiert
(3) mit Zucker und Portwein mariniert
(4) mit einer feinen Auflaufmasse überbacken

[43] Das „echte" Filet ist ein Lendenstück. Das „falsche" Filet kommt hingegen ...
(1) von der Keule des Kalbes
(2) von der Schulter des Rindes
(3) vom Hasenrücken
(4) vom Karree des Schweins

[44] Unter „Tomatenconcassé" versteht man in der Küche ...
(1) passierte Tomaten für die Pizza
(2) eine geeiste Tomatensuppe
(3) Tomatenscheiben mit Basilikum
(4) gehäutete und entkernte Tomatenwürfel

[45] „Darne" bei einem Fisch ...
(1) ist das Schwanzstück bis zur Bauchhöhle
(2) sind die gerollten Bauchlappen von Rundfischen
(3) ist die komplette Scheibe eines Rundfisches
(4) sind die Rückenfilets in der Mitte des Fisches

[46] Welches ist das klassische Gemüse in einem „Waldorf-Salat"?
(1) Erbsen
(2) Sellerie
(3) grüne Bohnen
(4) Karotten

[47] Nach traditioneller Art werden „Tournedos à la Rossini" nicht direkt auf dem Teller angerichtet, sondern auf ...
(1) einer Scheibe Gänseleber
(2) einem Bett von Strohkartoffeln
(3) Weißbrotcroûtons
(4) Trüffelrisotto

Küchenklassiker [Antworten]

[42] ... mit Zucker und Portwein mariniert
Das Geschlecht der Romanows war das letzte Zarenhaus in Russland. Die nach ihnen benannten Erdbeeren werden mit Zucker und Portwein oder Orangenlikör mariniert und mit Schlagsahne serviert.

[43] ... von der Schulter des Rindes
Die Form ist der des „echten" Filets sehr ähnlich, die Qualität und Zartheit allerdings nicht. Eine Bezeichnung dafür ist auch „Schulterfilet". Es eignet sich nicht zum Kurzbraten, sondern eher zum Schmoren oder Sieden.

[44] ... gehäutete und entkernte Tomatenwürfel
In heißem Wasser blanchieren, schälen, entkernen und kleinwürfelig schneiden ist der übliche Vorgang zur Herstellung von „Tomatenconcassé". Die kleinen Würfel werden in der Küche vielfach eingesetzt: in klaren Suppen, für kalte oder warme Vorspeisen, für Fleisch- und Fischgerichte.

[45] ...ist die komplette Scheibe eines Rundfisches
Nur der Teil vom Kopf bis zum Ende der Bauchhöhle kann als „Darne" bezeichnet werden. Der Fisch wird dabei nicht durch den Bauch, sondern durch die Kiemen ausgenommen.

[46] Sellerie
Dieser Klassiker unter den Salaten wurde Ende des 19. Jahrhunderts im Hotel Waldorf-Astoria in New York kreiert und stand auch gleich in einem berühmten Kochbuch der damaligen Zeit. Sellerie, roh oder blanchiert, wird in Streifen geschnitten und mit den übrigen Zutaten wie Äpfeln und Walnusskernen, Mayonnaise u. a. mariniert.

[47] ... Weißbrotcroûtons
Giacchino Rossini verstand es nicht nur, mit seiner Musik, wie z. B. mit der Oper „Der Barbier von Sevilla", die halbe Welt zu verzaubern, er war auch ein äußerst kritischer Feinschmecker. Die Filetscheiben seiner Tournedos mussten unbedingt auf gerösteten Weißbrotscheiben angerichtet werden. Über das Fleisch kommen eine Scheibe Gänseleber, gehobelte Trüffeln und Madeirasauce.

Küchenklassiker [Fragen]

[48] Nach welchem Garverfahren entstehen „Verlorene Eier"?
(1) sieden
(2) braten
(3) sautieren
(4) pochieren

[49] „Kasseler" oder „Kasseler Rippenspeer" ist bekanntlich ein gepökeltes und geräuchertes Schweinskarree. In welcher Stadt hat es ein Fleischermeister „erfunden"?
(1) Berlin
(2) Kassel
(3) Hamburg
(4) München

[50] Was versteht man im Restaurant unter einem „Amuse gueule"?
(1) Einen Gruß aus der Küche
(2) Einen anregenden Aperitif
(3) Ein kleines Gebäck zum Kaffee
(4) Ein gemischtes Brotangebot

[51] Was wird in der Küche „tourniert"?
(1) Fleisch
(2) Gemüse
(3) Dienstplan
(4) Chefposten

[52] „Fleurons" sind in der Küche ...
(1) Dessertwürfel
(2) kleine Hefebrötchen
(3) Blätterteig-Halbmonde
(4) Mürbteig-Schiffchen

[53] Die „Court Bouillon" ist in der Küche eine Grundlage ...
(1) zum Marinieren von Wildfleisch
(2) zur Herstellung einer fettfreien Suppe
(3) zum Garen von Fischen
(4) für die Herstellung einer Kraftsuppe

Küchenklassiker [Antworten]

[48] pochieren
„Verlorene Eier", frisch pochiert, werden zum Frühstück oder als Vorspeise serviert. Sie können aber auch vorbereitet und zusammen mit Salaten und Saucen u. a. als kalte Vorspeisen angeboten werden. Man gart die Eier ohne Schale in einer passenden Flüssigkeit unter dem Siedepunkt.

[49] Berlin
„Kasseler" wurde von einem Fleischermeister namens Kassel kreiert. Er hatte sein Geschäft in Berlin. Man kann dieses Fleisch kalt oder warm essen, mit Sauerkraut, Kartoffelsalat etc.

[50] Einen Gruß aus der Küche
Wörtlich übersetzt sind es „Gaumenfreuden", die in guten Restaurants als kleine Appetithappen vor dem eigentlichen Essen serviert werden, gerne mit den Worten „Ein Gruß aus der Küche!". Oft wird dadurch die Wartezeit auf den ersten Speisengang überbrückt.

[51] Gemüse
„Tournieren" ist das Zuschneiden bzw. Abdrehen von Gemüse in gleich große runde bzw. olivenförmige oder längliche Stücke, das teils aus optischen Gründen, aber auch, weil so das Gemüse schneller und gleichmäßiger gart, vorgenommen wird.

[52] ... Blätterteig-Halbmonde
Sie sind ungesüßt und werden zum Garnieren verschiedener Speisen verwendet, z. B. für feine Fischgerichte in Sauce.

[53] ... zum Garen von Fischen
In diesem Würzsud mit Kräutern und Gewürzen werden edle Fische gegart.

Küchenklassiker [Fragen]

[54] „À la Dubarry" ist eine bekannte Speisenbezeichnung bzw. Garnitur in der Restaurantküche. Welche Zutat ist dabei namensgebend?
(1) Blumenkohl (österr.: Karfiol)
(2) Blattspinat
(3) Zwiebeln
(4) Tomaten

[55] Die wichtigsten Zutaten für die Herstellung einer „Béchamelsauce" sind ...
(1) Maisstärke, Olivenöl und Gemüsefond
(2) Mehl, Butter und Milch
(3) Kalbsknochen, Wurzelgemüse und Wasser
(4) Geflügelabschnitte, weißer Lauch und Weißwein

[56] „Mirepoix" wird in der Küche vielfach verwendet als ...
(1) ein französisches Gewürz
(2) Mehlschwitze
(3) Kräuterbouquet
(4) Röstgemüse

[57] In der Küche dient ein Schweinsnetz unter anderem zum ...
(1) Binden von Ragouts
(2) Frischhalten von wertvollen Fleischstücken
(3) Konservieren von Innereien
(4) Zusammenhalten von Fleisch

[58] „Petit Fours" sind ...
(1) ein süßes Kleingebäck
(2) kleine Pfannkuchen
(3) pikante Würzbissen
(4) Fingerfood

[59] Wenn eine Speise mit „Chiffonade" garniert oder vollendet wird, dann sind dies ...
(1) kleine Würfel von Wurzelgemüse
(2) Streifen von Salat oder Blattgemüse
(3) Streifen von Schinken und Rinderzunge
(4) Champignons in dünnen Scheiben

Küchenklassiker [Antworten]

[54] Blumenkohl
Benannt ist dieser Küchenklassiker nach der Comtesse Marie-Jeanne du Barry. Sie war eine Mätresse von Ludwig XV. und endete während der französischen Revolution ganz tragisch auf der Guillotine. Warum Blumenkohl (Karfiol) nach ihr benannt wurde, weiß man nicht genau; vielleicht war es ihr Lieblingsgemüse.

[55] ... Mehl, Butter und Milch
Über die Entstehung des Namens gibt es verschiedene Vermutungen. Fest steht aber, dass die Grundsauce aus einer weißen Mehlschwitze, bestehend aus Butter und Mehl, und Milch gemacht wird. Verfeinerungen verschiedener Art sind üblich. Diese Sauce wird z. B. für Gemüse oder die italienische Lasagne verwendet.

[56] ... Röstgemüse
Um Saucen, Fleischspeisen oder anderen Gerichten Farbe und mehr Geschmack zu geben, ist „Mirepoix" ein fester Bestandteil der Vorbereitungsarbeiten in der Küche. Dafür werden verschiedene Arten von Wurzelgemüse in kleine Würfel geschnitten und angeröstet und bilden so eine Grundlage für verschiedene Speisen.

[57] ... Zusammenhalten von Fleisch
Ein Fettnetz ist ein feines netzartiges Gewebe aus dem Bauchfell von Tieren, vor allem von Schweinen. Es wird z. B. zum Einbinden von Faschiertem oder Fleischrouladen verwendet. Bereits während des Garprozesses löst es sich fast vollständig auf.

[58] ... ein süßes Kleingebäck
Der Name bedeutet eigentlich „kleiner Ofen", wird aber oft mit „kleines Stückchen" übersetzt. Auf jeden Fall es ein klassisches Kleingebäck aus der französischen Küche. Die Basis ist meistens Biskuitteig, manchmal auch Blätter- oder ein anderer Teig. Formen und Vollendungen sind sehr unterschiedlich.

[59] ... Streifen von Salat oder Blattgemüse
Aus dem Französischen übersetzt sind es „Fetzen" oder „Lappen". Kulinarisch betrachtet ist es aber eine gepflegte Einlage in Suppen oder eine Garnitur aus Salat, Spinat oder ähnlichem Blattgemüse. Chiffonade wird meist leicht gedünstet oder blanchiert.

Küchenklassiker [Fragen]

[60] Welche dieser Tätigkeiten in der Küche gilt als vorbereitendes Kochverfahren?
(1) Sautieren
(2) Garnieren
(3) Blanchieren
(4) Frittieren

[61] Die „Demiglace" ist in der Küche ...
(1) ein kalorienreduzierter Aufstrich
(2) eine fettarme Schokoladenglasur
(3) ein Küchenmaß für Saucen
(4) eine braune Grundsauce

[62] Eine dieser Speisen ist für den Gourmet keinesfalls „Fingerfood".
(1) Canapées
(2) Frivolités
(3) Chateaubriand
(4) Savarin

[63] Welchen Namen trägt eine klare Suppe mit Eierstich als Einlage?
(1) Milord
(2) Royal
(3) Imperial
(4) Princess

[64] „Èclairs" bzw. „Liebesknochen" werden aus welchem Teig gebacken?
(1) Brandteig
(2) Biskuitteig
(3) Hefeteig
(4) Sandkuchenteig

[65] „Fond" und „Fondant" sind zwei gängige Ausdrücke in der Küchenfachsprache. Was ist der Unterschied?
(1) Fond und Fondant ist dasselbe
(2) Fondant ist kleiner als Fond und immer etwas Süßes
(3) Fondant ist eine Saucenbasis, Fond eine Zuckerglasur
(4) Fond ist eine Saucenbasis, Fondant ein Zuckerprodukt

Küchenklassiker [Antworten]

[60] Blanchieren
Die vier Begriffe sind alltägliche Tätigkeiten in jeder Küche. Das „Blanchieren" ist entweder ein kurzes Überkochen in einer passenden Flüssigkeit oder das Vorbacken in heißem Fett, wie es zum Beispiel bei selbst gemachten Pommes frites üblich ist.

[61] ... eine braune Grundsauce
Schon der legendäre Koch Escoffier verwendete den Ausdruck „Demiglace" und meinte damit die klassische braune Grundsauce, aus der viele Varianten entstehen. Die Vorstufe kann ein brauner Fond oder die „Spanische Sauce" sein. Die wichtigsten Zutaten sind gehackte Kalbsknochen, Wurzelgemüse, Zwiebeln, Tomatenmark und Gewürze.

[62] Chateaubriand
Es ist ein doppeltes Filetsteak, das als absoluter Klassiker der französischen Küche gilt. „Canapés" sind kleine Genusshappen auf Brotscheiben; ein „Savarin" ist ein Ring aus Hefeteig, der auch sehr klein sein kann; „Frivolités" sind raffinierte kleine Leckerbissen.

[63] Royal
Die komplette Bezeichnung auf der Menü- oder Speisenkarte lautet „Consommé Royal". Diese klare Suppe hat als traditionelle Einlage Eierstich, auch „Eiergelee" genannt. Meistens sind es Kraftsuppen, deren Einlage aus mild gewürztem und versprudeltem Ei hergestellt wird, oft mit verschiedenen Zutaten aromatisiert bzw. eingefärbt, im Wasserbad gestockt und in unterschiedliche Formen geschnitten.

[64] Brandteig
Meistens werden sie mit süßen Crèmes gefüllt und zum Kaffee oder als Dessert gereicht. Mit pikanten Fleischfüllen können es kalte Vorspeisen oder auch kleine Happen sein. Die Hülle besteht in jedem Fall aus Brandteig, der im Rohr gebacken wird, im Gegensatz zum gekochten oder frittierten Brandteig.

[65] Fond ist eine Saucenbasis, Fondant ein Zuckerprodukt
Ein „Fond" ist schlicht eine Bouillon, Brühe oder Basis aus verschiedenen Grundstoffen, aus der eine entsprechende Sauce gewonnen wird. So wird zum Beispiel aus einem weißen Geflügelfond eine helle Geflügelsauce. „Fondant" hingegen ist ein Rohstoff in der Patisserie oder Konditorei: eine zart schmelzende Zuckermasse.

Küchenklassiker [Fragen]

[66] Geheimrat Friedrich von Holstein liebte Wein vom Rhein und Schnitzel. Diese wurden sogar nach ihm benannt. Welche besondere Garnitur hat ein Kalbschnitzel?
(1) Zwiebelringe, in Weinteig gebacken
(2) Rührei mit Räucheraal
(3) Krebsschwänze
(4) Ein Spiegelei und kleine Canapées

[67] Eine „Galantine" ist in der Küche bzw. im Restaurant …
(1) ein Geschirr zum Anrichten von Ragouts und Suppen
(2) eine Art Pastete
(3) ein pflanzliches Geliermittel
(4) die vornehme Verbeugung des Servierpersonals

[68] Für welche Speisen oder welche Abteilung ist der „Garde Manger" in der Küchenbrigade verantwortlich?
(1) Für Suppen und Beilagen
(2) Für alle Süßspeisen und Torten
(3) Für kalte Speisen
(4) Als Vertreter der Partiechefs an ihren freien Tagen

[69] Unter den vielen Salatmarinaden ist das „French Dressing" eine der bekanntesten. Eine der wichtigsten Zutaten neben Essig und Öl ist …
(1) Senf
(2) Ketchup
(3) Mayonnaise
(4) Buttermilch

[70] Ein „vollendendes Kochverfahren" ist zum Beispiel das …
(1) Gratinieren
(2) Ziselieren
(3) Marinieren
(4) Frappieren

[71] Eine „Velouté" ist in der Küche eine …
(1) Fischbouillon
(2) verfeinerte Mayonnaise
(3) weiße Grundsauce
(4) Süßspeise mit viel Schlagsahne (Schlagobers)

Küchenklassiker [Antworten]

[66] Ein Spiegelei und kleine Canapées
Geheimrat von Holstein hatte großen Einfluss in der Politik, trat aber selten in Erscheinung. Doch „sein" Schnitzel kennt man noch immer; er bevorzugte es mit einem Spiegelei, Sardellenringen und Kapern. Die kleinen Canapées sollten Räucherlachs, Kaviar und Sardellenfilets enthalten.

[67] ... eine Art Pastete
Eine „Galantine" ist immer essbar, immer kalt und hat die verschiedensten Formen. Sie wird meist in einen Fleisch- oder Geflügelmantel gefüllt und pochiert. Oft besteht aus ihr die Schauplatte auf einem kalten Buffet.

[68] Für kalte Speisen
Wie so vieles in der Küche kommt der Ausdruck aus dem Französischen. Danach ist der „Garde Manger" der „Essensbewacher", der kalte Vorspeisen zubereitet und die Speisen für das kalte Buffet anrichtet.

[69] ... Senf
Wörtlich bedeutet „Dressing" das „Bekleiden" bzw. das „Zurechtmachen". Beim Salat ist es die geschmacksgebende Sauce, die einem „nackten" Salat erst den richtigen Geschmack gibt. Die Gastronomie kennt unzählige Marinaden in vielen Abwandlungen, so auch das „French Dressing", in dem Senf auf jeden Fall ein fester Bestandteil ist.

[70] ... das Gratinieren
Gratiniert oder überbacken, also fertiggestellt, werden Speisen in der Regel erst nach einer Grundzubereitung. „Ziselieren", „Marinieren" und „Frappieren" sind keine Kochverfahren, aber doch sehr übliche Tätigkeiten in der Restaurantküche.

[71] ... weiße Grundsauce
Auch als „Samtsauce" bekannt, besteht sie in der Regel aus einem leicht gebundenen weißen Kalbs-, Geflügel- oder Fischfond; als Bindung dienen zum Beispiel eine weiße Mehlschwitze und Sahne.

Küchenklassiker [Fragen]

[72] Aus welchem Rohstoff wird eine klassische italienische „Polenta" gemacht?
(1) Gerste
(2) Mais
(3) Hirse
(4) Weizen

[73] Was sind „pochierte Eier"?
(1) In Fett gebackene Eier
(2) Rühreier mit Zwiebeln und Gemüsewürfeln
(3) Aasiatische, eingegrabene Eier
(4) In kochendem Wasser ohne Schale zubereitete Eier

[74] Wie schon der Name sagt, besteht das „Leipziger Allerlei" aus mehreren Zutaten. Es ist ...
(1) eine Mischung aus verschiedenen Gemüsesorten
(2) ein Fleisch-Kohl-Eintopf
(3) ein Fisch-Karotten-Kartoffel-Eintopf
(4) ein Obstkuchen mit heimischen und exotischen Früchten

[75] Bohnenkraut wird in der Küche verwendet ...
(1) zum Binden von Bohnenbouquets
(2) als Geschmacksgeber
(3) als Konservierungsmittel
(4) als Gemüsebeilage

[76] Eine Sauce oder Garnitur mit dem Namen „Aurora" hat Farbe und Geschmack hauptsächlich von ...
(1) Roter Bete (österr.: Rohnen)
(2) roten Paprikaschoten
(3) reifen Tomaten
(4) Paprikapulver

[77] „Bordelaise" ist eine klassische Rotweinsauce, die vor allem zu Gerichten vom Rind serviert wird. Eine besondere Einlage in der Sauce ist/sind ...
(1) Rindermark
(2) Ochsenschlepp
(3) Cornichons
(4) Escargots

Küchenklassiker [Antworten]

[72] Mais
In vielen Teilen Europas war Polenta über lange Zeit ein „Arme-Leute-Essen". Ursprünglich wurde sie aus Hirse, Dinkel, Kichererbsen oder Gerste gekocht. Im 16. Jahrhundert begann Mais, als „türkisches Korn" in der italienischen Küche populär und für Polenta verwendet zu werden. Besonders in Norditalien ist sie heute so populär, dass die Süditaliener ihre norditalienischen Landsleute scherzhaft „polentoni" nennen.

[73] In kochendem Wasser ohne Schale zubereitete Eier
Auch als „verlorene" Eier bekannt, werden sie ohne Schale in leichtem Essigwasser unter dem Siedepunkt gegart. Sie werden kalt und mit passenden Saucen zum großen Frühstück oder als warme Vorspeise serviert.

[74] ... eine Mischung aus verschiedenen Gemüsesorten
Das „Allerlei" besteht vor allem aus Erbsen, Karotten (Möhren), Blumenkohl und Spargel, also eine Gemüsebeilage, die meist zu Fleischgerichten serviert wird.

[75] ... als Geschmacksgeber
Das „Bohnen-" oder „Beikraut" stammt ursprünglich aus dem Mittelmeerraum und hat ein herzhaftes Aroma. Es soll Blähungen entgegenwirken und wird daher gerne in Gerichten mit Hülsenfrüchten und Kohl verwendet.

[76] ... reifen Tomaten
Diese zartrote Sauce ist nach der römischen Göttin der Morgenröte benannt. Farb- und Geschmacksgeber sind Tomaten in einer weißen Grundsauce mit Butter.

[77] ... Rindermark
Diese köstliche braune Rotweinsauce hat bei klassischer Herstellung eine Einlage, die nicht mehr als ganz unbedenklich angesehen wird: Scheiben vom Rindermark. Seit dem BSE-Problem werden auch Markklößchen vom Kalb als Ersatz verwendet.

Küchenklassiker [Fragen]

[78] Aus welchem Mehl werden klassische russische „Blinis" zubereitet?
(1) Weizenmehl
(2) Roggenmehl
(3) Hafermehl
(4) Buchweizenmehl

[79] Was ist die typische Geschmack gebende Garnitur bei einem Steak „Café-de-Paris"?
(1) Gebratene Gänseleber
(2) Eine besondere Kräuterbutter
(3) Spargelspitzen und Champignonköpfe
(4) Eine Hummerschere auf Sce. Béarnaise

[80] Eine Süßspeise mit „Crème Chantilly" wird garniert mit ...
(1) warmer Weinschaumcrème
(2) weißer Schokoladenmousse
(3) Schlagobers bzw. Schlagsahne oder Schlagrahm
(4) feiner Vanillecrème

[81] „Crépinetten" sind in der Küchenfachsprache kleine ...
(1) Küchenhandtücher am Herd
(2) Würstchen
(3) Krustentiere
(4) Pfannkuchen

[82] Was ist für den „Patissier" der Restaurantküche eine „Charlotte"?
(1) Eine Süßspeise mit Löffelbiskuits
(2) Die große Rührmaschine
(3) Der weibliche Comis der Patisserie
(4) Die Marmorplatte zum Kneten und Formen

[83] „Châteaubriand" ist als doppeltes Steak aus der Rinderlende bekannt. Es ist benannt nach einem ...
(1) legendären Koch aus dem 18. Jahrhundert
(2) französischen Maler
(3) Admiral der französischen Marine
(4) Schriftsteller und Politiker

Küchenklassiker [Antworten]

[78] Buchweizenmehl
Wenn man von „Blinis" spricht, denkt man an Russland. Dort werden die kleinen Pfannkuchen mit verschiedenen Zutaten serviert. Besonders edel sind sie in Begleitung von Kaviar. Der klassische Teig wird mit Buchweizenmehl gemacht. Buchweizen ist eigentlich kein Getreide, sondern ein Knöterichgewächs. Es ist wegen des fehlenden Glutens (Klebereiweiß) zum Backen nur beschränkt geeignet. Für Menschen mit Glutenunverträglichkeit ist es ein wertvoller Mehlersatz.

[79] Eine besondere Kräuterbutter
Ob Entrecôte oder Filetsteak: Die Garnitur „Café-de-Paris" ist einfach, aber sehr wohlschmeckend. Sie besteht aus einer schaumig gerührten Buttermischung mit Kräutern und Gewürzen, die auf dem gebratenen Fleischstück schmilzt und für die jeder Koch sein ganz besonderes Rezept hat.

[80] ... Schlagobers bzw. Schlagsahne oder Schlagrahm
Die Crème ist nach dem Schloß Chantilly bei Paris benannt und nichts anderes als geschlagene Sahne bzw. Obers oder Rahm, je nach Verwendung mit Staubzucker oder Vanille aufgeschlagen.

[81] ... Würstchen
Wer ein französisches Crêpe bzw. eine österreichische Palatschinke oder einen kleinen Pfannkuchen erwartet, wird enttäuscht sein. Der Name kommt vom französischen „crépine" = kleiner Beutel. Und dieser Beutel ist hier ein kleines Stück Schweinsnetz, mit gehacktem Fleisch, Kräutern und Gewürzen gefüllt, in der Form von kleinen Würstchen.

[82] Eine Süßspeise mit Löffelbiskuits
Benannt nach der Queen Charlotte, der Gemahlin von König Georg III., ist es eine Süßspeise in einer zylindrischen Form, die mit Löffelbiskuits (Biskotten) ausgelegt ist. Die Fülle besteht aus Crème, Gelee, Früchten, Eis etc. und wird nach der Fertigstellung gestürzt und eventuell verziert.

[83] ... Schriftsteller und Politiker
„Erfunden" hat dieses Gericht der Schriftsteller und Politiker Vicomte de Châteaubriand, der im 18. Jahrhundert lebte. Das „Châteaubriand" sollte ein Rohgewicht von mindestens 400 Gramm haben. Es wird im Ganzen gebraten oder gegrillt und meistens vor den Gästen tranchiert. Eine „Sauce Béarnaise" ist die klassische Begleitung dazu.

Küchenklassiker [Fragen]

[84] Welche Bezeichnung passt zu einer klaren Suppe?
(1) Bisque
(2) Brunoise
(3) Bouillon
(4) Bouchon

[85] Kräuter und Gewürze spielen in der mediterranen Küche eine bedeutende Rolle. Nicht typisch ist aber ...
(1) Kümmel
(2) Safran
(3) Rosmarin
(4) Oregano

[86] Eine „Brioche" gibt es in den verschiedensten Variationen. Aus welchem Teig wird sie gebacken?
(1) Mürbteig
(2) Backteig
(3) Brandteig
(4) Hefeteig

[87] Zum Überziehen einer Schokoladentorte verwendet der Konditor meistens eine ...
(1) Konfitüre
(2) Kuvertüre
(3) Ouvertüre
(4) Maniküre

[88] Welches Kraut harmoniert besonders mit geräuchertem oder gebeiztem Lachs?
(1) Liebstöckl
(2) Salbei
(3) Majoran
(4) Dill

[89] „Al dente" ist ein Begriff aus der italienischen Küche und bedeutet ...
(1) mehlig
(2) köstlich
(3) bissfest
(4) quellfähig

Küchenklassiker [Antworten]

[84] Bouillon
Egal, ob auf der Basis von Rindfleisch, Geflügel oder Gemüse: Jede klare Suppe kann eine Bouillon sein. „Brunoise" ist feinwürfelig geschnittenes Gemüse, „Bisque" eine Crèmesuppe aus Krustentieren und „Bouchon" ein Flaschenkorken.

[85] ... Kümmel
Was wären Sauerkraut, Schweinsbraten oder Roggenbrot ohne ihn, den Kümmel? Er ist ein typisches Gewürz der österreichischen, deutschen, skandinavischen und baltischen Küche.

[86] Hefeteig
Die „Brioche" ist es ein kleines Gebäckstück, das traditionell ein Bestandteil des französischen Frühstücks ist. Inzwischen isst man es auch in vielen anderen Ländern. Es wird aus einem verfeinerten Hefe- bzw. Germteig mit Butter gebacken und mehr oder weniger gesüßt.

[87] ... Kuvertüre
EineTorte soll nicht nur gut schmecken, sondern auch schön aussehen. Damit der Schokoladenüberguss fest genug wird und glänzt, verwendet man in der Patisserie meist eine Kuvertüre, die einen Fettgehalt von mindestens 31 Prozent hat.

[88] Dill
Der feine Geschmack des Lachses darf nicht durch ein aufdringliches Kraut oder Gewürz „erschlagen" werden. Daher ist das feine Aroma des Dills besonders geeignet. In der skandinavischen Küche wird nicht nur das Dillkraut verwendet; auch die Dillkrone mit ihren Samen wird zum Pochieren und Kochen von Fischen und Krustentieren eingesetzt.

[89] ... bissfest
Ursprünglich kommt dieser Begriffaus der italienischen Küche, aber mittlerweile ist „al dente" ein international verwendeter Ausdruck, der „bissfest" bedeutet, allerdings beschränkt auf Teigwaren, evtl. noch auf Reis und Gemüse.

Küchenklassiker [Fragen]

[90] Welche dieser Beilagen ist üblicherweise nicht in getrockneter Form im Handel?
(1) Schupfnudeln
(2) Bandnudeln
(3) Suppennudeln
(4) Spaghetti

[91] Eine „Karkasse" ist für den Koch ein ...
(1) Abfallkorb
(2) Basisprodukt für Suppen und Saucen
(3) Küchengerät
(4) Vorratsbehälter

[92] Was ist der wichtigste Geschmacksgeber für eine „Sauce aioli"?
(1) Kräuter
(2) Zwiebeln
(3) Knoblauch
(4) Tomaten

[93] Wenn der Patissier für eine Süßspeise „Kopra" verwendet, schmeckt diese vor allem nach ...
(1) tropischen Früchten
(2) süßlichem Gewürz
(3) Bittermandel
(4) Kokos

[94] In der Küchenbrigade ist für Gemüse und Beilagen zuständig der ...
(1) Entremetier
(2) Garde-Manger
(3) Poissionnier
(4) Régimier

[95] Wenn Fleisch, Fisch oder Gemüse „au four" zubereitet oder vollendet wird, bedeutet dies ...
(1) auf Wurzelgemüse gedämpft
(2) mit Käse überbacken
(3) ganz natur am Grill zubereitet
(4) in Blätterteig gehüllt und im Rohr gebacken

41

Küchenklassiker [Antworten]

[90] Schupfnudeln
Die dicken „Nudeln" aus Kartoffelteig mit Mehl sind typisch für die süddeutsche und österreichische Küche. Sie werden gerne als Beilage mit Kraut oder Speck serviert. Eine süße Variante in Österreich sind die Mohnnudeln. Schupfnudeln sind keine haltbaren Teigwaren in getrockneter Form. Wenn Sie nicht frisch hergestellt werden, kann man sie tiefgekühlt oder als Fertiggericht aus dem Kühlregal kaufen.

[91] ... Basisprodukt für Suppen und Saucen
In der Küche versteht man darunter die Knochen und Gräten, die für Herstellung von Fonds verwendet werden. Daraus entstehen dann z. B. Saucen oder Suppen.

[92] Knoblauch
In der italienischen Küche tragen u. a. Pastagerichte die Beifügung „aioli". Sie ist auch südfranzöischen Küche und in Spanien eine wichtige Beilage. Und immer ist es der Knoblauch, der dabei die Hauptrolle spielt.

[93] ... Kokos
„Kopra" sind geraspelte Teile des weißen Fleisches der Kokosnuss, die für verschiedene Desserts und Backwaren verwendet und auch für die Produktion von Kokosfett. Das getrocknete Fruchtfleisch hat einen Fettgehalt von 60 bis 70 %.

[94] Entremetier
In großen Restaurantküchen ist es üblich, für die einzelnen Positionen französische Benennungen zu verwenden. Der „Garde-Manger" ist der Chef der „kalten Küche"; der „Poissionnier" ist für die Zubereitung von Fisch verantwortlich; der „Régimier" ist der Diätkoch.

[95] ... mit Käse überbacken
Viele Speisen eignen sich für die Zubereitung „au four". Dabei wird das Kochgut im Ofen überbacken, meistens mit Käse. Das Profi-Gerät zum Überbacken ist in der Restaurantküche der Salamander, ein Gerät mit starker Oberhitze.

Küchenklassiker [Fragen]

[96] Verschiedene Würzkräuter können, je nach Verwendung, zu den „Fines herbes" gezählt werden. Welches dieser Gewürze passt nicht dazu?
(1) Bibernelle
(2) Thymian
(3) Curry
(4) Estragon

[97] „Maraschino" ist eine der klassischen Spirituosen zum Verfeinern und Mazerieren von Früchten. Der farblose Likör hat seinen Ursprung in …
(1) Dalmatien
(2) Kalabrien
(3) Andalusien
(4) Ungarn

[98] In der Küche etwas „mazerieren" bedeutet …
(1) ein Dessert mit Marzipan überziehen oder füllen
(2) ein Stück Fleisch weich klopfen
(3) Fleisch mit Speckstreifen oder Gemüse spicken
(4) etwas mit einer Flüssigkeit durchtränken

[99] Für eine selbstgemachte Mayonnaise braucht man nur wenige Zutaten. Welche sind unbedingt notwendig?
(1) Eiklar, zerlassene Butter und Stärkemehl
(2) Eigelb, Öl und Zitronensaft
(3) Ganzes Ei, Senf und Öl
(4) Sahne, Eiklar, Mehl und Butter

[100] Was versteht man in der Küche unter einer „Roux"?
(1) Den Küchenstress
(2) Die Vorbereitungsarbeiten
(3) Eine Mehlschwitze
(4) Einen braunen Grundfond

[101] „Tournedos" sind ein klassisches Fleischgericht im À la carte-Restaurant. Wie viele Stücke Fleisch werden traditionell serviert?
(1) 2 Stücke à 90 g
(2) 3 Stücke à 60 g
(3) 4 Stücke à 50 g
(4) 1 Stück à 180 g

Küchenklassiker [Antworten]

[96] Curry
Zu den „feinen" aromatischen, meist grünen Kräutern kann man vieles zählen. Curry aber ist eine Mischung aus verschiedenen Gewürzen.

[97] ... Dalmatien
Der Likör stammt ursprünglich aus Dalmatien im heutigen Kroatien. Die Gründer-Firma übersiedelte später nach Venetien in Italien. Er wird aus Maraska-Kirschen hergestellt, die mit ihren Kernen zerkleinert werden und daher ein sehr feines Bittermandelaroma haben. Der Likör ist klar und nicht zu süß.

[98] ... etwas mit einer Flüssigkeit durchtränken
Der Begriff kommt, wie so viele Küchenausdrücke, aus dem Französischen und bedeutet so viel wie „einweichen". So werden z. B. Früchte mit Zitronensaft oder einem Likör „mazeriert".

[99] Eigelb, Öl und Zitronensaft
Wer die Mayonnaise „erfunden" hat, lässt sich nicht mehr nachvollziehen. Vielleicht waren es die Römer oder erst die Franzosen oder die Spanier. Sie ist jedenfalls eine der bekanntesten und wichtigsten kalten Grundsaucen in der Küche. Eigelb und Pflanzenöl reichen schon für die Herstellung, aber Zitronensaft, Salz und Pfeffer geben ihr noch mehr Geschmack.

[100] Eine Mehlschwitze
Damit der Arbeitsablauf in der Küche funktioniert, sind verschiedene Vorbereitungen notwendig. Eine schnelle Möglichkeit, Suppen, Saucen oder Gemüse zu binden, bietet eine „Roux", also eine Mehlschwitze. Man unterscheidet zwischen einer weißen und einer braunen Roux, je nach Zubereitung und Verwendung.

[101] 3 Stücke à 60 g
Üblicherweise werden für das bekannte Gericht etwa 180 g zugeputztes Rinderfilet verwendet. Im Unterschied zu anderen Steaks besteht die Portion aus 3 Fleischstücken, die auf Brotcroûtons oder auf einem anderen Sockel angerichtet werden. Der Name kommt aus dem Französischen und bedeutet „rund machen".

Küchenklassiker [Fragen]

[102] „Noilly Prat" ist der klassische trockene Wermutwein in der feinen Küche. Nicht nur durch die Kräuter hat er den besonderen Charakter, sondern auch durch ...
(1) die Lagerung in alten Bergwerken
(2) monatelanges Erhitzen während der Reifung
(3) das Aromatisieren mit Rosmarin und Honig
(4) die Reifung unter der Sonne Südfrankreichs

[103] „Süß wie die Liebe und zart wie ein Kuss" wird eine Süßspeise in einer Operette beschrieben. Was ist damit gemeint?
(1) Somlauer Nockerln
(2) Salzburger Nockerln
(3) Wachauer Marillenknödel
(4) Soufflé Surprise

[104] Wenn eine Speise gänzlich mit einer dicken Flüssigkeit überzogen wird, spricht der Koch vom ...
(1) Rapieren
(2) Pickieren
(3) Parieren
(4) Nappieren

[105] „Soubise" ist in der Küche ein Püree oder eine Sauce mit ...
(1) Süßkartoffeln
(2) hart gekochten Eiern
(3) Zwiebeln
(4) Knoblauch

[106] Für ein Gericht, das erst nach der Bestellung ganz frisch zubereitet wird, heißt der Fachbegriff ...
(1) à la minute
(2) à la carte
(3) à part
(4) à la maison

[107] „Profiterolen" sind universell einsetzbar, von der Suppeneinlage bis zur Süßspeise.
Gebacken werden die kleinen Windbeutel aus ...
(1) Brandteig
(2) Germ- bzw. Hefeteig
(3) Blätterteig
(4) Mürbteig

Küchenklassiker [Antworten]

[102] ... die Reifung unter der Sonne Südfrankreichs
Seine besondere, gereifte Note erfährt der aromatisierte Wein durch die lange Reifung unter freiem Himmel in kleinen Holzfässern. Er wird in Südfrankreich in der Region Languedoc, Departement Herault, hergestellt und in der feinen Küche besonders geschätzt.

[103] Salzburger Nockerln
Die süße Köstlichkeit wurde in der Operette „Saison in Salzburg" von Fred Raymond besungen. Salzburger Nockerln sind eine Art Soufflé aus Eiern, Zucker und wenig Mehl. Die beliebte Nachspeise muss schnell serviert werden, weil sie sonst zusammenfallen könnte.

[104] ... Nappieren
Dabei wird etwas Fertiggestelltes mit der passenden Flüssigkeit wie Gelee, Sauce oder Creme überzogen.
„Rapieren" bedeutet schaben, „pickieren" leichtes Anstechen und "parieren" das Zuputzen von Fleischteilen.

[105] ... Zwiebeln
Der Name stammt von dem französischen Marschall Fürst von Soubise, dessen Küchenchef das Zwiebelpüree erfunden haben soll. In der Restaurantküche ist er fester Begriff; manchmal findet man ihn auch auf der Speisekarte. Die Basis ist ein Püree von weißen Zwiebeln, das z. B. für eine Sce. Béarnaise verwendet wird.

[106] ... à la minute
Frisch Gebratenes wird „à la minute" zubereitet.
„À la carte" heißt „nach der Karte bestellen"; „à part" ist „getrennt anrichten"; „à la maison" sind Speisen, die nach „Art des Hauses" gekocht werden.

[107] ... Brandteig
Es gibt sie in verschiedenen Größen, ungefüllt oder gefüllt mit Pürees oder Käsecrèmes oder mit süßen Eis- und Fruchtkreationen. Sie bestehen immer aus Brandteig. Dieser Teig ist sehr vielseitig, denn er kann gebacken, frittiert oder gekocht werden.

Küchenklassiker [Fragen]

[108] Für ein „Chateaubriand" kommt das Fleisch ...
(1) vom Rippenstück des Rindes
(2) vom Kalbsrücken
(3) von jedem Filet: Rind, Kalb oder Schwein
(4) aus der Rinderlende bzw. dem Filet

[109] Wenn eine Speise mit dem Namen „Parmentier" in Verbindung gebracht wird, darf etwas nicht fehlen. Und zwar ...?
(1) Erbsen
(2) Tomaten
(3) Kartoffeln
(4) Knoblauch

[110] Welches Schnitzel wird meistens unter einer gut gewürzten Pilzsauce serviert?
(1) Bauernschnitzel
(2) Winzerschnitzel
(3) Schweizer Schnitzel
(4) Jägerschnitzel

[111] Was wird gerne über Salate oder Suppen gestreut?
(1) Croûtons
(2) Crostini
(3) Croques
(4) Crespelle

[112] Die „Kokotte" ist für den Koch ...
(1) eine weibliche Küchenhilfe
(2) ein hölzernes Werkzeug zum Rühren in großen Töpfen
(3) ein feuerfester Topf zum Schmoren und Dünsten
(4) die Lebensgefährtin des Küchenchefs

[113] In die Sauce für „Königsberger Klopse" gehören immer Blütenknospen von ...
(1) Gewürznelken
(2) Kapern
(3) Kapuzinerkresse
(4) Gänseblümchen

Küchenklassiker [Antworten]

[108] ... aus der Rinderlende bzw. dem Filet
Die Fleischteile werden in verschiedenen deutschsprachigen Gegenden sehr unterschiedlich benannt. Das berühmte „Chateaubriand" kommt auf jeden Fall aus dem dicken Teil der Rinderlende, allgemein bekannt als „Filet", in Österreich als „Lungenbraten".

[109] ... Kartoffeln
Vielleicht nicht ganz alltäglich, dass sich ein Apotheker um den Anbau der Kartoffel in Europa bemühte. Es war ein Franzose namens Antoine-Augustin Parmentier. Die ihm gewidmeten Gerichte enthalten meist würfelig geschnittene, in Butter gebratene Kartoffeln.

[110] Jägerschnitzel
Nicht nur in Deutschland, Österreich und in der Schweiz steht es auf den Speisenkarten. Es ist ein Gericht der klassischen Küche und in Frankreich als „Escalope à la chasseur" bekannt.

[111] Croûtons
Manchmal sind es nur gehackte Kräuter, die über Suppen und Salate gestreut werden. Sehr oft passen darüber auch kleine geröstete Weißbrotwürfel, die in der Küche ganz allgemein als „Croûtons" bezeichnet werden. „Crostini" bestehen hauptsächlich aus Weißbrot, sind aber belegt und werden als kleine Vorspeisen gereicht. „Croques" werden der französischen Küche zugerechnet und sind kleine Imbisse. „Crespellae sind kleine, pikante „gefaltete" Pfannkuchen in Italien.

[112] ... ein feuerfester Topf zum Schmoren und Dünsten
In der Theatergeschichte hatte eine „Kokotte" eine andere Bedeutung als für einen Koch. Für ihn ist sie ein feuerfestes Geschirr zum Braten oder Dünsten von Speisen. In Restaurants dienen kleine Kokotten, in denen Gerichte wie Ragouts, Suppen, Eintöpfe, Gratins oder Soufflés zubereitet oder erwärmt werden, auch als Serviergeschirr.

[113] ... Kapern
Königsberger Klopse sind eine ostpreußische Spezialität aus gekochten Fleischbällchen in weißer Sauce. Das traditionelle Essen hat einen der größten Bekanntheitsgrade unter den regionalen deutschen Gerichten. Unbedingt gehören Kapern in die Sauce.

Küchenklassiker [Fragen]

[114] Welche dieser Zutaten sollte möglichst „marmoriert" sein?
(1) Lachsfilet
(2) Butter
(3) Toastbrot
(4) Rindersteak

[115] Eine Sauce aus Butter und Eigelb, oft mit Zitrone gewürzt, wird gerne zu feinem Gemüse und Fisch serviert. Bekannt ist sie als Sauce ...
(1) Hollandaise
(2) Béarnaise
(3) Lyonnaise
(4) Maconnaise

[116] „Croûtons" können auf verschiedenen Speisen zu finden sein. Was muss man sich darunter vorstellen?
(1) Gebackene Zwiebelringe
(2) Kleinwürfelig geschnittene Tomaten ohne Kerne
(3) Geröstete Weißbrotwürfel
(4) Verschiedene angeröstete Cerealien

[117] Viele der feinen Saucen in der Küche sind „Emulsionen". Nicht so ist es bei der ...
(1) Sce. Remoulade
(2) Sce. Choron
(3) Sce. Béchamel
(4) Sce. Hollandaise

[118] Ein Gericht mit der Beifügung „Florentine" oder „Florentiner Art" kommt nicht aus ohne ...
(1) Tomaten
(2) Artischocken
(3) Oliven
(4) Spinat

[119] Wozu wird in der Küche „Pfeilwurz" verwendet?
(1) Als Bindemittel
(2) Als Geschmacksverstärker
(3) Zum Aufspießen von Fleischstücken
(4) Zum Klären von Bouillons

Küchenklassiker [Antworten]

[114] Rindersteak
„Marmoriert" bedeutet, dass das Fettgewebe im Fleisch verteilt ist und durch das Braten oder Grillen ein saftiges Steak entstehen lässt.

[115] ... Hollandaise
Dieser Klassiker aus der Küche wird mit geschmolzener und geklärter Butter und Eigelb aufgeschlagen. Einige Tropfen Zitronensaft oder andere Zutaten geben der Sauce den besonderen Geschmack. Alten Quellen zufolge ist sie französischen Ursprungs. Die Umbenennung erfolgte nach dem Ende des ersten Weltkrieges in „Holländische Sauce", als Butter aus Holland importiert werden musste.

[116] Geröstete Weißbrotwürfel
„Croûtons" können Würfel, Stäbchen oder kleine Scheiben sein, die meist in Butter angeröstet werden und als Suppeneinlage oder Zugabe zu Salaten dienen. Sie können auch Bestandteil einer Garnitur oder der Sockel für ein Stück Fleisch sein.

[117] Sce. Béchamel
Generell ist eine „Emulsion" ein feinst verteiltes Gemisch zweier Flüssigkeiten wie zum Beispiel Öl und Wasser. Die bekanntesten Beispiele sind die Mayonnaise und die Holländische Sauce. Dabei dient das Eigelb als Emulgator, also als Bindemittel. Bei der Sce. Béchamel entsteht die Bindung durch eine Mehlschwitze.

[118] ... Spinat
Ob in Verbindung mit Fisch, Fleisch oder Teigwaren: Die „Florentiner Art" kommt niemals ohne Spinat aus. Manchmal ist er in der Fülle enthalten, manchmal überbacken. Auch eine Spinatcremesuppe kann den Zusatz im Namen tragen.

[119] Als Bindemittel
„Pfeilwurz" ist der deutsche Name einer Pflanze, die vor allem in Brasilien vorkommt. Aus den Wurzeln der Maniokpflanze wird ein Stärkeprodukt gewonnen, das auch unter dem englischen Namen „Arrow Root" angeboten wird. Als Bindemittel wird es gerne für Suppen, Saucen und Crémes verwendet.

Küchenklassiker [Fragen]

[120] Nach welchem grundlegenden Kochverfahren werden die japanischen „Tempura"-Gerichte zubereitet?
(1) Sautieren
(2) Frittieren
(3) Grillieren
(4) Pochieren

[121] Ein „Szegediner Gulasch" unterscheidet sich von einem üblichen Gulasch besonders durch welche Zutat?
(1) Weiße Bohnen
(2) Essiggurken
(3) Kartoffelscheiben
(4) Sauerkraut

[122] Ein Klassiker der kalten Küche ist der „Waldorfsalat". Welches Wurzelgemüse gehört unbedingt hinein?
(1) Petersilienwurzeln
(2) Pastinaken
(3) Sellerieknollen
(4) Karotten

[123] Die „Béchamelsauce" gilt als eine weiße Grundsauce. Wenn man daraus eine „Mornaysauce" machen will, braucht man dazu unbedingt ...
(1) Käse und Ei
(2) Tomatenmark und Kräuter
(3) Knoblauch und Petersilie
(4) Estragon und Senf

[124] Die bekannte „Sauce Hollandaise" wird auf verschiedene Arten abgewandelt. Wenn es eine „Sauce Maltaise" werden soll, dann braucht man dazu ...
(1) fein gehackte Kapern
(2) Schnittlauch und andere Kräuter
(3) Blutorangensaft
(4) eine Estragonreduktion

[125] Was macht der Koch mit einem „Pacojet"?
(1) Verschiedene Zutaten feinst zerkleinern
(2) Tiefkühlprodukte besonders schnell auftauen
(3) Vorgekochte Speisen schockgefrieren
(4) Speisen schnell portionieren

Küchenklassiker [Antworten]

[120] Frittieren
Tempura ist sehr fetthaltig, ganz im Gegensatz zu anderen japanischen Gerichten. Fleisch, Fisch, Gemüse, Pilze etc. werden in einen Teig aus Weizenmehl, Ei und Wasser getaucht und im heißen Fett gebacken, also „frittiert".

[121] Sauerkraut
Der Name „Gulasch" ist vom ungarischen „Rinderhirtenfleisch" abgeleitet. Den ursprünglichen Eintopf der Magyaren gibt es in vielen Varianten. Die Besonderheit des „Szegediner Gulaschs" ist das Sauerkraut, es ist daher auch als „Krautfleisch" bekannt. Vielfach wird dafür Schweinefleisch statt Rindfleisch verwendet.

[122] Sellerknollen
Der Vorspeisensalat wurde Ende des 19. Jahrhunderts in New York im Hotel Waldorf, dem Vorläufer des Hotels Waldorf-Astoria, kreiert. Der Salat besteht im Wesentlichen aus drei Zutaten: feine Streifen von rohem Sellerie und säuerlichen Äpfeln sowie gehackte Walnüsse. Das Ganze wird mit einer leichten Mayonnaise angemacht und eventuell mit Zitronensaft und Cayennepfeffer gewürzt.

[123] Käse und Ei
Sie ist eine der wichtigen Saucen in der Restaurant- und der Privatküche. Mit dieser typischen Gratiniersauce werden z. B. Lasagne oder Gemüse überzogen, bevor sie in den Salamander oder den Backofen kommen.

[124] Blutorangensaft
In der Küche bilden Saucen die Möglichkeit, Speisen geschmacklich zu ergänzen und zu verfeinern. Die „Holländische Sauce" ist sehr bekannt und beliebt - mit oder ohne Veränderung. Die „Sauce Maltaise" wir mit Blutorangensaft und geriebenen Orangenschalen verfeinert und ist zum Beispiel eine raffinierte Begleitung zu weißem Spargel.

[125] Verschiedene Zutaten feinst zerkleinern
„Pacossieren" nennt der Fachmann die Tätigkeit in der Küche mit diesem speziellen Gerät. Dabei werden die Zutaten sehr schnell und in feinste Konsistenz püriert; das geht mit frischen Früchten genauso wie mit tiefgekühlten Rohwaren. Besonders geeignet sind die kleinen Maschinen für die Herstellung von Saucen, Pasten, feine Crèmes und Eisdesserts.

Küchenklassiker [Fragen]

[126] Wenn Kartoffelpüree mit Eigelb verfeinert, gewürzt und anschließend in kleinen Einheiten im Rohr gebacken wird, sind es ...
(1) Kartoffelcroquetten
(2) Kronprinzessin-Kartoffeln
(3) Herzogin-Kartoffeln
(4) Anna-Kartoffeln

[127] Bei der „Russischen Sauce" ist Mayonnaise die Basis. Was kommt unbedingt dazu?
(1) Kaviar
(2) Sardellen
(3) Krevetten
(4) Wodka und Lachs

[128] Das typische Pizzagewürz ist ...
(1) Paprika
(2) Kümmel
(3) Pfeffer
(4) Oregano

[129] Eine „Sauce Béarnaise", die mit Tomatenpüree gewürzt wurde, passt gut zu gegrillten Speisen. Unter welchem Namen ist sie in der Küche bekannt?
(1) Sauce Maltaise
(2) Sauce Choron
(3) Sauce Italienne
(4) Sauce Espagnol

[130] Aalsuppe ist ein Klassiker der norddeutschen Küche. Besonders bekannt ist die ...
(1) Kieler Aalsuppe
(2) Hamburger Aalsuppe
(3) Lübecker Aalsuppe
(4) Bremer Aalsuppe

[131] Welche dieser Süßspeisen erfordert bei der Fertigstellung besondere Aufmerksamkeit?
(1) Frappé
(2) Sorbet
(3) Parfait
(4) Soufflé

Küchenklassiker [Antworten]

[126] ... Herzogin-Kartoffel
Sie werden auch „Pommes duchesse" genannt. Zu kleinen Rosetten geformt sind sie beliebte Beilagen zu Gerichten mit Sauce.
„Pommes dauphine" sind Kronprinzessin-Kartoffeln, „Pommes Anna" die Anna-Kartoffeln und Kartoffelcroquetten „Croquettes de pommes".

[127] Kaviar
Wer nicht immer Sauce Tartar oder Remoulade haben möchte, kann die Mayonnaise leicht abwandeln, zum Beispiel, indem man Kaviar untermischt und das Ganze noch etwas würzt. Sie ist passend zu kalten Vorspeisen und Salaten.

[128] ... Oregano
Wenn auch die Beläge auf den verschiedenen Pizzen sehr unterschiedlich sind, kommt doch keine ohne ein bestimmtes Gewürz aus: den Oregano. Meistens ist es das getrocknete Würzkraut, das verwendet wird.

[129] Sauce Choron
Gegrilltes oder gebratenes Fleisch und Fisch vertragen oft eine Sauce, die zusätzlichen Geschmack gibt. Die tomatisierte Sce.Béarnaise wurde von einem französischen Koch namens Choron kreiert und nach ihm benannt.

[130] ... Hamburger Aalsuppe
Es gibt wohl kaum ein norddeutsches Gericht, das so missverstanden wird wie die Aalsuppe. Denn sie ist eigentlich gar keine Fischsuppe, vielmehr wurde sie in feinen Kreisen manchmal um ein wenig Aal bereichert. „Aal" meint auf Plattdeutsch, dass „allens rinkümmt", also alles hineinkommt. Die Hamburger Aalsuppe ist überregional bekannt und eigentlich eher ein Eintopf. Als Grundlage dient eine kräftige Fleischbrühe, und neben Gemüse und Fleisch kann sogar Trockenobst darin enthalten sein.

[131] Soufflé
„Parfait", „Sorbet" und „Frappé" sind kalt bzw. gefroren. Dabei kann das Frappé auch ein Getränk sein. Ein „Soufflé" ist ein Auflauf, der bei der Zubereitung etwas Aufmerksamkeit erfordert. So darf zum Beispiel während des Backens der Ofen nicht zu früh geöffnet werden, weil es sonst zusammenfallen kann.

Küchenklassiker [Fragen]

[132] Für eine dieser Massen braucht man nur zwei Zutaten. Es ist die ...
(1) Baisermasse
(2) Biskuitmasse
(3) Makronenmasse
(4) Sandmasse

[133] Bei allen Speisen, egal, ob Suppe, Vorspeise oder Garnitur, die mit „Argenteuil" in Verbindung gebracht werden, darf etwas nicht fehlen. Es ist/sind ...
(1) Erbsenschoten
(2) schwarzer Trüffel
(3) Spargel
(4) Blumenkohl (österr.: Karfiol)

[134] Die Zubereitungsmethode „Sous-vide" in der Küche bedeutet das ...
(1) Fertigkochen von Tiefkühlprodukten
(2) Blanchieren
(3) kurze Dämpfen in einem Druckkochtopf
(4) Garen bei niedriger Temperatur unter Vakuum

[135] Der Name „Trauttmansdorff" auf der Speisenkarte weist hin auf ...
(1) einen süßen Schmarren
(2) eine Tortenspezialität
(3) ein Reisgericht
(4) einen Rostbraten

[136] Eine „Emulsion" ist eine innige Verbindung von fetthaltigen mit wässrigen Rohstoffen. Welche dieser Saucen ist eine Emulsion?
(1) Sce. Vinaigrette
(2) Sce. Demiglace
(3) Sce. Hollandaise
(4) Sce. Béchamel

[137] Das „Baronstück" vom Lamm besteht aus ...
(1) dem halben Rücken und der Brust
(2) dem Rücken und beiden Keulen
(3) dem Rücken zusammen mit den Lenden
(4) einem Karree mit einer Schulter

Küchenklassiker [Antworten]

[132... Baisermasse
„Massen" unterscheidet man von Teigen im Wesentlichen durch den Anteil an Mehl. Teige haben deutlich mehr davon. Nach der Küchenkunde sind die Unterschiede manchmal auch grenzwertig. Die „Baisermasse" braucht nur Eiweiß und Zucker und wird im Rohr bei niedriger Temperatur mehr getrocknet als gebacken. „Baiser" ist auf Französisch „Kuss"; andere Bezeichnungen sind „Spanischer Wind" und „Meringue".

[133] ... Spargel
Argenteuil ist ein Vorort von Paris, der unter Köchen und Feinschmeckern für seine Spargelkulturen bekannt ist. Ganze Spargelstangen oder auch nur die Spitzen können Garnitur, Beilage oder Zutat zu einem Gericht sein, das den Namen „Argenteuil" trägt.

[134] ... Garen bei niedriger Temperatur unter Vakuum
Das Kochverfahren „Sous-vide" wurde in den 1970er Jahren in Frankreich entwickelt. Frei übersetzt bedeutet es „unter Vakuum" zubereiten. In der Praxis ist es so, dass das Gargut, egal, ob Fleisch oder Gemüse, in einen Vakuumbeutel eingeschweißt und dann bei stabiler Wassertemperatur im Bereich von 50 bis 85 °C zubereitet wird. Geschmacksstoffe, Aromen und Flüssigkeiten bleiben so erhalten.

[135] ... ein Reisgericht
Graf Trauttmansdorff war österreichischer Diplomat. Wahrscheinlich liebte er Süßspeisen, denn nach ihm ist eines der bekanntesten Desserts der Wiener Küche benannt. „Reis Trauttmansdorff" ist ein Reisdessert, das mit Gelatine gebunden und mit Fruchtwürfeln und Maraschino verfeinert wird. Der rote Mantel besteht aus Himbeer- oder Erdbeermark.

[136] Sce. Hollandaise
In fast jeder Sauce sind Fett und Wasser enthalten, aber in sehr unterschiedlicher Form. Wirklich „eng verbunden" sind die zwei Bestandteile nur in der „Sauce Hollandaise". Sie ist eine aufgeschlagene Buttersauce mit Eidotter.

[137] ... dem Rücken und beiden Keulen
Es ist ein großes Bratenstück, das im Ganzen gebraten und zu besonderen Anlässen vor den Gästen zerteilt und tranchiert wird. Ist der Rücken geteilt, wird dafür vom Fleischer und Koch auch der Ausdruck „Pistole" verwendet.

Küchenklassiker [Fragen]

[138] Die Bezeichnung „Rôti au four" bedeutet ...
(1) in einer Hülle gebraten
(2) gebraten auf offenem Feuer
(3) gefüllter Braten
(4) im Ofen gebraten

[139] Welche Marmelade trennt bei der „Sachertorte" die obere Schicht der Schokoladenmasse von der Schokoglasur?
(1) Marillenmarmelade
(2) Orangenmarmelade
(3) Erdbeermarmelade
(4) Himbeermarmelade

[140] „Pressknödel" sind in Tirol eine regionale Spezialität. Von welcher Zutat erhalten sie ihren besonderen Geschmack?
(1) Selchfleisch
(2) Käse
(3) Speck
(4) Wurst

[141] Ein „Striezel" ist ein süßliches Kaffeegebäck. Es besteht aus...
(1) Germ- bzw. Hefeteig
(2) Blätterteig
(3) Mürbteig
(4) Brandteig

[142] „Handkäs mit Musik" hat seinen Ursprung in Hessen. Was ist damit gemeint?
(1) Eine Käseplatte in einer Besenwirtschaft
(2) Käsewürfel mit Apfelessig und Apfelwein
(3) Ein Apfelweinausschank mit vegetarischer Hausmannskost
(4) Sauermilchkäse mit Essig, Öl und Zwiebeln

[143] Welches ist die klassische Sauce zu einem „Wiener Tafelspitz"?
(1) Sce. Demi Glace
(2) Semmelkren
(3) Sce. Cumberland
(4) Sce. Maltaise

Küchenklassiker [Antworten]

[138] ... im Ofen gebraten
„Rôtir" bedeutet braten und „Four" ist der Ofen. Die Zubereitung „Rôti au four" passt somit für Ofenbraten. In der schnellen Konversation zwischen Service und Küche ist „Rôti" auch die Hauptspeise in einem Menü für Pensionsgäste.

[139] Marillenmarmelade
Seit Mitte des 19. Jahrhunderts gibt es die inzwischen weltbekannte Sachertorte, benannt nach dem Hotel Sacher in Wien. Was in Deutschland eine Konfitüre ist, ist in Österreich eine Marmelade. Für die Sachertorte kommt nur die Marillenmarmelade, also eine „Aprikosen-Konfitüre infrage.

[140] Käse
Tirol, mit Nord-, Ost- und Südtirol, hat viele enge Seitentäler. Überall sind Pressknödel bekannt, wenn auch mit unterschiedlicher Rezeptur. Immer kommt ihr besonderer Geschmack von Käse. Graukäse, Bierkäse oder verschiedene Käsesorten werden einer Masse aus Semmelwürfeln beigegeben. Serviert werden sie ganz unterschiedlich: „zu Wasser", also in der Suppe, oder „zu Land", also mit Salat oder Sauerkraut. Jede Variante ist einen Versuch wert!

[141] ... Germ- bzw. Hefeteig
Meistens ist er in einer Zopfform geflochten und wird nach dem Backen noch süß glaciert. Es ist ein beliebtes Kaffeegebäck aus Hefeteig.

[142] Sauermilchkäse mit Essig, Öl und Zwiebeln
„Handkäs" ist ein hessischer Sauermilchkäse. Der Name und die Größe des Käses stammen von der ursprünglichen Herstellungsweise, bei der der Käse mit der Hand geformt wurde. Für „Handkäs mit Musik" wird reifer Käse in eine Marinade aus Zwiebeln, Essig und Öl, Kümmel, Pfeffer und Salz eingelegt. Die Bezeichnung „mit Musik" spielt wohl auf die Geräusche an, die bei den Verdauungsprozessen der Zwiebeln entstehen. Eine ähnliche regionale Spezialität ist der „Tiroler Graukäse" mit Essig, Öl und Zwiebel, der meistens von Bier begleitet wird.

[143] Semmelkren
Gekochtes Rindfleisch darf keinesfalls mit einer üppigen oder geschmacksintensiven Sauce serviert werden. Über Jahrhunderte bewährte Saucen sind die verschiedenen Kreationen mit Kren, der in Deutschland als „Meerrettich" bekannt ist. Semmelkren, Sahnekren, Apfelkren oder Essigkren sind einige Beispiele.

Küchenklassiker [Fragen]

[144] Eine Reduktion von Estragon ist unverzichtbar für die Zubereitung einer Sauce ...
(1) Chasseur
(2) Béarnaise
(3) Tartar
(4) Béchamel

[145] Einer dieser bekannten Vorspeisensalate ist nicht ganz fleischlos. Es ist der ...
(1) Italienische Salat
(2) Waldorfsalat
(3) Französische Salat
(4) Eiersalat

[146] „Baden-Baden" ist eine klassische Garnitur für Gerichte aus Wildfleisch. Welches ist die besondere Zutat dafür?
(1) Glacierte Weintrauben
(2) Edelkastanien
(3) Birnenhälften
(4) Artischockenböden

Küchenklassiker [Antworten]

[144] ... Béarnaise
Nach der klassischen Küchenkunde ist die Basis eine „Sauce Hollandaise". Wenn diese mit einer Estragonreduktion aufgeschlagen und noch entsprechend gewürzt wird, ist es eine „Sauce Béarnaise". Während die Sce. Hollandaise eher neutral ist und zu feinem Gemüse oder Fisch gereicht wird, passt Sce. Béarnaise hervorragend zu gegrilltem oder gebratenem Fleisch.

[145] ... Italienische Salat
Die vier angeführten Vorspeisensalate sind vielfach bekannt und einfach zu machen. Alle werden mit Mayonnaise angemacht. Vielleicht sind es keine Gerichte für den verwöhnten Feinschmecker, aber trotzdem sind sie gut. Der „Italienische Salat" kennt viele Rezepturen, aber in der klassischen bürgerlichen Küche ist er meist als „Italienischer Wurst- oder Fleischsalat" bekannt. Essiggurken, Fleischreste oder Wurst sowie Karotten und weitere Zutaten werden in feine Julienne geschnitten und mit einer Vinaigrette vermischt.

[146] Birnenhälften
Für verschiedene Wildgerichte, allen voran für den Rehrücken, ist die Garnitur „Baden-Baden" schon fast legendär. Früchte passen zu gebratenem Wild generell sehr gut. Diese Garnitur besteht aus Birnenhälften, die in Rotwein pochiert und mit Johannis- oder Preiselbeeren gefüllt sind. Eine Wildrahmsauce rundet das Ganze ab.

Das Restaurantquiz

Kategorie: Regional und international

Regional und international

Die Welt der Genüsse ist unendlich groß. Aber was bedeutet für den einzelnen Menschen „Genuss"? Für den einen ist es eine Schale Reis mit einem kleinen Stückchen Fleisch, für den anderen ein überbordendes Büffet mit Meeresfrüchten, Kaviar und Trüffel. Nicht überall fließen Milch und Honig, ganz im Gegenteil.

In jedem Land unserer Erde von Abu Dhabi bis Zypern ist das Essen ein kultureller Akt. Die Geschichte jedes Volkes kann auch von dessen Essgewohnheiten abgeleitet werden, die wiederum in einem direkten Zusammenhang mit den Möglichkeiten der Gewinnung von Nahrungsmitteln stehen.

Jede Region erzeugt ihre eigenen Produkte, bedingt durch die Landschaft und das Klima. Und jede Kultur hat ihre eigenen und ganz speziellen Traditionen hervorgebracht. Die Möglichkeiten, zu reisen und Handel zu betreiben, brachten dann im Laufe der Zeit immer wieder neue Lebensmittel und Gewohnheiten in die regionalen Küchen und veränderten sie. Trotzdem hat sich jede Region ihre eigene Küche bewahrt.

Regional und international [Fragen]

[1] Die „Seezunge Colbert" ist ein bekanntes Fischgericht. Welches ist dafür die Grundzubereitungsart?
(1) Pochieren
(2) Sautieren
(3) Grillieren
(4) Frittieren

[2] Auf einer Pasta „con melanzane" dürfen auf keinen Fall fehlen ...
(1) Tomatenwürfel
(2) Auberginen
(3) Artischocken
(4) Pilze

[3] „Jansson's Frestelse" ist ein Nationalgericht aus ...
(1) Schweden
(2) Irland
(3) Finnland
(4) Lettland

[4] Die „Paella" ist so bekannt, dass sie gewissermaßen Weltkarriere gemacht hat. Wenn der Ursprung auch von den Arabern stammt, ist sie doch Nationalgericht in ...
(1) Griechenland
(2) Spanien
(3) Portugal
(4) Italien

[5] Breite Nudeln oder große Nudelblätter, die in einer Backform schichtweise mit Fleisch- und anderen Saucen überzogen werden, sind bekannt als ...
(1) Lapacho
(2) Lasagne
(3) Moussaka
(4) Marmite

[6] Wenn der Feinschmecker in einem französischen Restaurant „Escargots" bestellt, bekommt er ...
(1) Schnecken
(2) Froschschenkel
(3) Austern
(4) Gänseleber

Regional und international [Antworten]

[1] Frittieren
Eigentlich ist der edle Fisch fast zu schade, um ihn im heißen Fett schwimmend zu garen. Aber das Originalrezept lautet: „Der gehäutete Blattfisch wird nach links und rechts geöffnet, paniert und gebacken. Die freigelegten Gräten werden entfernt, und vor dem Servieren wird der Fisch mit feiner Kräuterbutter gefüllt bzw. belegt."

[2] ... Auberginen
Diese Beerenfrucht wird zur Familie der Nachtschattengewächse gerechnet und hat verschiedene Namen: „Eierfrucht" (deutsch), „Eggplant" (englisch) und „Aubergine" (französisch). Die Italiener nennen das Gemüse „Melanzane"; daher ist es ein wichtiger Bestandteil einer Pasta oder Pizza „con melanzane".

[3] ... Schweden
Der Name bedeutet soviel wie „Jansson's Versuchung" und zählt zu den bekanntesten Gerichten Schwedens. In mehreren Lagen werden Kartoffelscheiben, Zwiebelringe und Anchovis (Sardellen) übereinandergeschichtet, mit Butterflocken und Sahne verfeinert und im Rohr gebacken.

[4] ... Spanien
Der Name ist wohl vom lateinischen Wort „Patella" abgeleitet und bedeutet einfach „Pfanne". Heute ist die Paella ein buntes spanisches Nationalgericht auf der Basis von Reis. Safran ist das typische Gewürz dafür und Olivenöl ein wichtiger Bestandteil. Sonst ist das schmackhafte Gericht für viele Zutaten offen, je nachdem, in welcher spanischen Region es zubereitet wird.

[5] ... Lasagne
Sie ist ein typisch italienisches Gericht, bei dem Nudelblätter schichtweise mit Fleischsauce überzogen und dann überbacken werden.

[6] ... Schnecken
Unter „Escargots" versteht man vor allem Weinbergschnecken, die auf sehr unterschiedliche Art zubereitet werden. Für Gourmets gelten jene direkt aus den Weinbergen als die köstlichsten, auch wenn der Großteil inzwischen aus Farmen kommt. In der mediterranen und asiatischen Küche sind auch Meeresschnecken wie zum Beispiel Abalone sehr gefragt. Diese sind wegen ihrer Form auch als Ohrschnecken, Meerohren oder Seeohren bekannt.

Regional und international [Fragen]

[7] „Zarzuela" ist außer einem Musiktheater auch ...
(1) ein griechisches Fleischgericht
(2) ein italienischer Nudelauflauf
(3) ein ungarischer Suppentopf
(4) ein spanisches Fischgericht

[8] Wenn ein amerikanischer Gast sein Frühstücksei „sunny side up" bestellt, dann möchte er ein ...
(1) weich gekochtes Ei im Glas
(2) Omelett mit gegrillten Tomaten
(3) Spiegelei, das nur auf einer Seite gebraten ist
(4) Spiegelei auf „Hash browns", d. h. auf einer Art Röstkartoffeln angerichtet

[9] Welche dieser Käsesorten ist typisch englisch?
(1) Stilton
(2) Västerbotten
(3) Gouda
(4) Grana

[10] Was darf bei einer „Pasta aglio e olio" auf keinen Fall fehlen?
(1) Fleischsugo
(2) Knoblauch
(3) Basilikum
(4) Peperoni

[11] Wenn man in einem italienischen Restaurant „Ossobuco" bestellt, bekommt man ...
(1) Lammkeule mit Rosmarin
(2) Beinschinken vom Wildschwein
(3) geschmorte Scheibe von der Kalbsstelze
(4) gedünsteten Rinderschlepp in Weinsauce

[12] Welches orientalische Gewürz darf auf keinen Fall in einer spanischen „Paella" fehlen?
(1) Safran
(2) Sternanis
(3) Ingwerpulver
(4) Kurkuma

Regional und international [Antworten]

[7] ... ein spanisches Fischgericht
Was für kunstsinnige Menschen ein spanisches Musiktheater ist, ist für den Feinschmecker ein spanisches Fischgericht: ein „Potpourri des Meeres" als Fischpfanne oder Fischtopf. Verschiedene Fische, Muscheln, Gambas und Tintenfische sind zusammen mit Zwiebeln, Knoblauch und Kräutern die wichtigsten Zutaten.

[8] ... Spiegelei, das nur auf einer Seite gebraten ist
In Amerika hat das Frühstück einen wesentlich größeren Stellenwert als in Europa und kann aus unzähligen Gerichten bestehen. Das Gegenteil vom Spiegelei „Sunny side up" ist ein „Fried egg upside down", das auf beiden Seiten gebraten wird.

[9] Stilton
Es ist ein Blauschimmelkäse aus pasteurisierter Kuhmilch, der in England als „König der Käse" angesehen wird und eine lange Tradition hat. Er ist benannt nach der Ortschaft Stilton in der mittelenglischen Grafschaft Cambridgeshire in England.

[10] Knoblauch
„Aglio" (Knoblauch) und „olio" (Olivenöl)sind eine perfekte Geschmacksergänzung zu Teigwaren. „Pasta" ist schon fast eine Weltanschauung. Aus einem einfachen Teig wird durch verschiedene Zutaten ein Pastagericht. Nudelkreationen, mit der passenden Sauce gewürzt, sind perfekte Vorspeisen und oft auch vollständige Hauptspeisen.

[11] ... geschmorte Scheibe von der Kalbsstelze
Wörtlich übersetzt ist „Ossobuco" ein „Knochen mit Loch". Dieser Knochen ist eine dicke Scheibe der Kalbshaxe, und im Loch ist das Mark, das bei diesem klassischen Mailänder Gericht als besondere Delikatesse gilt. Die angebratenen Scheiben werden langsam in Wein, Kalbsfond oder Fleischbrühe geschmort; Knoblauch und verschiedene Kräuter geben der Sauce den besonderen Geschmack.

[12] Safran
Er wird aus den Stempelfäden einer bestimmten Krokusart gewonnen und gilt als das teuerste Gewürz der Welt, denn für ein Kilogramm getrockneten Safran werden zwischen 100.000 bis 200.000 Blüten benötigt. Wegen der hohen Kilopreise gibt es „Ersatzprodukte" aus Löwenzahn, Ringelblumen und anderen Pflanzen. Safran ist ein starker „Gelbmacher", der auch für Kuchen, Liköre und für die französische Fischsuppe „Bouillabaisse" verwendet wird.

Regional und international [Fragen]

[13] Eine dieser Rohschinkenarten kommt aus Spanien. Es ist ...
(1) Serrano
(2) Bayonne
(3) San Daniele
(4) Parma

[14] Thymian, Rosmarin, Salbei und Lavendel sind die typischen Kräuter ...
(1) der Toskana
(2) Burgunds
(3) Liguriens
(4) der Provence

[15] Unter einer „Bisque" versteht man in Frankreich ...
(1) eine Cremesuppe
(2) ein flaumiges Gebäck
(3) eine mit Biskotten ausgelegte Fruchtterrine
(4) ein frittiertes Kartoffelkörbchen für Garnituren

[16] Was kann man erwarten, wenn man „Bœuf à la mode" bestellt?
(1) Geschnetzeltes vom Rind
(2) Rinderragout
(3) Geröstete Kaldaunen bzw. Kutteln
(4) Rinderbraten

[17] Aus der Speisenkarte bestellen Sie „Consommé", und Sie bekommen ...
(1) eine französische Fischsuppe
(2) eine Fleischpastete in der Terrine
(3) eine klare Kraftsuppe
(4) einen pikanten Vorspeisenteller

[18] Unter einer „Terrine" versteht man im Deutschen meist etwas anderes als in der Küchensprache. Was ist sie in der französischen Küche?
(1) Ein Warmhaltegerät in der Küche
(2) Ein Eintopfgericht
(3) Eine Fruchteisbombe
(4) Eine besondere Art der Pastete

Regional und international [Antworten]

[13] ... Serrano
Alle vier zählen zu den berühmtesten Rohschinken der Welt. „Jamón Serrano" kommt aus Spanien, San Daniele und Parma sind Städte in Italien, nach denen Schinkensorten benannt sind, und „Jambon Bayonne" ist ein Schinken aus den französischen Pyrenäen.

[14] ... der Provence
Wenn eine Kräutermischung aus Thymian, Rosmarin, Salbei, Lavendel, Lorbeer, Oregano u. a. besteht, ist sie als „Kräuter der Provence" bekannt, da diese Kräuter hier beheimatet sind.

[15] ... eine Cremesuppe
Der Name mag nach Biskuitgebäck klingen, es ist allerdings eine besonders feine Cremesuppe, die aus Krustentieren wie Hummer, Langusten, Krebsen oder Krabben hergestellt wird. Die Basis jeder Bisque ist die „Culis", die pürierte Masse der jeweiligen Grundsubstanz. Besonders bekannt und geschätzt ist die „Bisque de homard", eine feine Hummercremesuppe.

[16] Rinderbraten
Dem Namen nach könnte man eine besondere Spezialität erwarten. Es ist aber „nur" ein Rinderbraten, wenn auch ein sehr schmackhafter, der meistens mit Speckstreifen gespickt ist. „À la mode" heißt „was gerade in Mode ist", und so gibt es unzählige verschiedene Rezepte. Bekannt ist die Bezeichnung schon seit Jahrhunderten.

[17] ... eine klare Kraftsuppe
Sie wird meistens heiß serviert, obwohl es auch eine „Consommé froid" gibt. Immer ist sie eine klare Brühe, die aus faschiertem Rindfleisch und Wurzelgemüse gewonnen wird. Frisches Eiweiß, das mitgekocht wird, sorgt für die Klärung der Consommé. Verfeinert wird sie mit besonderen Einlagen oder mit Sherry.

[18] Eine besondere Art der Pastete
Man kennt den Begriff „Terrine" als Suppenschüssel aus Ton, Porzellan oder Metall. In der französischen und internationalen Küche versteht man darunter eine besondere Pastete, die in einer entsprechenden Form angerichtet bzw. zubereitet wird. Sie kann aus verschiedenen Fleischarten, Fisch oder Gemüse gemacht werden.

Regional und international [Fragen]

[19] „Bacalhau" spielt in der portugiesischen Küche eine wichtige Rolle. Dieses Nationalgericht besteht in der Hauptsache aus ...
(1) getrocknetem Fisch
(2) verschiedenen Meeresfrüchten
(3) Innereien vom Schaf
(4) Pferdefleisch

[20] Als Wiege der französischen Fischsuppe „Bouillabaisse" gilt ...
(1) Lyon
(2) Marseille
(3) St. Tropez
(4) Monte Carlo

[21] Was man im Englischen als „Titbits" bezeichnet, kennt man bei uns z. B. als ...
(1) Petit fours
(2) Dipp
(3) Amuse gueule
(4) Knabbergebäck

[22] „Crostini" sind geröstete Weißbrotscheiben mit verschiedenen Belägen. „Crostini alla Toscana" sind verfeinert mit ...
(1) Leberpastete
(2) Prosciutto
(3) Parmigiano
(4) Pesto

[23] Steaks vom Angusrind sind besonders schmackhaft. Der Ursprung dieser Rinderrasse ist in ...
(1) Irland
(2) Frankreich
(3) Argentinien
(4) Schottland

[24] Unter einer „Tarte aux pommes" versteht man ...
(1) eine Apfelpastete bei McDonalds
(2) eine französische Apfeltorte
(3) gratinierte Kartoffeln
(4) eine Art Röstkartoffeln

Regional und international [Antworten]

[19] ... getrocknetem Fisch
Diese portugiesische Spezialität wird mit getrocknetem Fisch zubereitet, der dem skandinavischen Stockfisch ähnlich ist.

[20] ... Marseille
Ob die Suppe einst von Fischern zubereitet wurde, indem sie Fische in Meerwasser gekocht haben, ist nicht nachgewiesen. Heute ist die „Bouillabaisse", für die möglichst viele verschiedene Meeresfische, Gemüsesorten und Safran verwendet werden, eine Spezialität aus Marseille.

[21] ... Amuse gueule
In der Gastronomie werden viele fremdsprachliche Begriffe verwendet, hauptsächlich französische. Bei uns sind „Titbits" besser bekannt als „Amuse gueule" oder „Amuse bouchet". Deutsche bzw. österreichische Ausdrücke wären „Appetitbissen", „Appetithappen" oder „Magentratzerl".

[22] ... Leberpastete
Sie werden in Italien gerne als kleine Vorspeise oder zum Aperitif gereicht. Beim geschmackvollen Belegen und ansprechenden Dekorieren sind der Phantasie kaum Grenzen gesetzt.

[23] ... Schottland
Der korrekte Name dieser Rinderrasse ist „Aberdeen Angus". Der Ursprung liegt also in Schottland, doch seit mehr als 100 Jahren wird sie in verschiedenen Ländern gehalten, denn die Tiere liefern hervorragendes Fleisch.

[24] ... eine französische Apfeltorte
Die Begriffe „pomme" (Apfel) und „pommes de terre" (Erdäpfel =Kartoffeln) haben schon manche Verwirrung gestiftet. Eine „Tarte de pommes" hat mit Kartoffeln nichts zu tun; sie ist ein französischer Apfelkuchen, etwa nach Elsässer, normannischer oder Pariser Art.

Regional und international [Fragen]

[25] In welchem Gastronomie-Betrieb wurde das „Carpaccio" kreiert?
(1) In Raffles Hotel in Singapur
(2) Im Hotel Riz in Paris
(3) Im New Yorker Waldorf Astoria
(4) In Harry's Bar in Venedig

[26] Die großen Grillfeste sind in Argentinien bekannt als ...
(1) Teppanyaki
(2) Chorizo
(3) Asado
(4) Barbecue

[27] „Schwarzplenten" ist eine wichtige Zutat in der traditionellen Südtiroler Küche. Besser bekannt ist es als ...
(1) Buchweizenmehl
(2) Maisgrieß
(3) Roggenmehl
(4) Gerstengrieß

[28] „Pilaw" ist ein Gericht, das in vielen Ländern auf den Speisekarten steht und sehr unterschiedlich zubereitet wird. Eine der Hauptzutaten ist immer ...
(1) Reis
(2) Fisch
(3) Gemüse
(4) Zwiebel

[29] Welche tropische Frucht darf in Asien meist nicht mit ins Hotel genommen werden, obwohl sie überall auf den Märkten erhältlich ist?
(1) Cherimonia
(2) Tamarillo
(3) Durian
(4) Karambole

[30] Wenn Sie auf einer französischen Speisekarte „Tripes" finden, dann handelt es sich um ein Gericht aus ...
(1) Innereien
(2) Schalentieren
(3) Fischen
(4) Pilzen

Regional und international [Antworten]

[25] In Harry's Bar in Venedig
Ursprünglich bestand das „Carpaccio" aus hauchdünnen Scheiben von rohem Rindfleisch mit frisch gemahlenem Pfeffer und Salz. Später kamen etwas Zitronensaft und Olivenöl dazu. Inzwischen sind meist feine Späne von Parmesan und oft auch frischer Rucola dabei. Auch aus anderen Zutaten wie Fisch oder Gemüse wird heute Carpaccio gemacht. Als „Erfinder" der köstlichen Vorspeise gilt Giuseppe Cipriani in Harry's Bar in Venedig, der es nach dem Renaissance-Maler Vittoro Carpaccio benannte.

[26] ... Asado
In Argentinien, dem Land mit angeblich mehr als 30 Mio. Rindern, sind fleischliche Genüsse etwas Selbstverständliches. Grillfeste werden in Argentinien meist als „Asado" angekündigt.

[27] ... Buchweizenmehl
Dieses wertvolle Naturprodukt hat im deutschen Sprachraum noch weitere Namen: „Heidenmehl", „Heiden-" und „Tatarenkorn". Buchweizen ist keine Grasart wie die eigentlichen Getreidesorten, sondern ein Knöterichgewächs, das botanisch mit dem Sauerampfer und dem Rhabarber verwandt ist. In der bäuerlichen Küche werden daraus Knödel, Kuchen, Krapfen u. a. gemacht. In Russland backt man daraus Blinis.

[28] ... Reis
In der osteuropäischen, der asiatischen und auch in der arabischen Küche ist „Pilaw" meistens ein Hauptgericht, manchmal auch nur eine Beilage. Reis in allen Variationen spielt die Hauptrolle. Für „Pilaw-Reis" gibt es eine besondere Kochtechnik.

[29] Durian
Die tropische Frucht schmeckt recht gut, ist aber als „Stinkfrucht" bekannt. Schon wenige Tage nach der Ernte entwickeln Durians einen äußerst unangenehmen Geruch, der sich überall festsetzt. In Singapur darf eine geöffnete Frucht nicht in der U-Bahn mitgeführt werden.

[30] ... Innereien
Nicht nur in Frankreich sind sie bei Feinschmeckern beliebt. In Italien als „Trippe/Trippa" geschätzt, kennt man sie im deutschen Sprachraum als „Kutteln", „Kaldaunen" oder „Fleck". Es sind die essbaren Teile vor allem des Rindermagens. Die intensiv ausgewaschenen und gekochten Fleischteile werden in Streifen geschnitten und dann auf unterschiedliche Arten zubereitet.

Regional und international [Fragen]

[31] Schildkrötensuppe sollte heute in Restaurants kein Thema mehr sein. „Mock turtle soup", die „falsche" oder „unechte" Schildkrötensuppe, gibt es aber noch, und sie schmeckt köstlich. Welches Fleisch ist der Ersatz für die Schildkröte?
(1) Ochsenschlepp
(2) Fasanenbrust
(3) Hahnenkämme
(4) Kalbskopf

[32] Wenn Sie in Italien „Cozze" bestellen, bekommen Sie ...
(1) einen Kräuterlikör
(2) Miesmuscheln
(3) kleine Fische
(4) eine Art Apfelwein

[33] „Arborio" ist in Italien ...
(1) eine Süßspeise mit Eis
(2) ein besonderer Reis
(3) ein mit Alkohol verstärkter Süßwein
(4) eine Pizza-Zubereitung

[34] Der bekannte englische Haferbrei ist bekannt als ...
(1) Pot-au-feu
(2) Pollack
(3) Porridge
(4) Porter

[35] Welches ist der wichtigste Unterschied zwischen „Sushi" und „Sashimi"?
(1) Sushi ist mit, Sashimi ohne Reis.
(2) Es gibt keinen Unterschied, nur verschiedene Bezeichnungen.
(3) Sushi werden warm, Sashimi kalt serviert.
(4) Sashimi ist marinierter Fisch, Sushi geräucherter Fisch.

[36] Eines dieser Würzkräuter ist für ein „Saltimbocca alla romana" unbedingt notwendig. Es ist ...
(1) Borretsch
(2) Salbei
(3) Basilikum
(4) Rosmarin

Regional und international [Antworten]

[31] Kalbskopf
Suppenschildkröten sind streng geschützt und somit zumindest in Europa nicht mehr erhältlich. Für die „falsche" Suppe wird hauptsächlich das Fleisch vom Kalbskopf verwendet.

[32] ... Miesmuscheln
Sie sind in italienischen Restaurants ein beliebtes Gericht, denn sie werden an Italiens Küsten gezüchtet. Am besten schmecken sie in einem würzigen Weißweinsud, mit Zwiebeln, Knoblauch und Kräutern gekocht. Sie sind das ganze Jahr erhältlich, aber in der kalten Jahreszeit am schmackhaftesten.

[33] ... ein besonderer Reis
Arborio ist eine kleine Gemeinde in der Region Piemont; nach diesem Ort ist eine der wichtigsten und bekanntesten italienischen Reissorten benannt. Es ist ein Rundkornreis mit besonders hohem Stärkeanteil. Daher wird er vor allem für Risotto verwendet.

[34] ... Porridge
Ein englisches Frühstück ohne diesen berühmten gehaltvollen Haferbrei ist nur schwer vorstellbar. Seine Anhänger behaupten „it keeps you going". Für den Brei werden Hafermehl und/oder -flocken in Wasser oder Milch gekocht und mit Milch oder Sahne serviert.

[35] Sushi ist mit, Sashimi ohne Reis
Die verschiedenen Fischscheiben oder -stückchen sind sowohl bei Sushi als auch bei Sashimi roh, und beide werden kalt serviert. Der wesentliche Unterschied ist: Sushi wird mit Reis zubereitet; Sashimi sind meistens hauchdünne Scheiben von rohem Fisch, jedoch immer ohne Reis. Auch die Schneidetechnik kann unterschiedlich sein.

[36] ... Salbei
Ein Kalbsschnitzel wird für diese Spezialität mit Rohschinken und Salbeiblättern belegt, aufgerollt oder zusammengeklappt und dann gebraten. Wie bei jedem erfolgreichen Gericht gibt es viele Abwandlungen: Anstelle von Kalb wird z. B. ein anderes Fleisch oder auch Fisch verwendet.

Regional und international [Fragen]

[37] Nicht nur in Österreich, auch in französischen Restaurants wird Kraftbrühe mit Frittaten bzw. Pfannkuchenstreifen oder Flädle angeboten. Dort heißt sie dann ...
(1) Consommé au crêpes
(2) Consommé Royal
(3) Consommé celestine
(4) Consommé piment

[38] „Mulligatawny" war einst eine englisch-indische Suppe. Heute gilt sie eher als Nationalsuppe in ...
(1) Irland
(2) Portugal
(3) Russland
(4) England

[39] Pariser Kartoffeln sind ...
(1) kleine runde Kartoffelkugeln
(2) dünne gebackene Kartoffelscheiben
(3) kleine Kartoffelgebäckstücke
(4) würfelig geschnittene Kartoffelstücke

[40] Wenn Sie Pasta mit „haardünnen" Spaghetti haben möchten, dann bestellen Sie ...
(1) Taglierini
(2) Rigatoni
(3) Pappardelle
(4) Capellini

[41] „Chop Sue" gilt als eines der bekanntesten asiatischen Gerichte. Allerdings entstand es in ...
(1) Australien
(2) Holland
(3) Kanada
(4) den USA

[42] „Gazpacho" ist auf der iberischen Halbinsel ...
(1) eine Vorspeise aus kleinen marinierten Fischen
(2) ein Aperitif auf der Basis von Rotwein
(3) eine kalte Gemüsesuppe
(4) ein portugiesischer Eintopf

Regional und international [Antworten]

[37] ... Consommé celestine
„Flädle" heißen die Pfannkuchen im Schwabenland. In Österreich sind es die „Frittaten", die in der Suppe schwimmen. Die Pfannkuchen mit Marmelade oder anderen süßen Füllungen sind hier allerdings die „Palatschinken".

[38] ... England
Diese scharfe Suppe hat ihren Ursprung in Südindien. Das „Pfefferwasser" kam als Kolonialsuppe nach England und wurde mehr und mehr verwässert. Die Basis ist eine Hühnersuppe, gekochtes Hühnerfleisch, Gemüse und Reis sind meist die Einlagen in der gebundenen Suppe, und Currypulver ist noch immer das wichtigste Gewürz.

[39] ... kleine runde Kartoffelkugeln
Für „Pommes Parisiennes", wie der korrekte Name lautet, werden die Kartoffeln mit einem Ausstecher zu kleinen Kugeln geformt, kurz in heißem Wasser blanchiert (überkocht) und dann in der Pfanne gebraten. Sie sehen dekorativ aus und schmecken auch gut, machen aber etwas Arbeit.

[40] ... Capellini
Aus einfachem Nudelteig wird in der italienischen Küche oft ein „Gedicht" von einer Pasta. Die Formen und Größen der Teigwaren sind sehr unterschiedlich: Die extradünnen Spaghetti sind „Capellini" oder „Capellini d'angelo" (Engelshaar); „Taglierini" sind eine kleinere Form der Tagliatelle, der „geknäuelten Bänder"; die gestreiften „Rigatoni" sind breite Riffelmakkaroni; „Pappardelle", die „Verschlingbaren", sind breite Pastabänder in kurzen Stücken.

[41] ... den USA
Das Gericht wurde von Chinesen auf amerikanischem Boden erfunden und sollte an die Heimat erinnern. Eigentlich ist es nur ein Reste-Essen; der Name bedeutet auf Kantonesisch „dies und das". Zutaten sind marinierte Schweine- oder Hühnerfleischstreifen mit Bambus- und Sojasprossen, und für den besonderen Geschmack sorgen Sojasauce und Reiswein.

[42] ... eine kalte Gemüsesuppe
In den heißen Sommern Spaniens spielt die Gazpacho seit jeher eine große Rolle: Sie ist eine kalte bzw. geeiste Gemüsesuppe, die ursprünglich von Bauern und Landarbeitern auf dem Feld gegessen wurde. Heute ist sie eine Spezialität und gilt als spanische Nationalsuppe.

Regional und international [Fragen]

[43] „Pommes frites" gibt es inzwischen auf der ganzen Erde. Der Ursprung der gebackenen Kartoffelstäbchen liegt in ...
(1) Belgien
(2) Amerika
(3) Frankreich
(4) Deutschland

[44] Genuss in Italien: Bei welcher dieser Bezeichnungen handelt es sich um „Essbares"?
(1) Grignolino
(2) Grana
(3) Gavi
(4) Grappa

[45] „Panettone" ist in Italien ein besonderes Gebäck zu religiösen Festen wie Weihnachten. Gebacken wird es aus ...
(1) Blätterteig
(2) Mürbteig
(3) Biskuitmasse
(4) Hefeteig

[46] Was bekommt der Gast, wenn er in Kroatien „Raznici" bestellt?
(1) Gegrillte Kalbsnieren
(2) Tomatenreis mit Wurstscheiben
(3) Kleine Fleischspießchen
(4) Hackfleischlaibchen

[47] Bei „Spaghetti alle vongole" haben die Nudeln eine schmackhafte Begleitung. „Vongole" sind ...
(1) Venusmuscheln
(2) Tintenfische
(3) Meeresschnecken
(4) gemischte Meeresfrüchte

[48] Was ist „Couscous"?
(1) Eine Kaltschale aus Gurken und Tomaten
(2) Ein häufig zubereitetes Gericht in Afrika
(3) Ein Eintopf mit Hammelfleisch
(4) Eine Gemüsebeilage

Regional und international [Antworten]

[43] ... Belgien
Ende des 18. Jahrhunderts wurden in Belgien erstmals nachweislich Kartoffelstäbchen statt frischer Fische frittiert, als es in gefrorenen Gewässern in den Wintermonaten nur schwer möglich war, Fische zu fangen. Die Form sollte möglicherweise kleine Fische darstellen.

[44] Grana
„Grana" ist eine der bekanntesten Hartkäsesorten Italiens. Er wird in verschiedenen, genau festgelegten Gebieten Norditaliens erzeugt und hat eine große Ähnlichkeit mit Parmesan. „Grappa" ist der berühmte italienische Tresterbrand, „Gavi" und „Grignolino" sind Weine, beide aus dem Piemont.

[45] ... Hefeteig
„Panettone" ist das „große Brot" mit Rosinen und kandierten Früchten, „Pandoro" ist praktisch „natur", also ohne Früchte. Verschiedene Süßweine, allen voran Asti Spumante oder Vin Santo, sind die typischen flüssigen Begleiter zu beiden.

[46] Kleine Fleischspießchen
„Raznici" bzw. „Ražnjici" ist ein Gericht, das wohl auf keiner Speisenkarte Sloweniens, Kroatiens oder eines anderen Landes Ex-Jugoslawiens fehlt. Es besteht aus kleinen Schweinefilets, die meistens auf Spießchen gesteckt gegrillt werden.

[47] ... Venusmuscheln
Sie sind auf Italiens Speisekarten oft zu finden und spielen für Pasta, Risotto oder Antipasta eine bedeutende Rolle. Diese Vertreter aus der Familie der Venusmuscheln wachsen wild oder werden in Kulturen gezüchtet. Wenn sie eine Größe von 3 bis 4 Zentimetern erreicht haben, sind sie fertig für den Genuss.

[48] Ein häufig zubereitetes Gericht in Afrika
„Couscous", „Kuskus", „Cous Cous" oder „Kseksou" ist Hauptbestandteil oder Beilage verschiedener Gerichte im gesamten nordafrikanischen Raum. Es wird aus Weizengrieß, Gerste oder Hirse zubereitet. Das Gericht hat inzwischen auch viele Anhänger in Frankreich und ganz Europa.

Regional und international [Fragen]

[49] In den USA längst ein Begriff, in Europa immer bekannter ist „Surf`n Turf". Was wird dabei serviert?
(1) Haifischsteaks auf Spießen
(2) Jakobsmuscheln und Lammfilets
(3) Meeresfrüchte und Fleisch
(4) Steak vom Thunfisch

[50] Wenn man in Österreich „Lungenbraten" bestellt, dann ist das Fleisch ...
(1) vom Filet
(2) faschiertes Rindfleisch
(3) von Innereien verschiedener Tiere
(4) von der Keule

[51] Wenn ein australisches Restaurant „BYO" anbietet, bedeutet dies:
(1) Alle Fleischspeisen werden auf dem Holzgrill zubereitet
(2) Hier werden nur alkoholfreie Getränke serviert
(3) Es werden nur vegetarische Speisen angeboten
(4) Man kann die eigene Flasche Wein mitbringen

[52] Was sind „Cannelloni"?
(1) Kurze Maccheroni
(2) Gefüllte Nudelröhrchen
(3) Gefüllte Teigtaschen
(4) Überbackene Teigblätter

[53] Fisch wird besonders gerne roh gegessen in ...
(1) Frankreich
(2) Marokko
(3) Japan
(4) Kenia

[54] Ein Gemüse mit dem deutschen Namen „Eierfrucht" kennt man international als ...
(1) Aubergine
(2) Fenouil
(3) Artischocke
(4) Zucchini

Regional und international [Antworten]

[49] Meeresfrüchte und Fleisch.
Meistens besteht die Kombination aus Rindersteaks mit Hummerschwänzen. Die Idee entstand vermutlich an der amerikanischen Atlantikküste. Auch in Europa und Australien wird „Surf`n Turf" häufig in Restaurants, vor allem in Steakhäusern angeboten, manchmal auch unter anderen Namen.

[50] ... vom Filet
Der österreichische Begriff „Lungenbraten" wird nur für ein besonderes Stück Fleisch verwendet: für das Filet, bzw. die Lende oder das Lendenstück, also für den zartesten Teil vom Rind, Kalb oder Schwein.

[51] Man kann die eigene Flasche Wein mitbringen
„BYO" steht für „Bring Your Own" oder „Bring dein eigenes ... mit". In australischen oder neuseeländischen Restaurants findet man oft den Hinweis, dass kein Alkohol ausgeschenkt wird, weil die Lizenz dafür fehlt. Gegen die Entrichtung einer „Corkage-Fee" (Korken- oder Stoppelgeld) bekommt man Gläser, und die mitgebrachte Flasche wird serviert. Ein Restaurant, das alles ausschenken darf, gilt als „fully licensed".

[52] Gefüllte Nudelröhrchen
Nudeln stammen ursprünglich nicht aus Italien, sondern wahrscheinlich aus China, möglicherweise von Marco Polo „mitgebracht". Unter den unendlich vielen Varianten von Nudeln sind „Cannelloni" Teigröhrchen, die mit verschiedenen Zutaten gefüllt werden.

[53] ... Japan
Noch vor 150 Jahren war die Ernährung in Japan hauptsächlich vegetarisch, außerdem wurde gerne Fisch verzehrt. Soweit wie möglich wurden Lebensmittel roh, höchstens geröstet und nur selten gekocht gegessen. Da z. B. Fisch und Soja viel Eiweiß enthalten, ist die japanische Küche besonders gesund.

[54] ... Aubergine
„Eierfrucht" ist der deutsche, selten verwendete Ausdruck für Auberginen bzw. Melanzane. Sie werden zu den Nachtschattengewächsen gerechnet; solange sie unreif sind, enthalten sie das giftige Solanin. Das Gemüse wird vor allem in der mediterranen, türkischen und orientalischen Küche verwendet. Eine griechische Moussaka oder ein französisches Ratatouille sind ohne Auberginen unvorstellbar.

Regional und international [Fragen]

[55] „Foie gras" ist eine Delikatesse der französischen Küche und wird gewonnen aus ...
(1) Trüffel und Kaviar
(2) Gänse- oder Entenleber
(3) geräuchertem Wildlachs
(4) Hummerscheren

[56] Die Zutaten zum „Insalata Caprese" haben im Wesentlichen die italienischen Nationalfarben. Neben Tomaten und Basilikum muss auch ein Käse dabei sein. Es ist ...
(1) Grana
(2) Bel Paese
(3) Mozzarella
(4) Pecorino

[57] Eine besondere Delikatesse wird jeden Frühling aus dem österreichischen Marchfeld sehnsüchtig erwartet, nämlich ...
(1) Erdbeeren
(2) Spargel
(3) Artischocken
(4) Radicchio

[58] Das „Bündner Fleisch" ist eine Spezialität aus der Schweiz. Es besteht aus ...
(1) getrocknetem Lammfleisch aus den Bergen
(2) Räucherschinken aus einer bodenständigen Schweinerasse
(3) getrocknetem Rindfleisch aus dem Kanton Graubünden
(4) gepökeltem Hirschschinken

[59] Eine dieser vermeintlichen Gemüsesorten ist nicht vegetarisch. Gemeint ist/sind ...
(1) Seebohnen
(2) Wasserkastanien
(3) Bachkresse
(4) Seegurken

Regional und international [Antworten]

[55] ... Gänse- oder Entenleber
Schon bei den Römern war die Stopfleber von Gänsen oder Enten als Fleischbeilage bekannt und beliebt. Diese Fettleber wird meistens durch wochenlange grausame Zwangsernährung der Tiere mit Kraftfutter gewonnen und ist in Deutschland, Österreich und der Schweiz verboten, in Frankreich und den osteuropäischen Ländern aber ein einträgliches Geschäft. Der Feinschmecker mit Gewissen muss selbst entscheiden, ob er unbedingt das „krank gemachte" Organ eines geschundenen Tieres essen möchte, auch wenn es geschmacklich interessant ist.

[56] ... Mozzarella
Wegen des intensiven Geschmacks und der hohen Kosten wird statt des klassischen Büffel-Mozzarella meistens Käse aus einer Mischung von Kuh- und Büffelmilch verwendet. „Insalata Caprese", frei übersetzt „zu Capri gehörend", ist ein beliebter Sommersalat, nicht nur in Italien.

[57] ... Spargel
Das Marchfeld in Niederösterreich gilt als eine der offiziellen „Genussregionen" Österreichs. Die etwa 900 km² große Sand-Schotterebene östlich von Wien ist der größte „Gemüsegarten" des Landes. Die Bezeichnung „Marchfeldspargel" ist in der EU eine anerkannte, geschützte geographische Marke.

[58] ... getrocknetem Rindfleisch aus dem Kanton Graubünden
Das „Bündner Fleisch" war früher ein wichtiger Vorrat für die kalten Wintermonate. Es wird auch heute noch ausschließlich aus bestem Rindfleisch gewonnen. Die in Würzlake gepökelten Fleischstücke werden nicht geräuchert, sondern nur luftgetrocknet. Das Trocknen dauert etwa 10 bis 15 Wochen. Die charakteristische eckige Form entsteht durch das Pressen; dabei soll vor allem eine gleichmäßige Verteilung der vorhandenen Flüssigkeit gefördert werden.

[59] ... Seegurken
Sie sind kein Gemüse, sondern „niedere" Tiere bzw. essbare Stachelhäuter in Gurken- oder Walzenform. Aus dem Mittelmeer kennt man sie als „Seegurke", und die Engländer nennen sie „sea cucumber". In Fernost sind diese Tiere eine Delikatesse und gelten ihrer Form wegen auch als Aphrodisiakum. Auf den Speisekarten werden sie meist als „Trepang" angeboten.

Regional und international [Fragen]

[60] Über den Ursprung von „Chili con carne" wurde schon viel diskutiert. Das scharfe Gericht kommt ganz sicher nicht aus ...
(1) Arizona
(2) Texas
(3) Indien
(4) Mexiko

[61] „Tiramisu" ist ein bekanntes italienisches Dessert. Was bedeutet der Name?
(1) „Für alle zu haben"
(2) „Zieh mich hoch"
(3) „Süß und fein"
(4) 2Weich und cremig"

[62] „Borschtsch" gilt als Nationalsuppe in ...
(1) Russland
(2) Grönland
(3) der Türkei
(4) Griechenland

[63] Wenn Sie aus einer amerikanischen Speisenkarte „Alligator pear" aussuchen, bekommen Sie ...
(1) Filets vom Alligator
(2) Avocados
(3) eine Art Kaviar
(4) Wachteleier

[64] Wenn man in Italien „Bollito misto" bestellt, bekommt man ...
(1) gemischtes Gebackenes
(2) gemischtes Gemüse
(3) gegrilltes Gemischtes
(4) gemischtes Gekochtes

[65] „Bami goreng" ist ein indonesisches Nationalgericht. Die Basis dafür ist/sind ...
(1) Fisch
(2) Gemüse
(3) Nudeln
(4) Reis

Regional und international [Antworten]

[60] ... Indien
Unter den vielen Rezepten für das würzige Gericht gibt es nur zwei Zutaten, die alle brauchen: Chilis und Fleisch. Der starke mexikanische Einfluss ist unbestritten, allerdings hat sich Texas zum „Chilistaat" entwickelt. Die indische Küche liebt auch die Schärfe, aber bei anderen Gerichten.

[61] „Zieh mich hoch"
Das Dessert hat seinen Ursprung vermutlich in der Region Venetien, ist aber weit über das Land hinaus bestens bekannt. Löffelbiskuits, Mascarpone, Eier und Likör oder Weinbrand sind wichtige Zutaten. Persönliche Rezepte gibt es viele.

[62] ... Russland
Es gibt viele regionale Unterschiede, aber Rote Rüben (Rote Bete) und Weißkraut sind immer wichtige Bestandteile dieser kräftigen Suppe. Auch wenn sich der „Borschtsch-Gürtel" von Polen über Russland, die Ukraine und Weißrussland zieht, gilt sie als russische Nationalsuppe.

[63] ... Avocados
Die „Alligator pears", also die „Alligator-Birnen", sind Avocados und somit auch für Vegetarier genussvoll. Alligatoren aus freier Wildbahn und aus Zuchtfarmen hingegen liefern genügend Eier und feine Steaks aus dem Schwanz. Das Fleisch lässt sich wie das vom Kalb oder von Krustentieren zubereiten.

[64] ... gemischtes Gekochtes
Diese italienische Spezialität stammt ursprünglich aus der Region Piemont im Nordwesten Italiens. Für diesen Eintopf gibt es unzählige Rezepte, aber etwas haben alle gemeinsam: viel Fleisch! Rind, Schwein, Kalb, Geflügel und Wurst werden mit verschiedenen Gemüsesorten gekocht. Die kräftige Suppe wird dann zuerst gegessen, Fleisch und Gemüse kommen als nächster Gang.

[65] ... Nudeln
„Bami" sind Nudeln und „goreng" bedeutet gebraten. „Bami goreng" ist ein bekanntes indonesisches Gericht mit vielen verschiedenen Zubereitungsarten. Nudeln, egal welcher Art, sind die Basis; die übrigen Zutaten variieren sehr stark. Irgendeine Fleisch- und Gemüsesorte ist immer dabei.

Regional und international [Fragen]

[66] „Fogosch" ist ein Synonym für einen Fisch, nämlich für den ...
(1) Saibling
(2) Zander
(3) Hecht
(4) Aal

[67] Wer in Spanien „Chorizo" bestellt, bekommt ...
(1) Schinken
(2) Käse
(3) Fleisch
(4) Wurst

[68] Ein Entrecôte „Café-de-Paris" ist garniert oder vollendet mit ...
(1) Kräuterbuttersauce
(2) gebackenen Zwiebelringen
(3) Gänseleber
(4) Krebsschwänzen

[69] Die „Crème Chantilly" ist nach einem französischen Schloss benannt. Es ist ...
(1) eine Schokoladen-Nougatcreme
(2) Schlagsahne bzw. Schlagobers
(3) eine feine Vanillesauce
(4) eine warme Weinschaumsauce

[70] Welche französische Stadt wird gerne als „Senf-Hauptstadt" bezeichnet?
(1) Lyon
(2) Avignon
(3) Nancy
(4) Dijon

[71] Bei einem „Dim Sum" werden verschiedene kleine Happen serviert. Diese Speisen stammen aus der...
(1) koreanischen Küche
(2) malaysischen Küche
(3) chinesischen Küche
(4) japanischen Küche

Regional und international [Antworten]

[66] ... Zander
Jeder, der einmal in Ungarn oder am österreichischen Neusiedlersee Urlaub gemacht hat, fand ihn auf den Speisenkarten. Der Name stammt aus Ungarn, weitere Bezeichnungen für den Fisch sind „Schill", „Hechtbarsch" oder „Zahnmaul".

[67] ... Wurst
Sie ist sehr würzig und besteht hauptsächlich aus Schweinefleisch. Paprika gibt ihr die rötliche Farbe und reichlich Knoblauch viel Geschmack. „Chorizo" ist nicht nur in Spanien, sondern auch in Mexiko bekannt und beliebt.

[68] ... Kräuterbuttersauce
Dem Namen nach zu urteilen könnte man meinen, dass dieses Steak aus Frankreich kommt. Es wurde aber in einem Restaurant in Genf kreiert. DieSauce ist eigentlich eine pikante Kräuterbutter, die kurz vor dem Servieren aufgeschäumt und über das Fleisch gegeben wird.

[69] ... Schlagsahne bzw. Schlagobers
Die französische Kleinstadt Chantilly mit dem gleichnamigen Schloss liegt nördlich von Paris. In der Küchensprache ist es der Fachbegriff für steif geschlagenes Obers bzw. für Sahne.

[70] Dijon
Der bekannteste und wohl auch pikanteste Senf Frankreichs kommt aus der Hauptstadt von Burgund, Dijon. Die Stadt erhielt bereits im 13. Jahrhundert ein Monopol auf die Senfherstellung. Dijon-Senf muss nach dem europäischen Codex aus geschälten braunen und schwarzen Senfkörnern gewonnen werden. Speisen, die mit diesem Senf zubereitet werden, tragen den Zusatz „Dijonnaise".

[71] ... chinesischen Küche
Frei übersetzt sind es „kleine Herzen" im Sinne von Leckerbissen. Fisch, Fleisch, Meeresfrüchte oder Gemüse sind in Teigtaschen verpackt oder zu Klößchen oder Rollen geformt. Die kleinen Speisen können gedämpft, gedünstet, gebraten oder frittiert sein. Dieser Klassiker aus der chinesischen bzw. kantonesischen Küche wird meist in Bambuskörbchen serviert.

Regional und international [Fragen]

[72] „Saltimbocca" ist ein Klassiker der italienischen Küche. Der Name des Fleischgerichtes bedeutet ...
(1) Iss mich auf
(2) Spring vom Teller
(3) Füll den Magen
(4) Spring in den Mund

[73] Bremer „Labskaus" ist ein klassisches Seemannsgericht aus dem Norden. Angerichtet wird es meist mit der typischen Garnitur bzw. Zutat aus ...
(1) Spiegelei und Salzgurke
(2) Apfelscheiben und Zwiebelringen
(3) Sardellenstreifen und gekochten Eierscheiben
(4) Räucheraal und Mayonnaise

[74] Viele Speisen kamen im Zuge der Globalisierung nach Mitteleuropa. „Falafel" hat seien Ursprung unter anderem ...
(1) in Indien
(2) im Nahen Osten
(3) im Fernen Osten
(4) in Südafrika

[75] „Sushis" bestehen im Wesentlichen aus Fisch und Reis. Was ist für die typische „Verpackung" unbedingt notwendig?
(1) Bananenblätter
(2) Blattspinat
(3) Algenblätter
(4) Grüner Spargel

[76] „Granitée" bedeutet in Frankreich etwa das Gleiche wie „Granita" in Italien, und es ist etwas ...
(1) Überbackenes
(2) Gebackenes
(3) sehr Hartes
(4) Gefrorenes

[77] Einige französische Regionen oder Provinzen sind für verschiedene Delikatessen bekannt. „Bresse" steht für ...
(1) Geflügel
(2) Trüffel
(3) Lammfleisch
(4) Schnecken

Regional und international [Antworten]

[72] ... Spring in den Mund
„Saltimbocca" (Salt' im bocca) ist ein Begriff aus der römischen Mundart. Die bekannteste Variante „Saltimbocca alla romana" besteht aus gebratenem Kalbsschnitzel mit Schinken und Salbei.

[73] ... Spiegelei und Salzgurke
Das Gericht, das man auch als „Resteverwertung" ansehen kann, kam vermutlich über Norwegen nach Norddeutschland. Aber auch im englischen Liverpool gibt es etwas sehr Ähnliches. Salzgurke und Spiegelei sind zumindest in Deutschland unerlässliche Zutaten.

[74] ... im Nahen Osten
Die Speise besteht aus kleinen frittierten Bällchen aus Bohnen, Kichererbsen, Kräutern und weiteren Zutaten. In Europa wird Falafel gerne an Imbissständen angeboten.

[75] Algenblätter
Roher Fisch und klebriger Reis sind die Basis für Sushi, auch wenn der Phantasie dann keine Grenzen mehr gesetzt werden. Um das Ganze schön zu formen und zusammenzuhalten, werden hauptsächlich Rotalgenblätter verwendet.

[76] ... Gefrorenes
Als „Granita" ist die Süßspeise in Italien, besonders auf Sizilien bekannt. Die Flüssigkeit, meistens Fruchtsaft, wird während des Gefrierens immer wieder gerührt oder „geschabt", sodass eine körnige Konsistenz entsteht. Ein Granitée hat eine starke Ähnlichkeit mit einem Sorbet.

[77] ... Geflügel
Das Gebiet liegt im nordöstlichen Teil von Burgund und liefert das feinste Federvieh Frankreichs. Das echte „Bressehuhn" wird frei laufend aufgezogen. Der Name ist herkunftgeschützt.

Regional und international [Fragen]

[78] „Powidl" ist eine Art Pflaumenmus. Diese Bezeichnung stammt aus ...
(1) Bayern
(2) Ungarn
(3) Böhmen
(4) Tirol

[79] Auf einer „Pizza funghi" findet man auf jeden Fall ...
(1) Meeresfrüchte
(2) Pilze
(3) Artischocken
(4) Schinken

[80] Der Haferbrei ist für die Engländer ein ...
(1) Potage
(2) Borschtsch
(3) Borretsch
(4) Porridge

[81] „Gazpacho" ist als spanische Nationalsuppe bekannt. Sie ...
(1) wird kalt serviert
(2) ist immer ziemlich süß
(3) wird mit Pferdefleisch gemacht
(4) wird erst nach der Hauptspeise serviert

[82] Mit „Croissants" verbindet man Frankreich. Ursprünglich jedoch stammen sie aus ...
(1) Griechenland
(2) Belgien
(3) Österreich
(4) England

[83] Wer in einem feinen Restaurant „Fine de claire" bestellt, bekommt ...
(1) sehr trockenen Champagner
(2) Austern
(3) Forellen aus klaren Gebirgsbächen
(4) feinkörnigen Kaviar von sehr heller Farbe

Regional und international [Antworten]

78] ... Böhmen
In einigen regionalen Küchen ist „Powidl" die traditionelle Zutat oder Fülle für verschiedene Mehlspeisen und Desserts, z. B. Powidltascherln, Germknödel oder Kolatschen. Ursprünglich ist es eine Art Pflaumenmus bzw. Marmelade oder Konfitüre aus getrockneten Pflaumen, die ohne Zucker eingekocht wurden.

[79] ... Pilze
Beim Belegen von Pizzen kennen die Italiener fast keine Grenzen. „Funghi", also Pilze, sind sehr beliebt, auf der Pizza genauso wie zu Reis oder Nudelgerichten.

[80] ... Porridge
Der ursprünglichen Bedeutung nach besteht der Brei aus beliebigen Getreidearten, heute fast immer aus Hafer. Er ist besonders für die Engländer ein fester Bestandteil ihres Frühstücks.

[81] ... wird kalt serviert
Bevor Columbus Tomaten aus Amerika mitbrachte, bestand diese Suppe aus verschiedenen Gemüsesorten. Heute sind es die Tomaten, die der Suppe Farbe und Geschmack geben. Sie wird immer kalt serviert.

[82] ... Österreich
Der Legende nach sind die Hörnchen dem türkischen Halbmond nachempfunden, nachdem die Türken Wien erfolglos belagert hatten. Die aus Österreich stammende französische Königin Marie Antoinette brachte sie nach Frankreich, wo sie zu „Croissants" wurden.

[83] ... Austern
Alle vier angeführten Delikatessen sind sehr „fein". Unter der o. g. Bezeichnung versteht man Austern. Diese Schalentiere werden heute vor allem überwiegend in Frankreich, Holland und England auf Farmen gezüchtet.

Regional und international [Fragen]

[84] Wenn Feinschmecker davon schwärmen, dass die „Liwanzen" auf der Zunge zergehen, dann meinen sie damit ...
(1) gegrillte asiatische Krebse
(2) ein feines Backwerk mit Käse
(3) kleine böhmische Pfannkuchen
(4) kleine Nudelteigtaschen mit Fleischfülle

[85] Was ist die Basis für eine mexikanische „Salsa verde"?
(1) Grüne Bohnen
(2) Grüne Tomatillos
(3) Grüner Paprika
(4) Frischer Basilikum

[86] Teile des Kugelfisches sind hochgiftig. Unter welchem Namen ist die Spezialität in Japan bekannt?
(1) Fugu
(2) Funghi
(3) Fango
(4) Fiano

[87] „Gulasch" ist in Ungarn nicht dasselbe wie im deutschsprachigen Raum, sondern dort bekannt als ...
(1) Ragout
(2) Pöckel
(3) Frikassee
(4) Pörkölt

[88] „Cantucci" und „Cantuccini" sind die Namen für ein toskanisches Mandelgebäck. Weil es meist steinhart ist, wird es vor dem Essen üblicherweise eingetaucht in ...
(1) Grappa
(2) Spumante
(3) Vin Santo
(4) Espresso

[89] „Burritos" sind beliebte kleine Snacks. Sie stammen ursprünglich aus der ...
(1) karibischen Küche
(2) portugiesischen Küche
(3) griechischen Küche
(4) mexikanischen Küche

Regional und international [Antworten]

[84] ... kleine böhmische Pfannkuchen
Unter diesem Begriff versteht man eine Süßspeise aus der böhmischen Küche. Die kleinen Hefepfannkuchen werden meist mit „Powidl", einem Mus aus getrockneten Pflaumen, gefüllt.

[85] Grüne Tomatillos
„Salsa verde" heißt „grüne Sauce"; es gibt sie in vielen Variationen. Für die mexikanische Variante, die als Dipp sehr beliebt ist, sind grüne Tomatillos die Basis. Natürlich gehören auch Chilischoten, Zwiebeln, Knoblauch, Kräuter und Gewürze dazu, damit sie scharf genug wird.

[86] Fugu
In der Haut und in Teilen der Innereien dieses Fisches befindet sich ein hochgiftiges Tetrodotoxin. Das ungiftige Muskelfleisch gilt allerdings als Spezialität. Japanische Köche benötigen eine spezielle Ausbildung für die Zubereitung von Fugu, dem Kugelfisch.

[87] ... Pörkölt
Für jeden „Nicht-Ungarn" gilt das Gulasch als ungarisches Nationalgericht. Bestellt man aber in Ungarn ein „Gulyás", bekommt man nur eine Suppe mit Einlage. Möchte man wirklich ein Gulasch haben, heißt es „Pörkölt". Sowohl Gulasch als auch Pörkölt gibt es vielen Varianten und mit verschiedenen Zutaten und Garnituren.

[88] ... Vin Santo
Dieses Backwerk, auch „Biscotti" genannt, wird in den „heiligen Wein" Vin Santo, getunkt und darin aufgeweicht, der aufgrund der Herstellung etwa einem Strohwein aus Österreich entspricht, allerdings mit längerer Lagerung im Fass.

[89] ... mexikanischen Küche
Der Name bedeutet „kleiner Esel". Der Snack besteht aus „Tortillas", den Mehlfladenbroten mit verschiedenen Füllungen, häufig mit „Chili con carne". Burritos werden der „Tex-Mex-Küche" zugeordnet, was eine Verbindung Mexikos mit den amerikanischen Südstaaten bedeutet.

Regional und international [Fragen]

[90] Ein „Bistecca alla Fiorentina" gilt als einer der kulinarischen Höhepunkte in der italienischen Küche. Es wird gewonnen aus dem ...
(1) T-Bone-Steak des Rindes
(2) Lendenstück (Filet) des Rindes
(3) doppelten Rückenstück des Hammels
(4) Kotelett des toskanischen Wildschweins

[91] Die russische Nationalsuppe „Borschtsch" hat ihre rote Farbe überwiegend von ...
(1) Tomaten
(2) roten Beeren
(3) Roter Bete (österr.: Rohnen)
(4) Rotwein

[92] „Panna Cotta" zählt zu den bekanntesten Süßspeisen der italienischen Küche. Was sind dafür die Hauptzutaten?
(1) Puddingpulver und Zucker
(2) Sahne bzw. Obers oder Rahm
(3) Topfen bzw. Quark
(4) Milch und Butter

[93] „Souvlaki" ist ein ...
(1) indonesisches Reisgericht
(2) italienisches Risotto
(3) ungarischer Rotwein
(4) griechischer Fleischspieß

[94] Das „Fiakergulasch" ist ein Rindsgulasch und typisch wienerisch. Ganz besonders ist es durch welche Garnitur oder Zutat?
(1) Würstel, Spiegelei und Fächergurke
(2) Rindszunge in Streifen
(3) Gebratene Specksstreifen und Eierscheiben
(4) Gemüsestreifen, Kapern und Zwiebelringe

[95] „Ratatouille" ist ein bekanntes französisches Gemüsegericht. Welches Gemüse gehört nicht hinein?
(1) Tomaten
(2) Grüne Bohnen
(3) Auberginen
(4) Zwiebeln

Regional und international [Antworten]

[90] ... T-Bone-Steak des Rindes
Es ist ein auf Holzkohle gegrilltes Steak vom toskanischen Jungrind. Der Zusatz „Fiorentina" bezieht sich auf die Stadt Florenz in der Toskana. Wegen einer europaweit verbreiteten Rinderkrankheit war es eine Zeit lang verboten, Fleisch dieser Jungtiere zu verarbeiten.

[91] ... Roter Bete
Das süßsauer schmeckende Gericht wird hauptsächlich aus Roten Beten (Roten Rüben bzw. Rohnen) zubereitet, die ihm die Farbe verleihen. Weitere Zutaten sind Kartoffeln, verschiedenes Gemüse und Fleisch. Ob es eine Suppe, ein Eintopf oder schon fast eine Hauptspeise ist, sei dahin gestellt.

[92] Sahne bzw. Obers oder Rahm
Der Name dieser Süßspeise bedeutet „gekochte Sahne". Bei der Herstellung wird Sahne bzw. Obers mit Zucker und meistens auch Vanille langsam gekocht. Eingerührte Gelatine sorgt dafür, dass das fertige Produkt seine Form hält.

[93] ... griechischer Fleischspieß
Griechenland-Urlauber kennen das Gericht, das aus kleinen Spießchen mit Schweine-, Lamm oder Hühnerfleisch besteht. Das Fleisch wird vor dem Grillen mit Oregano, Zitrone, Salz und Pfeffer mariniert. Etwas Ähnliches findet man in der Türkei als „Sis Kebab", allerdings nur mit Lammfleisch.

[94] Würstel, Spiegelei und Fächergurke
Fiaker sind die Kutscher von meist zweispännigen Pferdekutschen, die in Wien eine Touristenattraktion sind, trotz tierschutzrechtlichen Bedenken. Die ersten Lizenzen dafür wurden schon vor 300 Jahren erteilt. Das Fiakergulasch ist ein traditionelles österreiches Fleischgericht.

[95] Grüne Bohnen
Für das geschmorte Gemüsegericht aus der provenzalischen Küche sind verschiedene Gemüsearten typisch, allen voran Auberginen. Zur Verfeinerung werden reichlich Kräuter der Provence verwendet. Die Zugabe von grünen Bohnen wäre ein „Stilbruch".

Regional und international [Fragen]

[96] Was für den Deutschen ein „Wiener Würstchen" ist, gilt für den Österreicher als ...
(1) Münchner
(2) Frankfurter
(3) Berliner
(4) Nürnberger

[97] „Cerealien" spielen eine besondere Rolle beim ...
(1) Wiener Frühstück
(2) französischen Frühstück
(3) Continental Breakfast
(4) englischen Frühstück

[98] Unter „Hautgout" versteht der Feinschmecker ...
(1) Wildbretgeschmack nach extrem langer Lagerung
(2) das Beste, das ein Restaurant bieten kann
(3) Fleischgerichte aus den teuersten Stücken
(4) Genussweine aus besonderen Lagen

[99] Unter „Antipasti" verstehen die Italiener ...
(1) warme Vorspeisen
(2) strenge Vegetarier
(3) kalte Vorspeisen
(4) Nudelhasser

[100] „Irish Stew" ist ein traditionelles irisch-englisches Eintopfgericht mit Weißkohl, Kartoffel und Zwiebeln. Das Fleisch dafür stammt vom ...
(1) Kalb
(2) Schwein
(3) Hammel
(4) Rind

[101] Welche italienische Speise zeigt die Nationalfarben Italiens besonders deutlich?
(1) Cassata Napolitana
(2) Trippa alla Fiorentina
(3) Gnocchi alla Piemontese
(4) Insalata Caprese

Regional und international [Antworten]

[96] ... Frankfurter
Als traditionelles „Fast Food" in Deutschland und in Österreich gelten Würstchen, die mit Senf und Brot und verschiedenen anderen Zutaten gegen den kleinen Hunger ankämpfen. In Österreich sind es „Frankfurter", in Deutschland auch „Wiener". An österreichischen Würstelständen ist die Auswahl an Würstchen recht groß.

[97] ... englischen Frühstück
Unter diesem Begriff versteht man Getreide bzw. Produkte aus Getreide. Er ist von „Ceres", der griechischen Göttin des Ackerbaus, abgeleitet. Eine besondere Rolle spielen Cerealien beim englischen (Porridge) und beim amerikanischen (Oatmeal) Frühstück.

[98] ... Wildbretgeschmack nach extrem langer Lagerung
Es ist nicht mehr üblich, Wildfleisch im Fell oder in den Federn so lange nachzureifen, bis es fast zu einer Überreife kommt und sich das Fleischeiweiß verändert. Diese Praxis ist nur noch bei privaten Jägern üblich.

[99] ... kalte Vorspeisen
Sie werden „vor der Mahlzeit" serviert und bestehen aus vielen verschiedenen kleinen Speisen; neben Schinken und Wurstwaren spielen eingelegtes Gemüse und Pilze eine große Rolle. Die Auswahl ist oft sehr groß.

[100] ... Hammel
Diese Frage ist für den Iren oder Engländer schon fast eine Provokation, denn „Irish Stew" wird selbstverständlich mit Hammelfleisch zubereitet. Neben den angeführten sind weitere „geheime" Zutaten und verschiedene Gewürze typisch.

[101] Insalata Caprese
Der Vorspeisensalat, bestehend aus Tomaten, Mozzarella und Basilikum, gilt in Italien als Nationalgericht, vor allem, weil er den Farben der italienischen Flagge entspricht. Die Bezeichnung „Caprese" bedeutet „zu Capri gehörend".

Regional und international [Fragen]

[102] Ein bekanntes Gericht der österreichischen Küche sind „Salzburger Nockerln". Darunter versteht man ...
(1) eine warme Beilage zu Fleischgerichten aus Nockerlteig
(2) eine lockere, auflaufartige Süßspeise
(3) eine warme Variante der Salzburger Mozartkugeln
(4) kleine Brandteigkugeln mit Vanillesauce

[103] Zum traditionellen englischen Frühstück wird manchmal auch „Kipper", ein Fischgericht, serviert. Es enthält ...
(1) Aal
(2) Makrele
(3) Hering
(4) Lachs

[104] Wer in einem Gasthaus in der Schweiz ein „Güggeli" bestellt, bekommt ...
(1) einen Süßwasserfisch
(2) ein warmes Käsegericht
(3) eine Süßspeise
(4) ein Hähnchen

[105] Welches ist die wichtigste Zutat für eine „Flecksuppe"?
(1) Kutteln bzw. Kaldaunen
(2) Nudelblätter
(3) Weißkohl bzw. Weißkraut
(4) Mangold und Spinat

[106] Möchte man die „Schwäbischen Maultaschen" mit einem Gericht aus der italienischen Küche vergleichen, was könnte es dann am ehesten sein?
(1) Papparadelle
(2) Ravioli
(3) Cannelloni
(4) Lasagne

[107] „Pannetone" ist ein klassischer italienischer Hefe- bzw. Germkuchen mit Trockenfrüchten. Sein Ursprung liegt in ...
(1) Rom
(2) Pisa
(3) Modena
(4) Mailand

Regional und international [Antworten]

[102] ... eine lockere, auflaufartige Süßspeise
„Süß wie die Liebe und zart wie ein Kuss" sollen sie sein, die viel besungenen „Salzburger Nockerln". Sie sind ein warmes, souffléähnliches Dessert aus Eiweiß, Eidotter, etwas Zucker und wenig Mehl. Selbstverständlich wird jede Portion frisch zubereitet, sodass es fast eine halbe Stunde dauert, bis die großen, goldbraunen Nocken serviert werden können.

[103] ... Hering
Fettheringe werden für dieses traditionelle britische Gericht, das auch schon zum Frühstück serviert wird, zuerst in Salzlake gebadet, dann kalt geräuchert und anschließend in der Pfanne gebraten.

[104] ... ein Hähnchen
„Schwyzerdütsch" ist nicht immer ganz einfach zu verstehen!

[105] Kutteln bzw. Kaldaunen
Sie ist eine mit Essig gesäuerte, meist leicht gebundene Suppe aus Kutteln bzw. Kaldaunen, die regional „Fleck" genannt werden. Varianten sind in zahlreichen Ländern verbreitet, in Deutschland überwiegend im Süden und in Sachsen. In Österreich ist es vor allem eine Spezialität in der Steiermark.

[106] Ravioli
Für die Italiener sind sie natürlich einzigartig, obwohl beide aus Nudelteil gemacht werden und bei den Füllungen der Phantasie der Italiener wie auch der Schwaben fast keine Grenzen gesetzt sind.

[107] ... Mailand
Er ist eine Mailänder Spezialität und zu Weihnachten, Silvester und Ostern im ganzen Land beliebt. Ob dieser Kuchen vom Bäcker Antonio oder von einem Adeligen kreiert wurde, ist nicht ganz sicher nachvollziehbar.

Regional und international [Fragen]

[108] Ein „Obatzter" ist eine klassische Käsespezialität aus Bayern. Regionaler Vielfalt sind keine Grenzen gesetzt. Ursprünglich war die Basis dafür ein ...
(1) junger Graukäse
(2) hochwertiger Quargel
(3) gereifter Camembert
(4) frischer Quark bzw. Topfen

[109] „Pastrami" ist gepökeltes und geräuchertes Fleisch vom ...
(1) Rind
(2) Schwein
(3) Lamm
(4) Kalb

[110] „Haggis" ist ein schottisches Nationalgericht aus fein gehackten bzw. faschierten Innereien. Zum Garen wird das Ganze gefüllt in einen ...
(1) Kälbermagen
(2) Schafsmagen
(3) Schweinsdarm
(4) Rinderpansen

[111] Nur eine dieser vier Suppenspezialitäten halten Köche mit Verantwortung heute noch für zeitgemäß. Es ist die ...
(1) Shark-fin soup
(2) Bird's nest soup
(3) Mock turtle soup
(4) Real turtle soup

[112] Die Suppe „Soljanka" ist ein Nationalgericht und stammt ursprünglich aus ...
(1) Persien
(2) Polen
(3) Finnland
(4) Russland

[113] „Sukiyaki" ist eine Art japanisches Fondue. Welches ist die wichtigste Zutat dafür?
(1) Rindfleisch
(2) Hühnerfleisch
(3) Thunfisch
(4) Walfisch

Regional und international [Antworten]

[108] ... gereifter Camembert
Als Begleitung verlangt er ein ordentliches Bier und die entsprechende Stimmung. Der „angemachte" Käse besteht aus reifem Camembert, Butter, gehackter Zwiebel, verschiedenen Gewürzen und oft auch einem Eigelb. Variationen sind möglich.

[109] ... Rind
Dieses Fleisch kam vermutlich aus Rumänien (dort allerdings heute Hammelfleisch) über die jüdische Küche in die USA. Dort ist es vor allem ein Brot- bzw. Sandwichbelag. Als Rindfleischprodukt ist es vereinbar mit jüdischen (koscher) und islamischen (halal) Speisevorschriften.

[110] ... Schafsmagen
Der traditionelle Hackbraten aus Leber, Lunge, Herz, Zunge und anderen Zutaten sieht aus wie eine pralle Kugelwurst, denn er wird in einem Schafsmagen zubereitet.

[111] ... Mock turtle soup
Sie ist zwar die „falsche" Schildkrötensuppe, aber moralisch vertretbar, denn sie wird aus Teilen des Kalbskopfs gemacht.
„Real turtle soup" ist die „echte" Suppe von geschützten Meeresschildkröten. Die „Shark-fin soup", eine Suppe aus Haifischflossen, und die „Schwalbennestersuppe" sind wohl nur noch etwas für chinesische „Gourmets".

[112] ... Russland
Neben „Borschtsch" ist „Soljanka", eine säuerlich-scharfe Suppe, wahrscheinlich die nächstberühmte Suppe Russlands. Kraut, Salzgurken und Gemüse sind feste Bestandteile aller Rezepte, aber darüber hinaus gibt es große regionale Unterschiede.

[113] Rindfleisch
Wie das Fleischfondue in Europa ist es ein Gericht für kalte Tage. Der Name bedeutet soviel wie „auf Pflugscharen braten", was auf die Herkunft des bekannten Gerichtes hinweist, denn früher wurde es auf dem Feld zubereitet. Sehr dünne Scheiben von mariniertem Rindfleisch werden zusammen mit weiteren Zutaten meist direkt am Tisch vor den Gästen gegart.

Regional und international [Fragen]

[114] Was wird bei einem „Baked Alaska" gebacken?
(1) Schalen- und Krustentiere
(2) Lachsfilet
(3) Eiscreme
(4) Früchte

[115] Wann wird bei einem feinen mehrgängigen Essen das „Amuse gueule" serviert?
(1) Egal, zwischen welchen Speisengängen
(2) Vor der ersten Vorspeise
(3) Zwischen der Suppe und der warmen Vorspeise
(4) Nach dem Essen zum Digestif

[116] „Ausgebackenes" aus verschiedenen Rohstoffen ist in der japanischen Küche ...
(1) Tapioka
(2) Tapa
(3) Tandoor
(4) Tempura

[117] Die „Vichissoise" ist eine besondere Suppe, die sowohl kalt als auch warm serviert wird. Das wichtigste Gemüse dafür ist ...
(1) Lauch
(2) Karotte
(3) Tomate
(4) Zucchini

[118] „Zuppa Inglese", die „Englische Suppe", ist ein italienisches Gericht und zwar eine ...
(1) eisgekühlte Gurkensuppe
(2) Süßspeise
(3) braune Rinderkraftsuppe
(4) Beilage auf der Basis von Haferflocken

[119] Muscheln „à la marinière", also nach Seemanns-Art zubereitet, werden ...
(1) in Bierteig gebacken
(2) mit Kräutern der Provence gekocht
(3) in Weißwein gekocht
(4) mit Käse überbacken

Regional und international [Antworten]

[114] Eiscreme
Eis, mit Baisermasse überbacken, ist ein Dessert, das sich nicht nur in Amerika großer Beliebtheit erfreut. Heute ist es keine Sensation mehr, aber vor etwa hundert Jahren war es in den USA noch sehr ungewöhnlich. Man hält es für eine Erfindung aus dem früheren Nobelrestaurant Delmonico's in New York.

[115] Vor der ersten Vorspeise
Es ist ein appetitanregendes, mundgerechtes kleines Häppchen, das im Rahmen eines Menüs vor der kalten Vorspeise serviert wird und als ein „Gruß aus der Küche" gilt. Französisch „Maulfreude", ist es im deutschen Sprachraum auch als „Amuse bouche", „Mundfreude", bekannt.

[116] ... Tempura
In Teig Ausgebackenes ist in Japan in großer Vielfalt als „Tempura" bekannt. Von Gemüse über Meeresfrüchte bis hin zu kleinen Eisbomben: Alles kann in heißem Fett gebacken werden.
„Tapioka" ist eine Stärke; Tapas sind die spanischen Brotscheiben; „Tandoor" ist ursprünglich ein indischer Lehmofen und „Tapa" ein spanisches Häppchen.

[117] ... Lauch
Sie wurde von einem französischen Koch in den USA kreiert und ist besonders bei den Briten beliebt. Ursprünglich wurde sie kalt serviert, oft isst man sie aber auch heiß. Eigentlich ist es nur eine Kartoffelsuppe mit Lauch, meistens auf der Basis einer Hühnerbouillon, und mit Sahne verfeinert.

[118] ... eine Süßspeise
Wer sie zum ersten Mal bestellt, wird eine verwirrende Erfahrung machen: Es ist keine Suppe im herkömmlichen Sinn, sondern eine süße Nachspeise. Die Bezeichnung „zuppa" wird in Italien für mehrere kuchenähnliche Desserts, auch mit Biskuit, verwendet. Anstelle von „Inglese" wird oft die Bezeichnung „Romana" verwendet.

[119] ... in Weißwein gekocht
Frische Miesmuscheln sind eine erschwingliche Köstlichkeit, die auf unzählige Arten zubereitet werden kann. Ganz besonders schmackhaft sind sie in einem Kräutersud mit gutem Weißwein gekocht.

Regional und international [Fragen]

[120] Spanische Teigtaschen in Form eines Halbmondes sind auch international bekannt unter dem Namen ...
(1) Tacos
(2) Empanadas
(3) Tortillas
(4) Tapas

[121] Wenn Sie in einem asiatischen Land eine „Trepang-Suppe" essen, ist die wichtigste Zutat dafür ...
(1) eine Seegurke
(2) eine Schlange
(3) ein Seeaal
(4) ein Leguan

[122] Welches Binde- bzw. Geliermittel ist nicht „halal" und kann daher nicht in einer moslemischen Küche verwendet werden?
(1) Agar-Agar
(2) Pektin
(3) Alginsäure
(4) Gelatine

[123] „Coleslaw" ist in Amerika die populäre Variante von ...
(1) Krautsuppe
(2) Krautrouladen
(3) Krautsalat
(4) Sauerkraut

[124] „Tandur" oder „Tandoor" wird zum Kochen oder Backen verwendet in der ...
(1) lateinamerikanischen Küche
(2) nordafrikanischen Küche
(3) südamerikanischen Küche
(4) indischen Küche

[125] Was bedeutet die Pizza-Bezeichnung „Quattro stagioni"?
(1) Vier Jahreszeiten
(2) Vier Zutaten
(3) Vier Bahnstationen
(4) Vier Möglichkeiten

Regional und international [Antworten]

[120] ... Empanadas
Nicht nur in Spanien, auch in Mittel- und Südamerika sind sie sehr bekannt und mit unterschiedlichen Füllungen - die „Epanadas".
„Tacos" sind mexikanische Tortillas, die mit beliebigen Zutaten gefüllt werden können; „Tortilla" ist das mexikanische Fladenbrot, das noch nicht gefüllt ist; „Tapas" sind die bekannten spanischen Appetithäppchen verschiedenster Art, die zu verschiedenen Getränken geboten werden.

[121] ... eine Seegurke
„Trepang" ist eine Zubereitungsform für Seegurken bzw. Seewalzen, die vor allem in China und auf den Philippinen bekannt und beliebt ist.Für den Europäer ist keine der vier angeführten Zutaten wirklich appetitanregend.

[122] Gelatine
Sie wird aus tierischem Eiweiß gewonnen, wobei ein Großteil vom Schwein stammt.
„Agar-Agar", „Pektin" und „Alginsäure" sind rein pflanzliche Geliermittel.

[123] ... Krautsalat
Kraut bzw. Kohl zählt zu den ältesten Kulturpflanzen der Erde und ist Zutat für unzählige Gerichte. In den USA und in England entspricht „Coleslaw" dem Krautsalat in Österreich und Deutschland. Bei den Marinaden gibt es allerdings größere Unterschiede.

[124] ... indischen Küche
Darunter versteht man einen speziellen Backofen in der indischen Küche. Er besteht aus einem großen zylindrischen Tonkrug, der mit Holzkohle beheizt wird. Der Ofen dient zum Backen von Fladenbroten und zum Grillen von Fleisch. „Tandur" ist indisch, „Tandoor" englisch.

[125] Vier Jahreszeiten
Auf einer Pizza-Speisenkarte ist diese Pizza meistens die teuerste, schließlich sollen sich darauf besonders viele verschiedene Zutaten finden. „Quattro stagioni" heißt „ vier Jahreszeiten"; beim Belegen der Pizza sollen die vier Viertel deutlich erkennbar sein und der Belag aus jahreszeitlich typischen Zutaten bestehen. Dabei kann der Phantasie freier Lauf gelassen werden.

Regional und international [Fragen]

[126] Wenn Weinblätter mit Reis und Lammfleisch gefüllt werden, entsteht eine typische Vorspeise der mediterranen und auch der orientalischen Küche. Unter welchem Namen sind die Röllchen in Griechenland bekannt?
(1) Kalmar
(2) Dolmades
(3) Durum
(4) Horaz

[127] Welche besondere Zutat wird in einer „Schweizer Rüblitorte" verbacken?
(1) Gekochter Reis
(2) Weißer Rettich
(3) Karotten
(4) Getreidemüesli

[128] „Piroggen" sind gefüllte Teigtaschen in Halbmondform. Sie sind typisch in der Küche...
(1) Skandinaviens
(2) Südeuropas
(3) der Balearen
(4) Osteuropas

[129] In den zahlreichen Restaurants der Fast-Food-Kette „KFC" isst man vor allem ...
(1) Hähnchen
(2) Hot dogs
(3) Pizza
(4) Hamburger

[130] Eine italienische Sandwich-Variante wird immer in Dreiecke geschnitten. Es sind ...
(1) Bruschette
(2) Crostini
(3) Tramezzino
(4) Chiabatta

Regional und international [Antworten]

[126] Dolmades
Ob der Ursprung der gefüllten Weinblätter griechischen oder türkischen Ursprungs ist, ist nicht ganz sicher; in der Türkei heißen sie „Dolma".
„Kalmar" ist ein Tintenfisch; „Durum" eine alte Getreideart, und „Horaz" hat nichts mit dem Essen zu tun, er war ein römischer Dichter.

[127] Karotten
Die „Rüblitorte" ist eine Schweizer Tortenspezialität aus dem Aargau. Die Basis ist eine Biskuitmasse mit geriebenen Karotten (Mohrrüben) und Nüssen. Nach dem Glacieren wird die Torte meistens mit kleinen Karotten aus Marzipan dekoriert. Karottentorten sind auch in England und Amerika sehr beliebt.

[128] ... Osteuropas
Die Teigtaschen aus Hefe- oder Blätterteig werden als Vorspeise, Hauptspeise oder als Nachtisch gereicht. Dementsprechend unterschiedlich sind die Füllungen, die auch von Region zu Region variieren.

[129] ... Hähnchen
In Amerika werden viele Begriffe und Eigennamen abgekürzt. So steht hinter der Abkürzung „KFC" das amerikanische Franchise-Systemgastronomie-Unternehmen „Kentucky Fried Chicken", das sich auf Gerichte vom Huhn spezialisiert hat. Im Jahr 1930 gegründet, existieren heute über 12.300 KFC-Restaurants in über achtzig, zumeist westlichen Ländern.

[130] ... Tramezzini
„Tramezzino" ist der kleine Imbiss für zwischendurch oder mittendrin und besteht aus weichen Weißbrotscheiben, die mit verschiedenen Belägen gefüllt und in Dreiecke geschnitten werden.
Die vier angeführten Möglichkeiten basieren auf italienischem Weißbrot. „Crostini" und „Bruschette" haben Ähnlichkeit; „Chiabatta" ist ein Brot aus der Lombardei.

Regional und international [Fragen]

[131] Die indonesische Küche ist schmackhaft und würzig; Reis ist vielfach die Basis. Aber welches Fleisch wird am meisten verarbeitet?
(1) Rind
(2) Huhn
(3) Lamm
(4) Schwein

[132] Was versteht man in der Küche unter „Confit"?
(1) Verschiedene Arten von Marmelade oder Konfitüre
(2) Einen Appetithappen zum Aperitif
(3) Den Spätdienst eines Kochs
(4) Geflügel, im eigenen Fett eingemacht

[133] Original Schweizer Käsefondue enthält meistens auch etwas „versteckten" Alkohol in Form von ...
(1) Wein und Schnaps
(2) Bier und Whisky
(3) Wein und Likör
(4) Cognac und Armagnac

[134] „Helix pomatia" ist der wissenschaftliche Name für eine Delikatesse, die am besten mit reichlich Knoblauch schmeckt. Gemeint ist/sind damit ...
(1) Krevetten
(2) Weinbergschnecken
(3) Froschschenkel
(4) Miesmuscheln

[135] „Englische Marmelade" wird hergestellt aus ...
(1) Brombeeren und Himbeeren
(2) schottischen Erdbeeren
(3) Orangen
(4) einer Mischung verschiedener Früchte

[136] Frei übersetzt bedeutet „Chili con carne" ...
(1) Chili mit Bohnen
(2) Chili mit Kartoffeln
(3) Chili mit Zwiebeln
(4) Chili mit Fleisch

Regional und international [Antworten]

[131] Huhn
Es ist der wichtigste Fleischlieferant des riesigen Inselstaates. Schweinefleisch wird im größten muslimischen Land der Welt nicht gegessen. Rind und Lamm werden verwendet, aber eher sparsam.

[132] Geflügel, im eigenen Fett eingemacht
Bei dieser Spezialität handelt es sich vor allem um Enten- und Gänsefleisch, das nach dem Garen mit dem eigenen Fett abgedeckt und auf diese Art lange haltbar gemacht wird. „Confit" ist ein Konservierungsverfahren aus Südwestfrankreich.

[133] ... Wein und Schnaps
Beim Kochen sind alkoholische Zutaten meistens nur eine Würze, denn Alkohol verdampft bereits bei etwa 78 °C. Im Käsefondue sind diese Würzstoffe Weißwein und Kirschwasser.

[134] ... Weinbergschnecken
Wenn auch der große Boom vorbei ist, in Frankreich sind sie nach wie vor eine geschätzte Spezialität: die Weinbergschnecken, diemeistens aus Zuchtbetrieben kommen. In Deutschland, Österreich, der Schweiz und in vielen anderen Ländern stehen die Tiere unter Naturschutz. Kritisch betrachtet stammt der Geschmack von Schneckengerichten jedoch fast ausschließlich von Knoblauch, Kräutern oder Saucen.

[135] ... Orangen
Nur das Produkt mit dem feinbitteren Aroma der Orangen gilt in England als „marmalade". Die meisten süßen Konfitüren werden aus anderen Früchten gewonnen und als „jam" bezeichnet.

[136] ... Chili mit Fleisch
Oft wird es nur „Chili" genannt, dieses scharfe Gericht aus Fleisch, Chilischoten und anderen Zutaten, das seinen Ursprung im Süden der Vereinigten Staatenvon Amerika hat. Fälschlicherweise wird es immer wieder der mexikanischen Küche zugeschrieben.

Regional und international [Fragen]

[137] Welche italienische Stadt wird als die „Wiege der Pizza" bezeichnet?
(1) Neapel
(2) Verona
(3) Mailand
(4) Bari

[138] „Stilton" gilt in England als „König der Käse". Ein englischer Feinschmecker trinkt dazu ...
(1) weißen Burgunderwein
(2) roten Bordeauxwein
(3) Portwein
(4) Champagner

[139] Was muss in einer „Carbonara Sauce" auf jeden Fall enthalten sein?
(1) Sahne, Mehl und Parmesan
(2) Knoblauch, Olivenöl und Pinienkerne
(3) Rohschinken, Eier und Sahne
(4) Tomaten, Basilikum und Ricotta

[140] „Surimi" findet man oft auf Buffets und an der Kalten Theke. Die „Fischstücke" bestehen aus ...
(1) Fleisch- und Fischresten
(2) Krebs- und Geflügelfleisch
(3) Soja und Fischmehl
(4) Fischresten

[141] Japanisches „Sushi" ist inzwischen überall bekannt. Was bedeutet es wörtlich übersetzt?
(1) Sauer
(2) Nicht gekocht
(3) Fisch
(4) Seealgen

[142] Was man in Spanien als „Tapas" bezeichnet, sind in Portugal ...
(1) Fadista
(2) Saudale
(3) Pesticos
(4) Tapasitos

Regional und international [Antworten]

[137] Neapel
Wie lange es die italienische Pizza wirklich schon gibt, ist nicht so genau bekannt. Sicher ist, dass schon im 16. Jahrhundert in Neapel Pizzen gebacken wurden. Tomaten, Mozzarella und Basilikum waren immer dabei.

[138] ... Portwein
„Blue Stilton" oder einfach „Stilton" ist ein englischer Blauschimmelkäse aus Kuhmilch mit hohem Fettgehalt. Der Käse genießt in der gesamten EU den Status einer geschützten Ursprungsbezeichnung (PDO=Protected Designation of Origin). Das besondere Käsearoma harmoniert ganz ausgezeichnet mit süßem Portwein, am besten mit einem Vintage-Port. Stilton, mit Portwein vermischt, ist in England eine bekannte Vorspeise.

[139] Rohschinken, Eier und Sahne
„Spaghetti alla carbonara" zählt zu den bekanntesten und beliebtesten Pastagerichten der italienischen Küche. Es gibt zwar Unterschiede in den Rezepturen der Sauce, aber Rohschinken bzw. Speck, Eier und Sahne sind immer dabei.

[140] ... Fischresten
Die Stücke sehen mit ihrem weißen Fleisch und der rosa gefärbten „Kruste" fast aus wie Riesengarnelen. In Wirklichkeit sind es geformte oder gepresste Fischreste mit Farb- und Aromastoffen, also nicht das Richtige für einen Genießer.

[141] Sauer
„Sushi" ist der Herkunft nach gar kein japanisches Gericht. Es hat seinen Ursprung in einer Konservierungsmethode für Süßwasserfische, die von den Bewohnern entlang des südostasiatischen Flusses Mekong entwickelt wurde. Der Name allerdings stammt aus dem Altjapanischen für „sauer" oder „säuerlich".

[142] ... Pesticos
Die kleinen Happen aus Portugal sind nicht so bekannt wie Tapas aus Spanien, werden aber ähnlich zubereitet.
"Saudale" und „Fadiste" haben nichts mit Essen, sondern mit Stimmung und Gesang zu tun.

Regional und international [Fragen]

[143] Welches dieser „Nationalgerichte" stammt nicht aus einem europäischen Land?
(1) Paella
(2) Enchiladas
(3) Ossobuco
(4) Coq au vin

[144] „Spaghetti alla carbonara" sind bekannt und beliebt. Was bedeutet der Name?
(1) Nach Art der Rauchfangkehrer
(2) Nach Art einer Seemannsfrau
(3) Nach Art eines Wald- und Forstarbeiters
(4) Nach Art einer Köhlerfrau

[145] Sehr populär und fast ein Nationalgericht in Belgien sind Muscheln mit ...
(1) Pommes frites
(2) Butterreis
(3) Vollkornbrot
(4) Röstkartoffeln

[146] Das türkische „Kebab" entspricht etwa dem griechischen ...
(1) Taco
(2) Gyros
(3) Tiropita
(4) Keftedes

[147] Welches Gemüse ist die Basis für griechisches „Tzatziki"?
(1) Melanzane
(2) Tomaten
(3) Zucchini
(4) Gurken

[148] Wenn man eine Pizza ganz ohne Fleisch oder Fisch möchte, nur mit Käse und Tomaten, bestellt man am besten eine ...
(1) Parma
(2) Margherita
(3) Napoli
(4) Marinara

Regional und international [Antworten]

[143] Enchiladas
Sie sind typisch mexikanisch, und es gibt sie in vielen verschiedenen Varianten. Die Basis sind immer dünne Fladenbrote mit den unterschiedlichsten Füllungen.
„Paella" ist ein spanisches Reisgericht; „Ossobuco" nennt man die geschmorte Kalbsstelze aus Italien und „Coq au vin" das Hähnchen in Rotweinsauce aus Burgund.

[144] Nach Art einer Köhlerfrau
Einer Legende nach entstand diese Zubereitungsart, als sich Köhler in den Apenninen während der Arbeitspausen ihre Mahlzeit kochten. Gebratener Bauchspeck, Eier und geriebener Pecorino gaben den Nudeln schon damals den Geschmack.

[145] ... Pommes frites
Als belgisches Nationalgericht gelten „Moules frites", also Miesmuscheln mit Pommes frites. Aber auch die Franzosen sind von dieser Kombination begeistert. Die Miesmuscheln, die zu einem großen Teil entlang des Ärmelkanals gezüchtet werden, sind ein wichtiger Bestandteil der belgischen Küche.

[146] ... Gyros
Gyros ist ein „gedrehter Grillspieß"; er ähnelt dem türkischen „Kebab", wird aber aus Schweinefleisch gemacht.
„Tiropita" ist eine gefüllte Teigtasche; „Keftedes" sind Hackfleischbällchen; beides ist griechisch. „Taco" ist eine mexikanische Tortilla mit Fülle.

[147] Gurken
„Tzatziki", auch „Tsatsiki" oder „Zaziki", ist eine Mischung aus fein geschnittenen Salatgurken, Joghurt und viel Knoblauch und bildet eine klassische Beilage zu griechischen Gerichten. Man isst es pur mit etwas Brot oder zu Gegrilltem.

[148] ... Margherita
Der Name dieser Pizza geht auf die italienische Königin Margherita zurück, die 1889 einen Besuch in Neapel machte. Während ihres Aufenthalts wurde ihr zu Ehren Pizza in den Farben der italienischen Fahne zubereitet. Zu Käse und Tomaten kommen nur noch Olivenöl und Basilikum auf den Pizzaboden.

Regional und international [Fragen]

[149] Ein besonders feines Fischgericht ist die „Seezunge Walewska". Das Besondere daran ist ...
(1) die Hummersauce
(2) die Champagnersauce
(3) das Morchelragout
(4) die Austernfülle

[150] Wenn Sie in Italien Kalbfleisch essen möchten, bestellen Sie ...
(1) Manzo
(2) Vitello
(3) Cavallo
(4) Agnelli

[151] Eine „Quiche Lorraine" ist nicht nur in Frankreich bekannt. Der Belag besteht im Wesentlichen aus ...
(1) Tomaten und Käse
(2) Lauch und Zwiebeln
(3) Speck oder Schinken
(4) Zwiebeln und Käse

[152] Was sind „Aachener Printen"?
(1) Eine Schnitzelgarnitur
(2) Ein Gebäck
(3) Ein Eintopf
(4) Eine Schinkenart

[153] „Sambal" ist eine Würzsauce, die es in vielen verschiedenen Variationen gibt. Sie stammt ursprünglich aus ...
(1) Indonesien
(2) Sri Lanka
(3) China
(4) Japan

[154] In der italienischen Küche ist/sind „Focaccia" ...
(1) eine Süßspeise
(2) Teigwaren
(3) Antipasti
(4) ein Brot

Regional und international [Antworten]

[149] ... die Hummersauce
Im Originalrezept wird pochiertes Seezungefilet mit Hummersauce überzogen und mit Trüffeln garniert. Diese Garnitur ist nach der polnischen Gräfin Maria Walewska benannt. Bei einer vereinfachten Zubereitung gibt es eine Sauce aus Krabben und schwarzen Olivenscheiben.

[150] ... Vitello
Bei einem typisch italienischen Fleischgericht muss nicht immer die Art des Fleisches angegeben sein; man sollte einfach wissen, womit welche Speise zubereitet wird.
„Manzo" ist das Rind, „Cavallo" das Pferd, „Agnelli" das Lamm und „Vitello" das Kalbfleisch.

[151] ... Speck oder Schinken
Die Zubereitung entspricht in etwa einer „Tarte", einem flachen Kuchen aus Mürbteig mit einer pikanten Fülle. Geräucherter Speck oder Schinken sind der Geschmack gebende Belag, meistens ergänzt durch Zwiebeln, Eier und anderes. Die „Quiche Lorraine", eine Spezialität aus der französischen Küche, stammt ursprünglich aus Lothringen.

[152] Ein Gebäck
Man versteht darunter eine Art Lebkuchen, der allerdings nicht mit Honig, sondern mit dem Sirup von Zuckerrüben gesüßt wird. Die Bezeichnung „Aachener Printe" ist von der EU als Herkunftsbezeichnung geschützt. Printen werden in verschiedenen Formen hergestellt; ihr Ursprung ist wahrscheinlich in Belgien zu suchen, wo schon seit etwa 1000 Jahren sogenannte „Gebildebrote" gebacken werden.

[153] ... Indonesien
„Sambals" sind dickflüssige Würzsaucen auf Chili-Basis, die in kleinen Schälchen als Würzbeilage zu Gemüse, Huhn, Fisch und Reis gereicht werden. Je nach Rezept variieren die einzelnen Zubereitungen beträchtlich. Inzwischen ist die Sauce auch in anderen asiatischen Küchen sehr verbreitet.

[154] ... ein Brot
„Focaccia" stammt ursprünglich aus Ligurien, aber Abwandlungen davon gibt es in ganz Italien. Vielleicht war es auch ein Vorläufer der Pizza: Es ist ein Fladenbrot aus Hefe- bzw. Germteig, das vor dem Backen mit Olivenöl bestrichen und mit Salz und evtl. mit Kräutern belegt wird. In anderen Regionen kann es einen ähnlichen Namen haben und geschmacklich verändert sein.

Regional und international [Fragen]

[155] Welche Pasta bzw. welcher Brei wird in Südosteuropa gerne zu „Cevapcici" und anderen Grillgerichten serviert?
(1) Chutney
(2) Apfelkren
(3) Ajvar
(4) Pesto

[156] „Antipasti" sind allgemein bekannt als italienische Vorspeisen. Was bedeutet der Ausdruck?
(1) Vor der Suppe
(2) Nichts Großes
(3) Damit nicht genug
(4) Vor den Teigwaren

[157] „Brasato" ist ein bekanntes Gericht in der italienischen Küche. Es ist ein ...
(1) Braten
(2) Schinken
(3) Pastagericht
(4) Rauchfleisch

[158] „Pellkartoffeln" nennt man im Englischen ...
(1) Robe Potatoes
(2) Jacket Potatoes
(3) Cloth Potatoes
(4) Peel Potatoes

[159] Der „Grenadiermarsch" ist eine einfache Hauptspeise aus der österreichisch-ungarischen Küche. Welches sind die Hauptzutaten dafür?
(1) Reis und Zwiebeln
(2) Kürbisfleisch und Kartoffeln
(3) Maiskörner und braune Bohnen
(4) Kartoffeln und Nudeln

[160] „Matrosenfleisch" ist ein ...
(1) Fisch-Kartoffel-Rösti
(2) Fischfrikadelle
(3) Fleischragout
(4) Fischeintopf

Regional und international [Antworten]

[155] Ajvar
Diese rötliche Paste aus roten Paprikaschoten und Auberginen wird nicht nur in Kroatien, Serbien oder Slowenien zu Grillgerichten gegessen. „Chutney" stammt aus der indischen Küche, „Apfelkren" ist österreichisch und „Pesto" italienisch.

[156] „Vor den Teigwaren"
„Antipasto" ist die italienische Bezeichnung für „Vorspeise". Die „Antipasti" bestehen aus kleinen, meist kalt servierten Gerichten als Auftakt eines mehrgängigen Menüs. Da ein Pastagericht in einem italienischen Menü üblich ist, bedeutet der Ausdruck „vor den Teigwaren" bzw. „vor der Pasta".

[157] ... Braten
Dieses Gericht steht besonders in verschiedenen Regionen Norditaliens im „Sonntagskochbuch". Es ist ein Braten bzw. Schmorbraten, meist vom Rind, und wird mit dem jeweiligen Rotwein der Region zubereitet. Ein „Brasato al Barolo" ist z. B. ein Klassiker im Piemont.

[158] ... Jacket Potatoes
Das Garen von Kartoffeln in der Schale sorgt für geringere Verluste an Geschmacks- und Nährstoffen als bei geschälten Kartoffeln. In vielen Ländern ist diese Garmethode üblich.
Im Rheinland heißen sie „Quellmänner", in Hessen „Quellkartoffeln", in Österreich „gekochte Erdäpfel" oder „Schelfeler", in der Schweiz „Gschwellti".

[159] Kartoffeln und Nudeln
Es ist ein typisches Reste-Essen, das sehr wohlschmeckend sein kann. Zwiebeln und Speck bzw. Wurst oder Reste von gebratenem Fleisch können den „Grenadiermarsch" ergänzen.

[160] ... Fleischragout
Der Name des Gerichtes lässt eher Fisch als Zutat vermuten, es besteht aber überwiegend aus Rindfleisch. Reichlich Zwiebeln und Gemüse gehören dazu. Das „Matrosenfleisch" wird der österreichischen Küche zugerechnet.

Regional und international [Fragen]

[161] Wenn Sie ein Steak vom „Ostrich" bestellen, ist das Fleisch ...
(1) vom Strauß
(2) von einer Antilope
(3) vom Krokodil
(4) vom Kamel

[162] Der Zusatz „pré-salé" bei einem Lammbraten bedeutet:
(1) Er wird nur auf Bestellung gebraten
(2) Das Lamm stammt von einer Weide in Meeresnähe
(3) Er wird mit einer Salzkruste zubereitet
(4) Das Fleisch wird vor dem Braten in Salz gelegt

[163] Einer dieser Ausdrücke steht nicht für Vorspeisen im Allgemeinen. Welcher?
(1) Hors d'oeuvre
(2) Antipasti
(3) Suggestion
(4) Sakuska

[164] In vielen Ländern gehören gefüllte Teigtaschen zu den typischen regionalen Gerichten. In den osteuropäischen Ländern sind diese bekannt als ...
(1) Povesen
(2) Liwanzen
(3) Soljanka
(4) Piroggen

[165] Ein Kraut- oder Weißkohlsalat ist für den Amerikaner ein ...
(1) White Cabbage Pickel
(2) Cole Slaw
(3) Cabbage Salad
(4) Farmers Salad

[166] Ein „Schöpsenbraten" ist ein Braten aus ...
(1) Schaffleisch
(2) Schweinefleisch
(3) Rindfleisch
(4) Hirschfleisch

Regional und international [Antworten]

[161] ... vom Strauß
„Ostrich" ist das englische Wort für den südafrikanischen Vogel Strauß, dessen fettarmes Fleisch gerne zu Steaks und Schnitzeln verarbeitet wird. Das Fleisch ist inzwischen überall erhältlich.

[162] Das Lamm stammt von einer Weide in Meeresnähe
Der Zusatz „pré-salé" wird auf Speisenkarten gerne als werbendes Attribut verwendet. Das Fleisch ist besonders schmackhaft, wenn die Lämmer auf saftig-würzigen Weiden nahe dem Meer aufgezogen wurden.

[163] Suggestion
Diese Bezeichnung, die „Empfehlung" bedeutet, kann mit Vorspeisen nur auf Umwegen in Verbindung gebracht werden.
„Hors d'oeuvre" ist französisch, „Antipasti" italienisch und „Sakuska" russisch.

[164] ... Piroggen
„Povesen" sind gebackene Weißbrotscheiben; „Liwanzen" sind ein böhmisches Gebäck aus Germ- bzw. Hefeteig; „Soljanka" ist eine feine russische Suppe.

[165] ... Cole Slaw
In Amerika und England ist eine leicht abgewandelte Art unseres Krautsalats das „Cole Slaw" oder „Coleslaw". Der Salat wird durch geriebene Karotten ergänzt und oft mit einer weißen Marinade oder Mayonnaise angemacht.

[166] ... Schaffleisch
Laut Duden ist „Schöpsenbraten" der österreichische Begriff für Hammelbraten. Die Bezeichnung ist aber auch in Teilen Deutschlands bekannt. „Schöps", „Schöpsen" oder „Schöpsernes" ist Schaffleisch; die Gerichte werden jedoch überwiegend aus Fleisch vom Hammel zubereitet, da Schaffleisch von älteren Tieren einen intensiven Beigeschmack hat und oft sehr fett ist.

Regional und international [Fragen]

[167] Die klare Suppe ist in Frankreich eine „Consommé" und die feine gebundene eine „Potage". Aber eine der nachstehenden wird als „Soupe" bezeichnet. Es ist die ...
(1) Nudelsuppe
(2) Karottensuppe
(3) Zwiebelsuppe
(4) Spargelsuppe

[168] „Stracciatella" ist als Eissorte bekannt. Es ist aber auch ...
(1) eine Nudelform
(2) eine kalte Vorspeise
(3) ein Hefekuchen
(4) eine Suppe

[169] „Tarhonya" sind eine Art Teigwaren, die meistens frisch gemacht werden. In welcher Küche sind sie typisch?
(1) In der ungarischen
(2) In der österreichischen
(3) In der böhmischen
(4) In der griechischen

[170] Wer in einem Südtiroler Restaurant ein „Tris" bestellt, bekommt ...
(1) drei Speckknödel, je einmal mit Suppe, Salat und Sauerkraut
(2) drei verschiedene Knödel und/oder Nocken
(3) je ein Stück Fleisch, Fisch und Gemüse
(4) Spaghetti, Maccheroni und Penne mit drei verschiedenen Sugi

[171] „Vitello tonnato", die bekannte italienische Speise, ist eine Kombination von ...
(1) Fleisch und Käse
(2) Nudeln und Tomaten
(3) Fleisch und Fisch
(4) Fisch und Gemüse

[172] „Vol-au-vent" ist nicht nur in der französischen Küche bekannt. Es ist ...
(1) ein Suppentopf
(2) ein Fischragout
(3) eine Speise, die heute ausgegangen ist
(4) eine Art Pastete

Regional und international [Antworten]

[167] ... Zwiebelsuppe
Meist sind es einfachere, rustikale, ländliche Suppen, die in Frankreich als „Soupe" bezeichnet werden. Zwiebelsuppe trägt z. B. den Namen „Soupe à l'oignon". Weitere Beispiele für „Soupes" sind einfache gebundene Suppen aus Fisch oder Gemüse.

[168] ... eine Suppe
„Stracciatella" ist abgeleitet von italienisch „stracciato" = zerrissen oder zerfetzt. Wenn nicht ein Eis mit Schokoladensplittern gemeint ist, ist es die Bezeichnung für eine klassische italienische Einlaufsuppe aus Fleischbrühe und geschlagenem Ei. Auch ein Frischkäse aus Apulien trägt den Namen „Stracciatella di bufola".

[169] In der ungarischen
„Tarhonya" wird gerne mit „Eiergraupen" oder „Eiergerstel" übersetzt. Sie haben Ähnlichkeit mit Spätzle. Verwendung finden sie in Suppen und Eintöpfen und als Beilage zu Ragouts.

[170] ... drei verschiedene Knödel und/oder Nocken
Ein „Tris" ist in Gasthäusern und Restaurants in Südtirol meistens eine gute Wahl. Die Zusammenstellung kann sehr unterschiedlich sein; es gibt z. B. Speck-, Spinat-, Käs- und Pressknödel, Schlutzkrapfen und verschiedene Nocken. Angerichtet wird meistens mit zerlassener Butter und geriebenem Käse.

[171] ... Fleisch und Fisch
Sie besteht aus dünn aufgeschnittenem, mit Weißwein und Gemüse gekochtem Kalbfleisch, das mit einer Thunfischsauce überzogen und kalt serviert wird. Diese Sauce enthält eingelegten Thunfisch mit Mayonnaise und weitere, regional unterschiedliche Zutaten. „Vitello tonnato" ist eine Vorspeise, die ursprünglich aus dem Piemont stammt.

[172] ... eine Art Pastete
Sie besteht aus einer Hülle aus Blätterteig, die fein gefüllt wird. Eine klassische Füllung besteht z. B. aus einem Ragout oder Frikassee mit Kalbfleisch, Bries und Champignons in cremiger Sauce.

Regional und international [Fragen]

[173] „Zuppa Inglese" und „Zuppa Pavese" sind zwei bekannte italienische Speisen. Welches ist der besondere Unterschied?
(1) Zuppa Inglese, die Englische Suppe, wird mit Hammelfleisch gemacht
(2) Zuppa Pavese, die Pavaeser Suppe, ist eine Aalsuppe
(3) Eine ist kalt und süß, die andere heiß und herzhaft
(4) Zuppa Pavese ist ein Dessert, Zuppa Inglese ein Fleischgericht

[174] „Yorkshire Pudding" ist in England eine Beilage zu Steaks, Roastbeef und anderen Fleischgerichten. Der Pudding besteht in der Hauptsache aus ...
(1) Weißbrot, Hefeteig und Champignons
(2) Pfannkuchenteig
(3) Dörrpflaumen und Eiern
(4) Haferflocken, Eiern und Schinken

[175] „Welsh Rarebit" ist eine englische Spezialität. Wie könnte man die Speise am einfachsten erklären?
(1) Ein kleiner Käsetoast
(2) Eine Teigtasche mit Fleischfülle
(3) Ein gebackenes Fischfilet in einem Pfannkuchen
(4) Eine kleine Schalenkartoffel mit Käsecreme

[176] Die richtige Reihenfolge bei den Garstufen von Fleisch von roh bis durchgebraten lautet auf Französisch ...
(1) saignant, très bleu, à point anglais
(2) cuit anglais, saignant, à point demi-anglais
(3) à point, bleu, saignant
(4) bleu, à point, bien cuit

[177] Das „Thousand-Island-Dressing" ist eine der bekanntesten Salatsaucen Amerikas. Die Basis dafür ist/sind ...
(1) Olivenöl, Balsamico, Pinienkerne
(2) Crème double, Senf, Kren
(3) Mayonnaise, Chili, roter Paprika
(4) Joghurt, Shrimps, Petersilie

Regional und international [Antworten]

[173] Eine ist kalt und süß, die andere heiß und herzhaft
Würde man beides hintereinander essen, käme zuerst die „Zuppa Pavese", denn sie ist eine klare Rindssuppe mit Weißbrotscheibe und einem Ei. Die „Zuppa Inglese" hingegen ist eine kalte Süßspeise mit Biskoten und einer englischen Vanillecreme, daher der Name „Inglese".

[174] ... Pfannkuchenteig
Beim traditionellen englischen Sonntagsessen wird der Yorkshire-Pudding in demselben Ofen gebacken, in dem zum Beispiel auch das Roastbeef gegart wird. Dabei steht die Puddingform unter dem Roastbeef, sodass der Bratensaft in den Pudding tropfen kann und zusätzlichen Geschmack gibt. Er besteht aus einem weichen ungesüßten, gewürzten Pfannkuchen- bzw. Palatschinkenteig, der in Formen gefüllt wird.

[175] Ein kleiner Käsetoast
Verwendet werden vor allem geriebener Cheddar, Double Gloucester oder Red Leicester. Der Käse wird mit Milch und weiteren Zutaten vermischt, auf Weißbrotscheiben gestrichen und bei Oberhitze überbacken. Der Ursprung des Imbisses liegt vermutlich im Landesteil Wales.

[176] ... bleu, à point, bien cuit
Die Garstufen kann man folgendermaßen übersetzen: „bleu" = blau oder sehr blutig, „saignant" = blutig oder sehr englisch, „à point demi-anglais" = rosa oder englisch, „à point anglais" = halb oder mittel durchgebraten, „bien cuit" = ganz durchgebraten. Wenn es sich um ein Rindersteak o. Ä. handelt, hat die Garstufe „bien cuit" einer solchen Skala hier nichts verloren, denn das Fleisch wäre dann trocken und ohne Eigengeschmack.

[177] ... Mayonnaise, Chili, roter Paprika
Ob der Name von den vielen kleinen Inseln im Staat New York abgeleitet wurde, ist nicht sicher. Eher stammt er aus dem wunderschönen Grenzgebiet zwischen den USA und Kanada, am Abfluss des Ontario-Sees und dem Beginn des St.-Lorenz-Stroms. Die dortige Inselgruppe besteht aus fast 1.800 Inseln. Die Basis für das Dressing ist auf jeden Fall Mayonnaise mit Chili, roter und grüner Paprika und einiges mehr. Es soll mindestens 1.000 verschiedene Rezepte geben.

Regional und international [Fragen]

[178] „Bressehuhn" ist die kontrollierte Herkunftsbezeichnung (AOC) für eine Geflügelsorte. Das Huhn ist auch wegen seiner Farben bekannt, nämlich ...
(1) rotbraun, schwarz, blau
(2) weiß, rot, blau
(3) braun, rot, gelb
(4) schwarz, weiß, gelb

[179] Der bekannte Guide Michelin vergibt nicht nur Sterne für Restaurants. Der „Bib Gourmand" zeichnet Restaurants aus ...
(1) mit sorgfältig zubereiteten und preiswerten Mahlzeiten
(2) mit besonders naturnaher Bewirtschaftung
(3) mit besonderer Weinauswahl, auf die Region bezogen
(4) mit Familienfreundlichkeit bei guter Qualität

[180] „Tripes à la mode" ist eine französische Spezialität und wird mit Calvados zubereitet. Was ist es?
(1) Eine flambierte Süßspeise
(2) Ein Fischragout aus der Normandie
(3) Ein Festessen, bei dem viel Calvados fließt
(4) Ein Gericht mit Innereien

[181] „Bottarga" ist eine italienische Fischspezialität. Genauer gesagt ist es ...
(1) eine Art Kaviar
(2) geräuchertes Fischfilet
(3) marinierter Thunfisch
(4) gefüllter Tintenfisch

[182] Zum Standardangebot der vielen Würstelstände in Wien gehört die „Eitrige". Was ist das?
(1) Gebackener Käse im Stangenbrot
(2) Eine heiße Wurst
(3) Ein Käsekrapfen
(4) Die Wiener Variante des „Berner Würstel"

[183] „Panzanella" ist ein bekannter Salat aus der toskanischen Küche. Die wichtigste Zutat dafür ist/sind ...
(1) Tomaten
(2) Schinken
(3) Brot
(4) Zucchini

Regional und international [Antworten]

[178] ... weiß, rot, blau
Diese Hühnerrasse stammt aus der Region Bresse nordöstlich von Lyon. Auffällig sind die blauen Beine des Tieres, die zusammen mit dem weißen Gefieder und dem roten Kamm die Nationalfarben Frankreichs zeigen. Das Fleisch dieses Freilandhuhns gilt als besonders delikat.

[179] ... sorgfältig zubereiteten und preiswerten Mahlzeiten
DerRestaurant-Führer empfiehlt nicht nur gehobene Häuser, sondern hebt auch die Gastronomiebetriebe hervor, die gute Qualität zu moderaten Preisen bieten.

[180] Ein Gericht mit Innereien
Bei dieser regionalen Spezialität handelt es sich um ein Gericht aus Kutteln bzw. Kaldaunen mit Gemüse und Kräutern. Cidre und Calvados geben zusätzlichen Geschmack. Genau genommen heißt die Spezialität „Tripes à la mode de Caen". Caen ist die Hauptstadt der nordfranzösischen Region Basse-Normandie, die die Heimat des Calvados ist.

[181] ... eine Art Kaviar
„Bottarga" gilt vor allem in Sardinien und Sizilien als regionale Spezialität, aber auch in anderen Regionen wie in der Toskana und in Kalabrien ist es eine gefragte Delikatesse. Meeräschen und Thunfisch sind das Ausgangsprodukt für den „sardischen Kaviar". Zur Herstellung wird nach dem Fang der Rogen herausgenommen, gesalzen, gepresst und dann luftgetrocknet.

[182] Eine heiße Wurst
Aber sie ist nicht „irgendeine" heiße Wurst, sondern eine besonders abgewandelte „Krainer" aus Slowenien. Die eher grobe und fette, aber sehr schmackhafte Wurst wurde vor einigen Jahrzehnten in ihrer Zusammensetzung mit 10 bis 20 % Käsewürfeln ergänzt. So entstand die „Käsekrainer", die gekocht, gebraten oder gegrillt werden kann. Die derb-scherzhafte Bezeichnung „Eitrige" entstand wohl durch den austretenden dickflüssigen Käse.

[183] ... Brot
Der Landbevölkerung der Toskana sagt man nach, dass sie früher hauptsächlich von Bohnen, Brot und Zwiebeln gelebt habe. Dabei war Brot das wichtigste Grundnahrungsmittel. Es wurde nur einmal in der Woche gebacken und jeder Rest verwertet. „Panzanella" ist ein Brotsalat mit Tomaten, Zwiebeln und anderen Zutaten, der auf vielen Speisekarten steht.

Das Restaurantquiz

Kategorie: Speisekammer

Speisekammer

Obst besteht nicht nur aus Äpfeln, Birnen und Bananen; genauso wenig verwendet man in der Küche nicht nur Schnittlauch und Petersilie als Kräuter. Es wachsen unendlich viele verschiedene wohlschmeckende Pflanzen, die unsere Ernährung bereichern. Auch das Fleisch vieler Tierarten stillt den Hunger der Menschen. In den sogenannten „entwickelten" Ländern ist die Auswahl allerdings weitaus geringer als zum Beispiel in Asien oder Afrika; so manches Tier, das dort als Delikatesse gilt, ist für uns Europäer eher Abscheu erregend.

In diesem Abschnitt finden Sie keine vollständige Liste dessen, was man alles kaufen und zu einem wohlschmeckenden und gesunden Essen verarbeiten kann. Die Beispiele sind jedoch bunt gemischt und so abwechslungsreich, wie eine gesunde Ernährung sein sollte.

Speisekammer [Fragen]

[1] Die Region Piemont ist neben ihren Weinen auch für eine besondere Delikatesse international sehr bekannt. Für welche?
(1) Schinken
(2) Käse
(3) Pesto
(4) Trüffel

[2] „Kefir" ist ein leicht schäumendes Sauermilchgetränk. Ursprünglich wurde es gewonnen aus der Milch von ...
(1) Kühen
(2) Schafen
(3) Ziegen
(4) Pferden

[3] „Agar-Agar" ist ein ...
(1) asiatisches Gemüse
(2) indonesisches Nationalgericht
(3) Urgetreide
(4) Geliermittel

[4] Ob ein Ei noch roh oder schon gekocht ist, findet man am leichtesten heraus, wenn ...
(1) man es aufschlagt
(2) man es mit einer hellen Lampe durchleuchtet
(3) man es um die eigene Achse dreht
(4) es in kaltem Wasser schnell untergeht

[5] Was versteht man unter einem „Fabergé-Ei"? Es ist ein ...
(1) mit Likör gefülltes Schokoladenei
(2) reich verziertes Schmuck-Ei
(3) bemaltes Straußen-Ei
(4) mit Hummermus gefülltes Ei

[6] „Karambole" verwendet man auch in Europa. Es ist...
(1) eine exotische Melonenart mit rotem Fruchtfleisch
(2) die nussartige und genießbare Samenkapsel einer Blume
(3) eine tropische Beerenfrucht
(4) ein tropisches Gemüse, das einer großen Stangenbohne ähnelt

Speisekammer [Antworten]

[1] Trüffel
Die Region Piemont im Nordwesten Italiens ist eines der wenigen Gebiete in Europa, in dem der begehrte weiße Trüffel vorkommt. Häufig wird er als „Alba-Trüffel" bezeichnet. Die Italiener nennen die Köstlichkeit „Tartufo bianco". Die botanische Bezeichnung ist „Tuber magnatum".

[2] ... Pferden
Ursprünglich wurde der Kefir aus der Milch sibirischer und kaukasischer Stuten gewonnen und mit einem Hefepilz sauer vergoren. Heute wird er hauptsächlich aus Kuhmilch erzeugt und mit anderen Kulturen vergoren. Dabei entstehen aus dem Milchzucker Kohlensäure (CO^2) sowie eine geringe Menge Alkohol. Kefir wurde im 19. Jahrhundert zunächst in Russland und dann auch in Mitteleuropa populär.

[3] ... Geliermittel
Eigentlich ist es ein quellfähiges Kohlehydrat aus verschiedenen Algenarten, das in der Küche als rein pflanzliches Geliermittel verwendet wird. Als Zusatzstoff trägt Agar-Agar die E-Nummer E 406.

[4] ... man es um die eigene Achse dreht
Falls man gekochte und ungekochte Eier nicht mehr eindeutig auseinander halten kann, gibt es eine einfache Hilfe: Beim Drehen um die eigene Achse dreht sich ein gekochtes Ei schnell und gleichmäßig. Beim rohen Ei schlingert der schwere Dotter, und die Drehbewegung ist sehr unrund und langsam.

[5] ... reich verziertes Schmuck-Ei
Der russische Goldschmied Carl Peter Fabergé schuf die opulenten und kunstvollen Schmuckstücke. Er wollte damit die traditionellen russischen Osterbräuche mit der Goldschmiedekunst verbinden. Für das erste Fabergé-Ei verlieh Zar Alexander III. dem Künstler eine Goldmedaille; später wurde er zum Hofjuwelier ernannt.

[6] ... eine tropische Beerenfrucht
Die grünlich-gelbe Frucht des tropischen Gurkenbaumes ist auch als „Sternfrucht" bekannt und kann roh oder gegart gegessen werden. Der Effekt als Dekoration ist allerdings meistens größer als der Genuss. Sie ist nicht nur in der Küche, sondern auch in der Bar eine willkommene Garnitur für Desserts und Drinks.

Speisekammer [Fragen]

[7] Echter „Aceto Balsamico" ist der edelste aller Essige. Er wird hauptsächlich aus dem Most einer bestimmten Traubensorte gewonnen und streng kontrolliert. Es ist die ...
(1) rote Sangiovese-Traube
(2) weiße Malvasia-Traube
(3) rote Merlot-Traube
(4) weiße Trebbiano-Traube

[8] Wenn man „Surimi" kauft, bekommt man ...
(1) Sushi ohne Reis
(2) Tofu mit Fischgeschmack
(3) Fisch- und Krebsfleisch mit künstlichen Geschmacksstoffen
(4) gepresstes Fleisch von Riesenkrabben

[9] Ein bekannter Käse wird meist gebrochen und nicht geschnitten. Es ist ...
(1) Gouda
(2) Gruyère
(3) Havarti
(4) Parmesan

[10] Bananen sind gesunde und sehr beliebte Früchte. Außer Wasser enthalten sie vor allem ...
(1) Ballaststoffe
(2) Kohlehydrate
(3) Vitamine
(4) Fette

[11] Kalt gepresstes Traubenkernöl ist besonders wertvoll und erfüllt in der Küche alle Anforderungen an ein Öl, vom Marinieren bis zum Braten und Backen. Für einen Liter werden große Mengen Traubenkerne benötigt, durchschnittlich etwa ...
(1) 30 kg
(2) 50 kg
(3) 70 kg
(4) 90 kg

[12] Bei „Ossietra" und „Sevruga" handelt es sich um ...
(1) Krustentiere
(2) Wodka-Marken
(3) Kaviar
(4) Muscheln

Speisekammer [Antworten]

[7] ... weiße Trebbiano-Traube
Der Aceto Balsamico „traditionale" aus der Emilia-Romagna darf allerdings auch einen kleinen Anteil Lambrusco enthalten. Anders als bei Weinessig wird nicht Wein, sondern eingekochter Traubendicksaft in einer mindestens 12-jährigen Fasslagerung zum Balsamessig. Aus ursprünglich 100 Litern Saft bleiben nach der Reifung in möglichst vielen verschiedenen Fässern weniger als 10 Liter Aceto übrig.

[8] ... Fisch- und Krebsfleisch mit künstlichen Geschmacksstoffen
Sie täuschen reines Krebsfleisch vor, sind jedoch Stäbchen aus einfachem, gemischtem Fisch- und Krebsfleisch, rötlich gefärbt und aromatisiert. In der entsprechenden Form können Surimi auch ein Imitat von Krabben bzw. Shrimps sein.

[9] ... Parmesan
Wahrscheinlich weil dieser lange gereifte Käse hart und körnig ist, wird er von Kennern mit einem speziellen Gerät in kleine Stücke gebrochen. Zum Dessert oder zu Früchten wird er eher in Scheiben geschnitten oder gehobelt. Parmesan ist seit mehr als 50 Jahren herkunftsgeschützt und kommt aus der Provinz Parma in der italienischen Region Emilia Romagna.

[10] ... Kohlehydrate
Bananen sind nicht nur wegen ihres Geschmacks beliebt. In fast allen tropischen Ländern werden sie auch wegen ihres hohen Nährwertes angebaut, denn sie sind reich an Kohlenhydraten. Der Wasseranteil in der essbaren Frucht beträgt etwa 75 Prozent, und etwa 20 Prozent sind Kohlenhydrate. Der Anteil an Fett, Ballaststoffen und Vitaminen ist relativ gering.

[11] ... 50 kg
Kalt gepresstes Traubenkernöl hat einen hohen Anteil ungesättigter Fettsäuren und verträgt Temperaturen bis 190 °C.

[12] ... Kaviar
Beide Namen stehen für Fische aus der Familie der Störe, deren Eier als „Kaviar" bekannt sind, welcher zu den begehrtesten Luxusartikeln gehört. Diese Fischart zählt zu den ältesten der Welt. Wegen der Kaviarproduktion ist sie vom Aussterben bedroht, obwohl sie im Süßwasser, Brackwasser und Salzwasser leben kann. Die Zuflüsse zum Kaspischen und Schwarzen Meer sind die hauptsächlichen Fanggebiete.

Speisekammer [Fragen]

[13] „Kamut" ist eine alte Getreidesorte, die aus Ägypten stammt und wieder vermehrt angebaut wird. Es ist eine Art ...
(1) Gerste
(2) Roggen
(3) Weizen
(4) Hirse

[14] Welches dieser Gewürze ist kein Blütengewürz?
(1) Safran
(2) Zimt
(3) Nelken
(4) Kapern

[15] In der EU haben viele Naturprodukte geschützte Herkunftsbezeichnungen. Welches dieser Produkte aus Österreich ist nicht gesetzlich geschützt?
(1) Waldviertler Graumohn
(2) Wachauer Marille
(3) Steirische Käferbohnen
(4) Marchfeld-Spargel

[16] Wegen ihrer Form hat eine Beerenfrucht den Namen „Eierfrucht". Bekannter ist sie als ...
(1) Quitte
(2) Aubergine
(3) Zucchini
(4) Kürbis

**[17] „Anchovis" sind kleine Fische mit großer Bedeutung für die Küche und für die Gesundheit.
Sie werden gezählt zur Fischfamilie der ...**
(1) Heringe
(2) Barsche
(3) Salmoniden
(4) Plattfische

[18] „Bries" ist eine bei Feinschmeckern begehrte Innerei. Es kommt vor allem vom ...
(1) Hammel
(2) Fohlen
(3) Kapaun
(4) Kalb

Speisekammer [Antworten]

[13] ... Weizen
Der uralte Verwandte des Hartweizens stammt vermutlich aus dem Gebiet zwischen Ägypten, Euphrat und Tigris, wo er schon vor Jahrtausenden angebaut wurde. Lange in Vergessenheit geraten, wurde er ähnlich wie der Dinkel im Rahmen des erwachten Interesses an ursprünglichen Lebensmitteln wieder populär. „Kamut" ist auch der Name für eine Weizensorte, die durch ein eingetragenes Warenzeichen geschützt ist.

[14] Zimt
Der Zimt, den wir verwenden, ist die Rinde von Zimtbäumen. Gewürze sind Pflanzenteile, die getrocknet oder eingelegt sind und durch ätherische Öle und andere Aromastoffe unsere Speisen verfeinern. Man teilt Gewürze ein in Samen-, Blüten-, Blatt-, Rinden- und Wurzelgewürze. Safran, Nelken und Kapern werden z. B. aus Blüten gewonnen.

[15] Steirische Käferbohnen
Diese Bohnen sind auch als Feuerbohnen bekannt und werden vor allem im österreischen Bundesland Steiermark gezüchtet, haben allerdings noch keinen gesetzlichen Schutz. Sie werden gerne als Salat verwendet und mit dem geschützten steirischen Kürbiskernöl verfeinert.

[16] ... Aubergine
Die botanische Einteilung verschiedener Pflanzen ist nicht immer ganz verständlich. Die „Eierfrucht" ist auf jeden Fall besser bekannt als „Aubergine" (franz.) oder „Melanzane" (ital.). Die Frucht, die eher als Gemüse behandelt wird, spielt in der Küche der Mittelmeerländer eine große Rolle, z. B. für eine Moussaka in Griechenland oder ein Ratatouille in der französischen Provence.

[17] ... Heringe
Wenn sie auch sehr klein sind, ist ihr Gesundheitsfaktor doch ziemlich groß. Sie haben einen hohen Anteil an Omega-3-Fettsäuren, denen eine hohe Effizienz bei der Verhinderung von Herzinfarkt und Gefäßerkrankungen nachgesagt wird. Anchovis gehören zur Familie der Heringe. Meist bekommt man sie als Konserve; frisch zubereitet sind sie wesentlich wertvoller.

[18] ... Kalb
Es ist die Thymus- bzw. die Wachstumsdrüse des Kalbes. Im deutschsprachigen Raum hat diese Innerei verschiedene Namen, z. B. „Bröschen", „Milcher", „Midder" oder „Kalbsmilch". In Butter zart gebraten oder in Ragouts gilt das Bries als Delikatesse.

Speisekammer [Fragen]

[19] Geräucherte kleine Fischstücke werden als „Schillerlocken" angeboten. Es sind die Bauchlappen vom ...
(1) Dornhai
(2) Kabeljau
(3) Seelachs
(4) Aal

[20] Damit Bananen nicht zu schnell braun werden, sollten sie richtig gelagert werden. So zum Beispiel ...
(1) im Kühlschrank
(2) kühl und trocken, aber nicht im Kühlschrank
(3) in einem warmen Raum
(4) in kaltem, rinnendem Wasser

[21] Sardellen und Sprotten gehören zur Familie der ...
(1) Kabeljaus
(2) Makrelen
(3) Barsche
(4) Heringe

**[22] „Topinambur" hat viele Namen. Es wird meistens als "Knollengemüse" bezeichnet.
Eine enge Verwandtschaft der Pflanze besteht mit ...**
(1) Kartoffeln
(2) Sellerie
(3) Zwiebeln
(4) Sonnenblumen

[23] Die kleinwüchsigen Verwandten des Kabeljaus in der Ostsee sind die ...
(1) Sardinen
(2) Schollen
(3) Dorsche
(4) Schellfische

[24] Was ist ein „Stockfisch"?
(1) Ein getrockneter Fisch aus der Kabeljau-Familie
(2) Ein gesalzener Hering, der in Fässern mariniert wird
(3) Ein großes Stück Fisch, geeignet zum Portionieren
(4) Eine große Partie verschiedener Fische für die Versteigerung

Speisekammer [Antworten]

[19] ... Dornhai
Weil auch diese Fischart heillos überfischt ist, gibt es Schillerlocken immer seltener. Die verwendeten Bauchlappen zählen allerdings nicht zu den wertvollen Teilen des Fisches. Die Filets aus dem Rücken des Dornhais werden als „Seeaal" verkauft.

[20] ... kühl und trocken, aber nicht im Kühlschrank
Bananen werden in ihren Anbauländern grün und unreif geerntet und reifen erst während des Transports langsam nach. Wenn sie dann im Handel sind, sollten sie möglichst kühl und trocken gelagert werden; Temperaturen unter 12 °C, also Kühlschranktemperaturen, sind jedoch nicht ideal. Zimmertemperaturen lassen die Früchte zu schnell reifen.

[21] ... Heringe
Sardellen, Sprotten und auch Sardinen werden zur Familie der Heringe gezählt. Alle sind Planktonfresser und leben in großen Schwärmen in den verschiedenen Ozeanen.

[22] ... Sonnenblumen
„Erd-" oder „Jerusalem-Artischocke", „Erdbirne" oder sogar (fälschlicherweise) „Süßkartoffel" wird die Knolle genannt. Wegen der gut verträglichen Inhaltsstoffe gilt Topinambur auch als die „Kartoffel der Diabetiker". Botanisch gesehen ist die Pflanze ein Korbblütler und eng verwandt mit den Sonnenblumen; sie trägt die gleichen Blätter und ähnliche, aber kleinere Blüten.

[23] ... Dorsche
In der Familie des Kabeljaus gibt es kleine sprachliche Verwirrungen: Wenn diese jung und noch nicht geschlechtsreif sind, sind sie als „Dorsche" bekannt und leben in der Ostsee und. Später findet man den Fisch vor allem in der Nordsee als „Kabeljau". Diese sprachliche Unterscheidung ist aber nicht eindeutig und überschneidet sich in manchen Ländern. Tatsache ist, dass die Arten stark überfischt sind. Eine Zucht ist sehr schwierig und erst seit wenigen Jahren erfolgreich.

[24] Ein getrockneter Fisch aus der Kabeljau-Familie
„Stockfische" sind dorschähnliche Atlantikfische wie Kabeljau, Seelachs oder Schellfisch, die im Freien an einem waagerecht liegenden Stock zum Trocknen aufgehängt werden. Wegen des starken Geruchs befinden sich die Trockenanlagen auf kleinen Inseln oder abgelegenen Plätzen. Vor der Zubereitung muss Stockfisch gewässert werden, damit er weich wird.

Speisekammer [Fragen]

[25] Welche dieser Käsesorten ist typisch englisch?
(1) Havarti
(2) Cheddar
(3) Gouda
(4) Gruyère

[26] Imker behaupten, dass Honig das einzige komplett naturbelassene Lebensmittel sei. Er besteht auf jeden Fall aus ...
(1) 95 % Glukose und Fructose
(2) 90 % Disacchariden
(3) etwa 80 % Zucker
(4) 70 % Zucker und 30 % Met

[27] Welche dieser Kaviar-Sorten gilt als die feinste und teuerste?
(1) Beluga
(2) Ossietra
(3) Sevruga
(4) Malossol

[28] Welches Gewürz wird aus einer Pflanze gewonnen, die zur Familie der Orchideen gehört?
(1) Safran
(2) Nelken
(3) Zimt
(4) Vanille

[29] Eine dieser Käsesorten wird nicht aus Schafsmilch erzeugt. Es ist ...
(1) Pecorino
(2) Grana
(3) Roquefort
(4) Roncal

[30] Eine Salami, die hauptsächlich aus dem Fleisch des Wildschweins erzeugt wird, trägt in der Toskana meist den Namen ...
(1) Salami d'oca
(2) Salami di Varzi
(3) Salami di cinghiale
(4) Salami di musso

Speisekammer [Antworten]

[25] Cheddar
Er ist ein bekannter Schnittkäse aus der Grafschaft Somerset.
„Gruyère" kommt aus der Schweiz, „Gouda" aus Holland und „Havarti" aus Dänemark.

[26] ... etwa 80 % Zucker
Echter Honig ist nach einer EU-Verordnung ein naturreines Produkt.
„Glukose" und „Fructose" sind Zuckerarten in der Gruppe der „Monosaccharide" (Einfachzucker). Rüben- und Rohrzucker sind „Disaccharide" (Doppelzuckerarten), die im Honig nicht vorhanden sind.

[27] Beluga
Der Kaviar vom Beluga-Stör gilt als der feinste und ist mit etwa 3,5 mm Durchmesser auch der größte. Nachdem die verschiedenen Störarten in ihren natürlichen Revieren durch Raubbau immer seltener werden, kommt Kaviar vermehrt aus Züchtungen.
Nur drei dieser vier Bezeichnungen sind Kaviar-Sorten oder Qualitäten, die von verschiedenen Fischen stammen. „Malossol" ist keine Sorte, sondern der Hinweis darauf, dass der Kaviar bei der Produktion nur schwach gesalzen wurde.

[28] Vanille
Die Familie der Orchideen ist riesengroß, ihre Mitglieder sind fast überall in den tropischen und subtropischen Gebieten unserer Erde zu finden. Eine besondere Art der edlen Blume liefert aus den fermentierten Kapseln die „echte" Vanille bzw. die Gewürzvanille.

[29] ... Grana
Käse aus der Milch von Schafen unterscheidet sich von Käse aus Kuhmilch durch einen stärkeren Geruch und Geschmack. „Grana" ist ein Kuhmilchkäse aus Italien mit einer großen Ähnlichkeit zu Parmesan.
„Pecorino" kommt aus Italien, „Roquefort" aus Frankreich und „Roncal" aus Spanien; alle werden aus Schafsmilch gewonnen.

[30] ... Salami di cinghiale
Italien hat nicht nur mit Pizza, Pasta und Wein die Welt erobert. Die Salami ist die italienischste aller Würste; es gibt sie in reicher Vielfalt. Die besondere Art, die in der Toskana aus Wildschweinfleisch gemacht wird, ist als „Salami di cinghiale" bekannt.
„Salami di musso" wird mit Eselfleisch und „Salami d'oca" mit Gänsefleisch zubereitet. Die „Salami di Varzi" kommt aus einer bestimmten Produktionszone und ist mit Knoblauch gewürzt.

Speisekammer [Fragen]

[31] Rote Bete (Rote Rüben oder österr. Rohnen) ist als Pflanze verwandt mit ...
(1) Rettich
(2) Kürbis
(3) Schwarzwurzel
(4) Spinat

[32] Jeder kennt sie und viele essen sie: die Gurke. Für den Botaniker ist sie eine ...
(1) Beere
(2) Rübe
(3) Hülsenfrucht
(4) Schote

[33] Was ist für den Koch eine „Poularde"?
(1) Ein baskisches Grillfest
(2) Ein gemästetes Junghuhn oder -hähnchen
(3) Ein französisches Fleischgericht
(4) Eine Geflügelpastete

[34] „Aspartam" ist ein Lebensmittelzusatzstoff und zählt zu den ...
(1) Würzmitteln
(2) Stabilisatoren
(3) Süßstoffen
(4) Geschmacksverstärkern

[35] Eine besondere Delikatesse trägt den lateinischen Namen „Tuber". Der Feinschmecker versteht darunter ...
(1) Trüffel
(2) Kaviar
(3) Hummer
(4) Gänseleber

[36] Rhabarber kam nach Mitteleuropa über...
(1) Südamerika
(2) Zentralafrika
(3) Russland
(4) Nordamerika

Speisekammer [Antworten]

[31] ... Spinat
Rote Bete gehört botanisch gesehen zur Familie der Gänsefußgewächse, deren Mitglieder u. a. auch Spinat und Mangold sind.

[32] ... Beere
Sie entsteht aus einem einzigen Fruchtknoten und hat eine harte Außenschicht. Zu ihren Verwandten gehören Melonen und Avocados.

[33] Ein gemästetes Junghuhn oder -hähnchen
In der Küchenkunde ist es ein schweres Huhn oder Hähnchen mit einem Gewicht von mehr als 1.200 Gramm. Die übliche Zubereitungsart ist das Braten oder Grillen im Ganzen. Damit es seine Form hält und gleichmäßig braun wird, sollte es gebunden (bridiert) werden.

[34] ... Süßstoffen
Es trägt die europäische Zulassungsnummer E 951 und ist ein Süßstoff, der durch chemische Synthese hergestellt wird. Aspartam hat eine 200mal höhere Süßkraft als Zucker und kaum einen Beigeschmack. In kalorienreduzierten Speisen und Getränken wird es häufig verwendet, obwohl es nicht ganz kalorienfrei ist. Zum Kochen oder Backen eignet es sich nicht.

[35] ...Trüffel
Diese Rarität wird von Kennern „Diamant der Küche" genannt. Die bekanntesten Arten sind der weiße Albatrüffel (Tuber magnatum), der schwarze Périgord- oder Wintertrüffel (Tuber melanosporum) oder der schwarze Sommertrüffel (Tuber aestivum); nicht alle sind gleichermaßen begehrt.

[36] ... Russland
Zum Essen wird das Knöterichgewächs seit etwa 250 Jahren verwendet. Die Blätter sind ungenießbar, nur die Stängel sind gekocht und unter Zusatz von Zucker essbar.

Speisekammer [Fragen]

[37] Welche dieser Früchte sind kein Schalenobst?
(1) Äpfel
(2) Kastanien
(3) Mandeln
(4) Walnüsse

[38] „Wasabi" ist eine ...
(1) Koriander-Paste
(2) Knoblauchsorte
(3) Art Meerrettich
(4) chinesische Wasserkastanie

[39] Marzipan ist aus der Konditorei nicht wegzudenken. Die Süße kommt vom Zucker, aber der wichtigste Teil der Rohmasse stammt von einer Frucht. Es sind ...
(1) Rosinen
(2) Trockenfrüchte
(3) Mandeln
(4) Datteln

[40] Die „Kantalup" ist eine ...
(1) Melone
(2) Gurke
(3) Pflaume
(4) Blume

[41] Thunfischfleisch ist meistens hellrot, aber es gibt auch einen kleineren Verwandten des Thunfischs mit weißem Fleisch. Unter welchem Namen ist er bekannt?
(1) Alfalfa
(2) Allspice
(3) Aki
(4) Albacore

[42] „Curry" ist ein bekanntes und beliebtes Gewürz, besonders in der asiatischen Küche. Gewonnen wird das gelbe Currypulver aus ...
(1) den Wurzeln des Curry-Strauchs
(2) den Früchten des indischen Curry-Baumes
(3) der getrockneten Rinde verschiedener tropischer Sträucher
(4) verschiedenen Gewürzen

Speisekammer [Antworten]

[37] Äpfel
Früchte werden in verschiedene Gruppen eingeteilt, u. a. in Kern-, Stein-, Beeren- und Schalenobst. Der Apfel hat zwar eine Schale, wird aber zur Familie der Kernobst-Arten gerechnet.
Zum Schalenobst werden die verschiedenen Nüsse und auch die Kastanien gezählt.

[38] ... Art Meerrettich
Er wird aus einer Meerrettich-Art gewonnen und in Europa hauptsächlich in Pulverform oder als Paste angeboten. Häufig bezeichnet man ihn als „Japanischen" oder „Grünen Meerrettich". Wasabi ist deutlich schärfer als unser Meerrettich (in Österreich „Kren"); diese Schärfe kommt vor allem von den flüchtigen Senfölen, die nicht auf der Zunge brennen, sondern im Rachen und in der Nase. Mit Sojasauce verrührt wird Wasabi gerne zu Sushi und Sashimi gereicht.

[39] ... Mandeln
Echtes Marzipan besteht im Wesentlichen aus etwa einem Drittel Zucker und zwei Dritteln Mandeln. Mit verschiedenen weiteren Zutaten kann die Rohmasse in ihrer Konsistenz und Farbe verändert werden. Das geschmacklich verwandte „Persipan" wird nicht aus Mandeln, sondern aus Aprikosen-Kernen gewonnen.

[40] ... Melone
Sie sieht appetitlich aus und hat ein süß schmeckendes, saftiges Fruchtfleisch. Melonen sind Kletterpflanzen aus der Familie der Kürbisgewächse.

[41] Albacore
Wegen seines hellen Fleisches gilt dieser Fisch bei amerikanischen Köchen als „Chicken of the sea", „Hühnchen der Meere".
„Alfalfa" sind Hülsenfrüchte, „Allspice" ist die Frucht eines Baumes, die als das Gewürz „Piment" bekannt ist, und „Aki" ist eine tropische Frucht.

[42] ... verschiedenen Gewürzen
In der indischen, thailändischen oder japanischen Küche ist ein „Curry" meist eine Art Ragout oder eine Suppe. Eigentlich bedeutet es „Gemüse". Das gelbe Pulver, das wir in Europa kennen, wird dort kaum verwendet.

Speisekammer [Fragen]

[43] Ein Produkt namens „Sago" wird in der Küche für verschiedene Speisen verwendet. Hauptsächlich ist es ...
(1) Stärke
(2) Pflanzenfett
(3) Eiweiß
(4) Ballaststoff

[44] Der „Keta-Kaviar" stammt vom ...
(1) Kabeljau
(2) Lachs
(3) Seehasen
(4) Stör

[45] Der „echte" Parmesan kommt aus ...
(1) Friaul und Trentino
(2) Piemont und Aosta
(3) der Lombardei
(4) der Emilia-Romagna

[46] Welcher italienische Käse wird, wenn er original und von höchster Qualität ist, aus Büffelmilch gewonnen?
(1) Pecorino
(2) Taleggio
(3) Mozzarella
(4) Gorgonzola

[47] Die „Litschi" heißt wegen ihrer Form und Herkunft auch ...
(1) Chinesische Haselnuss
(2) Westindisches Brotfrüchtchen
(3) Wasmanische Kirsche
(4) Sudanesische Nuss

[48] Welche dieser Blauschimmel-Käsesorten wird aus roher Schafsmilch gewonnen?
(1) Stilton
(2) Roquefort
(3) Ädelost
(4) Bleu de Bresse

Speisekammer [Antworten]

[43] ... Stärke
Im Ursprungsland Papua-Neuguinea bedeutet „Sago" soviel wie „Brot".
Es ist dort eines der wichtigsten Grundnahrungsmittel für die Bevölkerung. „Echtes" Sago stammt aus dem Mark der Sagopalme, „unechtes" wird aus Kartoffeln gewonnen.

[44] ... Lachs
Es ist der Rogen vom Keta-Lachs, der vorwiegend vor der amerikanischen Küste des Pazifiks vorkommt. Keta-Kaviar ist appetitlich rosa, groß in der Körnung, ganz besonders schmackhaft und nicht nur ein Kaviar-„Ersatz".

[45] ... der Emilia-Romagna
Parmesan ist ein Hartkäse aus Kuhmilch mit einer geschützten Ursprungsbezeichnung. Ein ähnliches Produkt, aber meistens nicht so lange gereift, ist „Grana Padano". Er kommt aus verschiedenen Regionen Norditaliens.

[46] Mozzarella
Domestizierte Wasserbüffel werden in vielen Ländern als Haustiere gehalten, so auch in Italien. Vor allem im Süden des Landes, ursprünglich in Kampanien, wird aus Büffelmilch Mozzarella hergestellt. Das Original ist ein „Mozzarella di Bufala Campana".

[47] ... Chinesische Haselnuss
Der Litschibaum ist ein asiatisches Gewächs und wird vor allem in China, Indien und auf den Philippinen kultiviert. Aber auch auf Madagaskar und in anderen Ländern gibt es inzwischen große Plantagen. Litschis haben eine harte Schale, daher auch der Name „Chinesische Haselnuss".

[48] Roquefort
Der grün-blau marmorierte Edelschimmelkäse kommt aus der kargen französischen Region Rouergue im Département Aveyron. Die Reifung erfolgt in besonderen Höhlen dieses Gebietes. Er erhielt 1925 als erster französischer Käse das AOC-Siegel, womit er den Schutz einer kontrollierten Herkunftsbezeichnung genießt.

Speisekammer [Fragen]

[49] Wie viel Prozent Fett hat handelsübliche Vollmilch normalerweise?
(1) 1,5 Prozent
(2) 2,5 Prozent
(3) 3,5 Prozent
(4) 4,5 Prozent

[50] Was ist die Basis für die Würzsauce „Sambal Oelek"?
(1) Knoblauch
(2) Ingwer
(3) Soja
(4) Chili

[51] Ein französischer Käse mit dem Namenszusatz „Chèvre" entsteht aus ...
(1) Ziegenmilch
(2) Schafmilch
(3) Kuhmilch
(4) Kuh- oder Schafmilch

[52] Die getrockneten Beeren von Weintrauben zu unterscheiden, ist nicht ganz einfach. Eine dieser Arten enthält Kerne. Welche?
(1) Sultaninen
(2) Zibeben
(3) Rosinen
(4) Korinthen

**[53] „Chiabatta", das Weißbrot mit der besonderen Kruste, wird nicht nur in Italien gebacken.
Was muss der Teig unbedingt enthalten?**
(1) Buttermilch
(2) Frischkäse
(3) Olivenöl
(4) Sesamkörner

**[54] Ohne Eier „geht" in der Küche gar nichts. Ihr Gewicht trägt die gleichen Bezeichnungen wie unsere Kleidung.
Ein 60 Gramm schweres Ei hat die Gewichtsklasse ...?**
(1) S
(2) M
(3) L
(4) XL

Speisekammer [Antworten]

[49] 3,5 Prozent
Wenn Vollmilch nicht besonders behandelt bzw. entfettet wird, hat sie in der Regel diesen Fettgehalt. Immer öfter ist auch fettarme Milch mit 1,5 Prozent Fett im Lebensmittelhandel erhältlich.

[50] Chili
„Sambals" sind wichtige Würzsaucen in den Küchen verschiedener asiatischer Länder. Sambal Oelek ist unentbehrlich in der indonesischen Küche, der besondere Geschmack und die Schärfe kommen von roten Chilischoten.

[51] ... Ziegenmilch
Er sollte auf einer gut sortierten Käseplatte nicht fehlen und er kennt etliche namentliche Ableitungen. Aber er muss immer aus reiner Ziegenmilch gewonnen werden. Am bekanntesten ist der französische Ziegenkäse als Rolle und mit weißer Rinde.

[52] Zibeben
In Süddeutschland und Österreich kann „Zibebe" auch ein allgemeiner Ausdruck für getrocknete Trauben sein, die am Rebstock eintrocknen. „Sultaninen" sind hell, dünnhäutig und kernlos; der Ausdruck „Rosinen" ist eher ein Überbegriff für die verschiedenen Arten; „Korinthen" sind dunkler als Sultaninen und ebenfalls kernlos.

[53] Olivenöl
Der Teig wird aus Weizenmehl, Wasser, Salz, Hefe und Olivenöl angerührt. Bei der Herstellung entsteht die ungleichmäßige und grobe Porung durch das Öl und eine lange Teigruhe. Ins Deutsche übersetzt heißt „Chiabatta" Pantoffel, was von der flachen, lang gezogenen Form herrühren soll.

[54] ... M
Zum Kochen und Backen werden in der Küche hauptsächlich die Eier der Gewichtsklasse „M" verwendet. Diese Eier haben ein Gewicht zwischen 53 und 63 Gramm. Eier der Klasse „S" liegen unter 53 Gramm; große Eier der Klasse „L" sind 63 bis 73 Gramm schwer. Alles, was darüberliegt, gilt als „XL" bzw. „sehr groß".

Speisekammer [Fragen]

[55] Wenn im Fischhandel „Seeaal" angeboten wird, ist es in Wirklichkeit das Fleisch ...
(1) der Moräne
(2) von Barrakudas
(3) des Hornhechts
(4) des Dornhais

[56] Eine besondere tropische Frucht wird gerne als „chinesische Stachelbeere" bezeichnet. Gemeint ist die ...
(1) Kiwi
(2) Karambole
(3) Kumquat
(4) Litschi

**[57] Gerichte mit Emu-Fleisch werden auch in europäischen Restaurants angeboten.
Das Fleisch ähnelt im Geschmack dem des ...**
(1) Krokodils
(2) Thunfisches
(3) Rindes
(4) Kängurus

[58] Welcher forellenähnliche Lachsfisch ist heimisch im Bodensee?
(1) Karpfen
(2) Wels
(3) Felchen
(4) Hecht

[59] Wenn man von „Schalen-" oder "Krustentieren" spricht, gehört eine der folgenden Arten nicht dazu. Es sind die ...
(1) Gambas
(2) Krevetten
(3) Sepien
(4) Kaisergranaten

[60] Der „Gorgonzola" hat vermutlich seinen Ursprung in der italienischen Region ...
(1) Friaul-Julisch-Venetien
(2) Umbrien
(3) Emilia Romagna
(4) Lombardei

Speisekammer [Antworten]

[55] ... vom Dornhai
Hinter dem Begriff „Seeaal" verbirgt sich kein spezieller Fisch und schon gar kein Aal. Vielmehr handelt es sich um das gehäutete Rumpfstück des Dornhais, welches frisch oder geräuchert im Handel angeboten wird. Der Dornhai liefert delikates Fleisch, das besonders zum Räuchern geeignet ist. Seine geräucherten Bauchlappen sind als „Schillerlocken" im Handel.

[56] ... Kiwi
Die essbare Frucht des „Chinesischen Strahlengriffels" ist bei uns als „Kiwi" besser bekannt. Alle vier angeführten Früchte stammen ursprünglich aus Asien.

[57] ... Rindes
Der Emu ist ein australischer Laufvogel, der nur äußerlich an den Strauß erinnert. Das Fleisch ähnelt ein wenig dem Rindfleisch, ist besonders fettarm und hat einen leichten Wildgeschmack.

[58] Felchen
Dieser Fisch lebt in den Voralpenseen und somit auch im Bodensee, wo er als „Bodenseefelchen" bekannt ist. Er wird auch „Schweberenke", „Rhein-Anke", „Aalbock" oder „Balche" genannt. Aus der angeführten Gruppe von Fischen stammt nur das Felchen aus der Familie der „Lachsfische", den Salmoniden.

[59] ... Sepien
Sepien werden vereinfacht zu den Tintenfischen gezählt, auch zu den Mollusken bzw. Kopffüßlern. Vor allem Krustentiere verwirren mit ihren unterschiedlichen Bezeichnungen die Feinschmecker rund um den Globus.
„Gambas", „Krevetten" und „Kaisergranaten" sind Schwimmkrebse und werden zu den Krustentieren gerechnet.

[60] ... Lombardei
Dieser Käse mit den graugrünen Schimmelpilzadern wird aus Kuhmilch gewonnen. Benannt ist er nach der Stadt Gorgonzola, nordöstlich von Mailand in der Lombardei gelegen. Aber auch aus anderen Städten wird Gorgonzola produziert. Seit Jahren trägt der Käse das DOP (Denominazione d'Origine Protetta), das Siegel für kontrollierte Ursprungsbezeichnung. Als Herkunftsgebiete gelten inzwischen auch drei Provinzen in der Region Piemont.

Speisekammer [Fragen]

[61] Auf jedem gekauften Ei kann man die Art der Hühnerhaltung im Erzeugerbetrieb ablesen. Welchen Code tragen Bio-Eier?
(1) 01
(2) 0
(3) B
(4) 1A

[62] Italienischer „Grana Padano" hat am meisten Ähnlichkeit mit ...
(1) Taleggio
(2) Bra
(3) Parmigiano
(4) Pecorino

[63] Spargel gilt als Feingemüse. Man isst davon ...
(1) den Stängel
(2) die Wurzel
(3) den Schößling
(4) die Blüte

[64] Wenn Basilikum, Pinienkerne, Olivenöl und andere Zutaten zu einer Würzsauce verarbeitet werden, dann ist es ...
(1) Pastis
(2) Pasta
(3) Pastinak
(4) Pesto

[65] Nicht nur Spargel, auch ein anderes Gemüse hat im Mai Hochsaison. Welches?
(1) Rhabarber
(2) Fenchel
(3) Zucchini
(4) Rosenkohl

[66] Welches orientalische Gewürz wird traditionell immer als Zutat für eine Paella verwendet?
(1) Muskatnuss
(2) Safran
(3) Vanille
(4) Zimt

Speisekammer [Antworten]

[61] 0
Der Eiercode ist 10-stellig. Er gibt dem Konsumenten Auskunft über die Haltungsform, das Herkunftsland und den Erzeugerbetrieb. Die Gewichtsklasse steht nicht auf dem Ei, sondern auf der Verpackung. Bio-Eier haben die höchste Qualität und tragen eine 0 an erster Stelle des Codes. Die weiteren Stufen sind: 1 = Freilandhaltung; 2 = Bodenhaltung; 3 = Käfighaltung, die in Europa nach und nach abgeschafft werden sollte. In Österreich gibt es schon seit 2009 keine Käfighaltung mehr.

[62] ... Parmigiano
Er ist ein Hartkäse aus Kuhmilch, der aus verschiedenen norditalienischen Provinzen kommt, großteils aus der Poebene. Er ähnelt in der Herstellung und in seiner Art dem Parmigiano aus der Emilia Romagna. Alle angeführten Käsesorten haben geschützte Ursprungsbezeichnungen.

[63] ... den Schößling
Gemüsespargel wurde schon von den Griechen und Römern angebaut und genossen. Die Pflanze hat stark verzweigte Stängel mit kleinen Blättern und roten Beeren. Nur die jungen Schößlinge, die unter der Erde liegen oder knapp darüber hinausragen, kommen in den Handel und werden gegessen.

[64] ... Pesto
Die wichtigsten Zutaten sind Basilikum und Olivenöl, alle weiteren sind Geschmacksache. Das bekannteste Pesto kommt aus Ligurien, leicht abgewandelte Arten auch aus anderen Regionen.
„Pastis" ist ein französischer Aperitif mit Anisgeschmack, „Pasta" ist die italienische Bezeichnung für Teigwaren, und „Pastinak" ist ein Wurzelgemüse.

[65] Rhabarber
Er ist ein Gemüse aus der Familie der Knöterichgewächse und kommt fast nur süß zubereitet auf den Tisch. Wegen des hohen Gehalts an Oxalsäure in den Blättern können nur die Stängel verwendet werden. Da sie mit im Laufe der Reifung stark zunimmt, wird die Ernte ab Mitte Juni eingestellt.

[66] Safran
Er wird aus den Stempelfäden einer bestimmten Krokusart gewonnen. Für ein Kilogramm Safran benötigt man bis zu 150.000 Blüten; dementsprechend teuer ist das edle Gewürz.

Speisekammer [Fragen]

[67] Das besondere und geschützte Gemüse aus dem Raum Treviso in der italienischen Region Veneto ist ...
(1) Patate di Treviso
(2) Melanzane di Treviso
(3) Radicchio di Treviso
(4) Romanesco di Treviso

[68] Wie nennt man die essbaren Edelkastanien?
(1) Makkaroni
(2) Mangostane
(3) Mispel
(4) Maroni

[69] Welches Küchenkraut wird von Kennern als „Chinesische" bzw. „Asiatische Petersilie" bezeichnet?
(1) Koriandergrün
(2) Kerbel
(3) Stangensellerie
(4) Liebstöckl

[70] Vollmilch bleibt besonders lange haltbar durch ...
(1) Homogenisieren
(2) Polymerisieren
(3) Sterilisieren
(4) Pasteurisieren

[71] Unter der Handelsbezeichnung „Cox Orange" kennt man eine ...
(1) Rübenart
(2) Apfelsorte
(3) Birnensorte
(4) Madarinensorte

[72] Das „Knäckebrot" stammt ursprünglich aus ...
(1) Norwegen
(2) Island
(3) Dänemark
(4) Schweden

Speisekammer [Antworten]

[67] ... Radicchio di Treviso
Diese Sorte ist als „Indicazione geografica protetta" geschützt.Wir kennen Radicchio hauptsächlich als Salat, aber er kann auch ein köstliches Gemüse oder ein wichtiger Geschmacksgeber für ein feines Risotto sein.

[68] Maroni
Kein Christkindl-Markt ohne sie; beim „Törggelen" in Südtirol oder zu feinen Wildgerichten gehören sie dazu! Sie sind auch als „Maronen", „Marroni" oder einfach als „Edelkastanien" bekannt und stammen aus der Familie der Buchengewächse. Das Holz der mächtigen Bäume wird gerne für die Produktion von Fässern verwendet.

[69] Koriandergrün
Die getrockneten Samenkörner sind ein uraltes Gewürz, das u. a. als Zutat in Brot, Wurst und Spirituosen Verwendung findet. Als frisches Kraut trägt es verschiedene Namen, u. a. „Chinesische Petersilie". Es ist der frische, grüne Koriander, der vielen asiatischen, aber auch persischen Gerichten einen besonderen Geschmack verleiht.

[70] ... Sterilisieren
Durch das Erhitzen auf mehr als 100 °C wird aus der Milch eine „Vollkonserve". Dabei wird allerdings auch mehr als die Hälfte der Vitamine zerstört.
Beim „Homogenisieren" werden die Fett-Wasseranteile feinst verteilt; das „Polymerisieren" ist keine Konservierungsmethode; beim „Pasteurisieren" erfolgt eine Erhitzung unter dem Siedepunkt: Es entsteht eine „Halbkonserve".

[71] ... Apfelsorte
Sie wurde Anfang des 19. Jahrhunderts in England gezüchtet und ist hocharomatisch. Als eine der wenigen alten Sorten spielt sie im kommerziellen Obstbau noch immer eine wichtige Rolle.

[72] ... Schweden
„Knäckebröd" von „knäka" (knacken) ist der Name im Ursprungsland Schweden. Das Brot wird auch in anderen Ländern industriell hergestellt. Durch den geringen Wassergehalt ist es sehr lange haltbar.

Speisekammer [Fragen]

**[73] Welche Frucht wird gerne als die „Chinesische Haselnuss"
bezeichnet?**
(1) Karambole
(2) Litschi
(3) Rambutan
(4) Curuba

**[74] Welcher dieser italienischen Fleisch-Spezialitäten ist nicht
vom Schwein?**
(1) Parmaschinken
(2) San-Daniele-Schinken
(3) Bresaola
(4) Culatello

**[75] Einige Früchte und Gemüse haben im deutschsprachigen
Raum verschiedene Namen. Was sind zum Beispiel „Ribiseln"?**
(1) Tomaten
(2) Stachelbeeren
(3) Dörrpflaumen
(4) Johannisbeeren

[76] „Feta" ist ursprünglich ein Käse aus...
(1) Schafsmilch
(2) Ziegenmilch
(3) Kuhmilch
(4) Eselmilch

**[77] Unsere Früchte werden u. a. in Stein-, Kern-, Beeren- oder
Schalenobst eingeteilt. Welche sind kein Steinobst?**
(1) Sauerkirschen
(2) Pfirsiche
(3) Walnüsse
(4) Pflaumen

**[78] „Mostrich" ist in manchen deutschsprachigen Gebieten das
Synonym für ...**
(1) Kren bzw. Meerrettich
(2) Senf
(3) nicht fertig vergorenen Wein
(4) Junggeflügel

Speisekammer [Antworten]

[73] Litschi
Diese tropische Frucht ist als „Chinesische Haselnuss" nicht ganz treffend bezeichnet, denn das Fruchtfleisch ist angenehm weich und süß. Die Litschi ist in der chinesischen Küche hoch geschätzt; auch süße Weine werden daraus gewonnen. Eine enge Verwandte ist die „Rambutan", die eine behaarte Schale hat.

[74] Bresaola
Geräucherte oder luftgetrocknete Fleischspezialitäten werden meistens aus Schweinefleisch gewonnen, nicht nur in Italien. Eine Ausnahme ist der „Bresaola", der getrocknete Rinderschinken aus dem Valtelin im Norden der Region Lombardei. Er hat eine gewisse Ähnlichkeit mit dem Bündnerfleisch aus der Schweiz.
„Culatello" reift nicht am Knochen, kommt aus Zibello in der Emilia Romagna und ist eigentlich kein Schinken, sondern gilt als „Wurstware". Auch der „Parmaschinken" stammt aus der der Emilia Romagna. „San-Daniele-Schinken" ist nach der Stadt in Friaul benannt. Alle vier tragen ein „DOP"-Siegel (Denominazione d'Origine Protetta) für Produkte mit geschützter Herkunftsbezeichnung.

[75] Johannisbeeren
Rundum gesund sind sie, egal ob schwarz, rot oder gelb. Besonders die schwarze „Ribisel" (österreichisch) ist, obwohl sie so klein ist, eine Vitamin-C-Bombe.

[76] ... Schafsmilch
Er ist ein griechischer Salzlakenkäse mit ausgeprägtem Geschmack. Das Original wird aus Schafsmilch hergestellt, aber billigere Produkte, die meistens nicht aus Griechenland kommen, auch aus Kuhmilch.

[77] Walnüsse
Obwohl Walnüsse eigentlich einen Stein haben, zählen sie zum „Schalenobst". Aber für viele Menschen ist Obst einfach Obst, egal, ob es Steine oder Kerne hat, nur schmecken muss es!

[78] ... Senf
Der durchaus übliche Begriff „Mostrich" stammt ursprünglich von „Most" ab, denn für die Herstellung von Senf wurden die gemahlenen Senfkörner mit Traubenmost angerührt. Heute wird dafür vor allem Weinessig verwendet.

Speisekammer [Fragen]

[79] Die Mirabelle ist meist klein, rund und gelb und verwandt mit ...
(1) der Aprikose bzw. Marille
(2) der Kirsche
(3) dem Apfel
(4) der Pflaume

[80] Was sind „Kumquats"?
(1) Zitrusfrüchte
(2) Kürbisse
(3) Trauben
(4) Tomaten

[81] „Fussili" findet man häufig in der italienischen Küche. Es sind ...
(1) Pinienkerne
(2) Teigwaren
(3) kleine Muscheln
(4) Meeresschnecken

[82] Einer dieser Speisefische lebt nur im Salzwasser. Es ist der ...
(1) Saibling
(2) Zander
(3) Kabeljau
(4) Lachs

[83] Ein „Kapaun" ist ein ...
(1) seltener Wildvogel
(2) Fisch aus tropischen Meeren
(3) belgisches Starkbier
(4) kastrierter Hahn

[84] Welches dieser Öle hat die dunkelste Farbe?
(1) Kürbiskernöl
(2) Walnussöl
(3) Traubenkernöl
(4) Mohnöl

Speisekammer [Antworten]

[79] ... der Pflaume
Sie wird auch als „Gelbe Zwetschge" bezeichnet und ist eine Unterart der Pflaume (Prunus domestica).

[80] Zitrusfrüchte
Sie sind auch als „Zwergorangen" bekannt, schmecken säuerlich und feinherb und konserviert oft besser als frisch. Kumquats sind reich an Vitamin C, enthalten viel Kalium und sogar etwas Kupfer. In Europa werden sie meist als Garnierung für Desserts oder Drinks verwendet.

[81] ... Teigwaren
Wenn man der Legende glauben darf, wurden „Fussilie", die kurzen, spiralförmigen Nudeln, schon vor 500 Jahren aus Hartweizenmehl hergestellt — damals noch in Handarbeit, heute von Maschinen.

[82] ... der Kabeljau
Der Kabeljau ist ein reiner Salzwasserfisch aus der Familie der Dorsche. Saibling und Zander sind reine Süßwasserfische; der Lachs laicht erst im Süßwasser und wandert dann ins Meer.

[83] ... kastrierter Hahn
Der „verschnittene", also der kastrierte Hahn ist in der Gourmetküche wieder vermehrt gefragt. Das Kastrieren von Geflügel wird aus Gründen des Tierschutzes aber vielfach abgelehnt.

[84] Kürbiskernöl
Es hat eine dunkelgrüne Farbe, weil es aus den gerösteten Kernen einer bestimmten Kürbisart gewonnen wird, ist dickflüssig und aromatisch und wird gerne für Salate und kalte Vorspeisen verwendet. „Steirisches Kürbiskernöl g.g.A." ist eine anerkannte Herkunftsbezeichnung mit Regionenschutz. Alle angeführten Sorten sind hochwertige Speiseöle, die in der feinen Küche vielseitig eingesetzt werden können.

Speisekammer [Fragen]

[85] Auch wenn alle nachstehenden Früchte eine ähnliche Form haben, sind nicht alle Beerenfrüchte. Keine Beerenfrucht ist die ...
(1) Kiwi
(2) Kirsche
(3) Weintraube
(4) Johannisbeere

[86] Die im Handel befindlichen Mehlsorten tragen Typenbezeichnungen. Welche dieser Sorten ist am mineralstoffreichsten?
(1) Type 405
(2) Type 700
(3) Type 1050
(4) Type 1800

[87] Welches Rohprodukt ist die Basis für Popcorn?
(1) Kichererbsen
(2) Goldhirse
(3) Maiskörner
(4) Reiskörner

[88] Was ist der Unterschied zwischen einer Poularde und einem Kapaun?
(1) Die Poularde ist weiblich, der Kapaun ist männlich.
(2) Die Poularde ist jung, der Kapaun deutlich älter.
(3) Der Kapaun kommt aus Frankreich, die Poularde aus Deutschland.
(4) Die Poularde wird meist gebraten, der Kapaun gekocht.

[89] Welche dieser italienischen Käsesorten sollte nicht gereift werden?
(1) Grana
(2) Mozzarella
(3) Bel Paese
(4) Gorgonzola

[90] „Tintenfisch" ist ein Oberbegriff für viele Kopffüßler mit mehren Armen. Wie viele Arme hat ein Oktopus?
(1) 4
(2) Unterschiedlich viele
(3) 8
(4) 10

Speisekammer [Antworten]

[85] ... Kirsche
Sie ist eine Steinobstart, während alle anderen angeführten Früchte zu den Beeren gezählt werden. Alle sind rund oder oval, süß und gesund.

[86] Type 1800
Die Typisierung der Mehlsorten ist nicht in allen Ländern gleich, und die Zahlen sind eher verwirrend. Generell haben Mehle mit einer höheren Typenzahl wegen des höheren Anteils an vermahlener Schale (Kleie) einen höheren Mineralstoffgehalt. Mehl mit niedriger Typenbezeichnung hat aber mehr Klebereiweiß, was für den Backvorgang vorteilhaft sein kann.

[87] Maiskörner
Weltweit wird Popcorn, das aus Amerika kommt, gegessen bzw. genascht, aber nicht jeder weiß, woraus es gemacht wird. Es entsteht durch starkes Erhitzen einer besonderen Maissorte, dem so genannten „Puffmais".

[88] Die Poularde ist weiblich, der Kapaun ist männlich
Beides sind Mastgeflügelarten, aber mit einem wesentlichen Unterschied: Der Kapaun ist ein kastrierter Hahn. Aus Gründen des Tierschutzes wird die Kastration von Geflügel weitgehend abgelehnt, daher ist die Verbreitung stark reduziert. Die Poularde ist ein Masthuhn vor der Geschlechtsreife, das speziell gefüttert wird.

[89] Mozzarella
Dieser Frischkäse sollte so frisch wie möglich konsumiert werden. Der Name kommt von „mozzare" = schneiden oder abschneiden. Die wertvollste Qualität wird mit einem hohen Anteil an Büffelmilch erzeugt.
„Bel Paese" ist eine Art Butterkäse, „Gorgonzola" ein Blauschimmelkäse und „Grana" ein Hartkäse.

[90] 8
Nicht alle Tintenfische bzw. Kraken haben gleich viele Arme. So hat ein Kalmar 10 Arme, der Oktopus 8 Arme. Der Begriff „Okt-" schließt in vielen Fällen auf „8".

Speisekammer [Fragen]

[91] Von welchem Meerestier wird Kaviarersatz bzw. „Deutscher Kaviar" gewonnen?
(1) Von der Seeschlange
(2) Vom Seeigel
(3) Vom Seestern
(4) Vom Seehasen

[92] Der „Knurrhahn" ist ...
(1) ein Fisch
(2) eine Hausgeflügelart
(3) ein traditionelles Ostergebäck
(4) ein Wildvogel

[93] Welches Küchengewürz ist auch als „Wanzendill" bekannt?
(1) Bärlauch
(2) Koriander
(3) Liebstöckl
(4) Oregano

[94] Welches dieser Meerestiere gehört nicht zu den Krustentieren?
(1) Prawns
(2) Shrimps
(3) Scampi
(4) Vongole

[95] Von einer Kressesorte werden die Blüten gerne als essbare Dekoration verwendet. Es ist die ...
(1) Winterkresse
(2) Gartenkresse
(3) Kapuzinerkresse
(4) Brunnenkresse

[96] „Landjäger" ist eine beliebte Wurst zur Jause oder zum Imbiss. Für den Fachmann ist es eine ...
(1) Bratwurst
(2) Brühwurst
(3) Kochwurst
(4) Rohwurst

Speisekammer [Antworten]

[91] Vom Seehasen
Echter Kaviar kommt bekanntlich vom Stör oder einem seiner Verwandten und ist sehr teuer. Wesentlich günstiger liefert der weibliche Seehase eine große Menge an Rogen. Der eher plumpe Bodenfisch ist auch als „Lump" oder „Lumpfisch" bekannt. Er lebt vor allem im nördlichen Atlantik. In Island gilt dieser Kaviarersatz als „Perles du Nord".

[92] ... ein Fisch
Er ist als „Seehahn", „Seeschwalbe", „Seekuckuck" und „Petermann" bekannt; die korrekte Bezeichnung ist allerdings „Roter - " oder „Grauer Knurrhahn". Der Meeresfisch ist wohlschmeckend, zählt aber nicht zu den Fischschönheiten.

[93] Koriander
Diese interessante Doppelwürze wird als grünes Kraut besonders in der asiatischen Küche verwendet. Die getrockneten Samenkörner des ausgewachsenen Doldengewächses finden vielseitige Anwendung in Backwerken, Wurstwaren und Getränken.

[94] Vongole
Diese Venusmuscheln werden zu den Schalentieren gerechnet. Allerdings sind die Einteilungen nicht immer ganz eindeutig. „Vongole" zählen zu den beliebtesten Muschelarten und werden zum Beispiel sehr gerne mit Pasta serviert.
Prawns, Shrimps und Scampi haben eine Kruste.

[95] ... Kapuzinerkresse
Sie hat eine besonders schöne Blüte, die auch gerne für Salate und Vorspeisen verwendet wird. Außerdem sind ihre Blätter, Knospen, Blüten und Samen essbar.

[96] ... Rohwurst
Würste sind Zubereitungen aus zerkleinertem Fleisch, Speck, Salz, Gewürzen und weiteren Zutaten. Typische Beispiele für die bekanntesten Arten: Bratwürste, die in der Pfanne oder auf dem Grill gegart werden; Brühwürste, z. B. „Frankfurter" bzw. „Wiener"; Kochwürste, z. B. Blut- und Leberwürste. „Landjäger" sind geräucherte und luftgetrocknete Rohwürste. Sie sind besonders in Süddeutschland, Österreich und in der Schweiz bekannt und beliebt.

Speisekammer [Fragen]

[97] Eine dieser Nusssorten wird immer geschält angeboten, weil die Schale zu hart zum Aufbrechen ist. Es handelt sich um ...
(1) Macadamias
(2) Mandeln
(3) Pistazien
(4) Cashews

[98] Welche tropische Frucht ist ohne Schale klein, glatt und glitschig?
(1) Karambole
(2) Litschi
(3) Kiwi
(4) Mango

[99] Die meisten Gewürze gibt es in verschiedenen Formen. Welches kauft man am besten in Fäden?
(1) Lorbeer
(2) Dill
(3) Safran
(4) Vanille

[100] Unerlässlich für die Herstellung von Pesto ist ...
(1) Petersilie
(2) Schnittlauch
(3) Dill
(4) Basilikum

[101] Für welchen Käse ist die Stadt Olmütz bekannt?
(1) Liptauer
(2) Quargel
(3) Tilsiter
(4) Graukäse

[102] Von frischem Ingwer werden meistens verwendet die ...
(1) Wurzeln
(2) Blättern
(3) Blüten
(4) Samen

Speisekammer [Antworten]

[97] Macadamias
Sie zählen zu den teuersten Nüssen und könnten mit einem normalen Nussknacker nicht gebrochen werden. Maschinen erledigen die Arbeit.
Mandeln und Pistazien kann man knacken; Cashews kommen geschält auf den Markt, weil sie eigentlich keine Nüsse, sondern Teile der Cashew-Äpfel sind.

[98] Litschi
Ihre Schale ist hart und muss entfernt werden; dann ist die Frucht saftig, süß und wohlschmeckend.
Kiwis und Mangos werden meistens geschält; Karambole (Sternfrüchte) haben eine essbare Schale.

[99] Safran
Es sind nicht „irgendwelche" Fäden, sondern die Stempelfäden einer besonderen Krokus-Art, die in mühseliger Handarbeit gewonnen werden. Safran gilt deshalb als das teuerste Gewürz der Welt. Bei den horrenden Preisen darf man sich über Fälschungen nicht wundern. Wenn Safran in Fäden und nicht gemahlen gekauft wird, kann man die Echtheit und die Qualität eher beurteilen.

[100] ... Basilikum
Pesto, eine ungekochte Würzsauce, ist eine wichtige Zutat für Pasta in der italienischen Küche. Die bekannteste Art kommt aus Ligurien. Zu frischem Basilikum, Pinienkernen und Olivenöl kommen meist noch Knoblauch, geriebener Parmesan und natürlich Salz.

[101] Quargel
Olmütz ist eine Stadt in Mähren (Tschechien); ihre regionale Spezialität ist „Olmützer Quargel", ein Sauermilchkäse aus Kuhmilch mit Rotschmiere. Wie jeder Sauermilchkäse hat Quargel ein säuerlich-pikantes Aroma und einen markanten Geruch. Der Käse ist nicht lange haltbar.

[102] ... Wurzeln
Ihr Geruch und Geschmack sind angenehm aromatisch und würzig bis scharf. Sie werden sehr vielseitig verwendet, z. B. in der Küche und als Medizin.

Speisekammer [Fragen]

[103] Welches Mehl wird aus der Knolle des „Manioks" gewonnen?
(1) Sago
(2) Pfeilwurz
(3) Tapioka
(4) Mondamin

[104] Eine Frucht aus der Familie der Nachtschattengewächse, die botanisch mit dem Tabak verwandt ist, ist ein sehr beliebtes Gemüse. Es ist ...
(1) die Erbse
(2) der Spinat
(3) der Blumenkohl (Karfiol)
(4) die Tomate

[105] Das Gewürz „Safran" wird gewonnen aus ...
(1) den getrockneten Blüten einer Blume
(2) der Rinde eines tropischen Strauches
(3) den getrockneten Beeren eines Busches
(4) den Wurzelknollen einer Pflanze

[106] Welches Würzkraut verbirgt sich hinter dem Synonym „Maggikraut"?
(1) Waldmeister
(2) Liebstöckl
(3) Rosmarin
(4) Koriander

[107] Aus der italienischen Küche nicht wegzudenken ist ein Gewürz, das auch als „wilder Majoran" bezeichnet wird. Gemeint ist ...
(1) Thymian
(2) Pimpernelle
(3) Oregano
(4) Melisse

[108] Die „grüne Rauke" ist besser bekannt als ...
(1) Rucola
(2) Löwenzahn
(3) Mangold
(4) Sauerampfer

Speisekammer [Antworten]

[103] Tapioka
Maniok ist eine tropische Pflanze, aus der das Tapioka-Mehl gewonnen wird. Der Ursprung der Pflanzenart aus der Familie der Wolfsmilchgewächse ist in Südamerika.
Alle vier Produkte sind Bindemittel in der Küche für verschiedene Verwendungen.

[104] ... die Tomate
Die Verbindungen und Verwandtschaften in der Botanik sind für den Laien voller Überraschungen!

[105] ... den getrockneten Blüten einer Blume
Unmengen von Blütennarben des „Safrankrokus" werden für das Gewürz geerntet und getrocknet. Es gilt als das teuerste Gewürz der Welt. Angaben darüber, wie viele Blüten für ein Kilo gebraucht werden, gehen weit auseinander. Zwischen 80.000 und 200.000 sollen es sein, und ein Pflücker schafft nicht mehr als etwa 60 bis 80 Gramm am Tag.

[106] Liebstöckl
Der Name entstand wohl durch die Geruchs- und Geschmacksähnlichkeit des Krautes mit der bekannten Suppenwürze. Liebstöckl ist allerdings nicht in der braunen Würzsauce enthalten.

[107] ... Oregano
Schon vor etwa 400 Jahren wurde er in der italienischen Küche nachgewiesen. Sehr unkompliziert im Anbau und weitgehend winterhart ist das Würzkraut in vielen Gärten zu finden. Undenkbar, wenn Oregano auf der Pizza oder im Sugo fehlen würde!

[108] ... Rucola
Heute wird fast nur noch dieser Name verwendet. Im deutschsprachigen Raum war die Pflanze ursprünglich als „Rauke" bekannt. Obwohl in ganz Mitteleuropa seit Langem heimisch, werden die grünen Blätter der italienischen Küche zugeordnet. Rucola sorgt in Salaten und kalten Vorspeisen für einen würzigen, pikanten Geschmack.

Speisekammer [Fragen]

[109] „Rambutans" sind tropische Früchte mit weichen Stacheln. Geschält schmecken sie wie ...
(1) Kiwis
(2) Durians
(3) Guaven
(4) Litschis

[110] Mehr als die Hälfte der Weltbevölkerung ernährt sich von Reis, von dem es viele verschiedene Sorten gibt. Wie viele sind es wohl?
(1) Mehr als 700
(2) Mehr als 2.000
(3) Mehr als 5.000
(4) Mehr als 7.000

[111] Welcher italienische Käse wird nicht hauptsächlich aus Milch, sondern aus Molke hergestellt?
(1) Gorgonzola
(2) Ricotta
(3) Mozzarella
(4) Mascarpone

[112] „Tofu" ist ein rein pflanzliches Nahrungsmittel. Es wird gewonnen aus ...
(1) Reis
(2) Mais
(3) Soja
(4) Weizen

[113] Welcher dieser Meeresfische ist kein Plattfisch?
(1) Flunder
(2) Scholle
(3) Heilbutt
(4) Merlan

[114] Neben Süßwasser-, Salzwasser- und Brackwasserfischen gibt es auch sogenannte „Wanderfische". Kein Wanderfisch ist der ...
(1) Anglerfisch
(2) Lachs
(3) Aal
(4) Maifisch

Speisekammer [Antworten]

[109] ...Litschis
Die weichstachelige Schale sieht so ähnlich aus wie die der Edelkastanien, ist allerdings dunkelrot. Wenn man die Schale entfernt hat, erhält man eine Frucht, die ähnlich wie Litschis schmeckt.

[110] Mehr als 7.000
Der Großteil wächst in Südostasien als ein Sumpfgewächs, aber bei genügend Wärme und Feuchtigkeit gedeiht er auch in anderen Ländern. Den Botanikern sind mehr als 7.000 Arten Reis bekannt.

[111] Ricotta
Die verwendete Molke (Süßmolke) ist ein Restprodukt von der Herstellung anderer Käsesorten. Sie enthält zwar kein Kasein mehr, aber andere Proteine. Durch diese nicht alltägliche Herstellungsmethode entsteht der fettarme Ricotta, der für pikante Füllen oder süße Nachspeisen verwendet wird.

[112] ... Soja
Über den historischen Ursprung von Tofu ist nur sehr wenig bekannt, obwohl er schon im 2. Jahrtausend v. Chr. in China bekannt war. Er wird aus einem weißen Sojabohnen-Teig hergestellt, der bei der Gerinnung von Sojamilch entsteht. Der daraus entstehende Quark (Topfen) wird anschließend zu Blöcken gepresst. Das Verfahren ist ähnlich wie bei der Gewinnung von Käse aus Milch.

[113] Merlan
Dieser bedeutende Speisefisch ist ein Rundfisch aus dem Salzwasser und auch als „Wittling" bekannt. Plattfische kommen in allen Meeren vor, vom kalten Polarmeer bis zum Pazifik. Die meisten Arten gelten als delikate Speisefische

[114] ... Anglerfisch
Er ist auch bekannt als „Seeteufel" oder „Lotte" und lebt nur im Meer, z. B. im Atlantik und im Mittelmeer. Unterschiedlich lange Zeiten verbringen Wanderfische im Süß- und im Salzwasser, und manche machen lange Reisen im Meer.

Speisekammer [Fragen]

[115] Worin unterscheiden sich Hummer und Langusten beim ersten Hinschauen?
(1) Es gibt keinen optischen Unterschied, nur die Herkunft zählt
(2) Hummer haben größere und stärkere Scheren als Langusten
(3) Langusten sind meist grau, Hummer rot
(4) Langusten haben große Scheren, Hummer lange Fühler

[116] Aus welchem Rohstoff wird billiger Gärungsessig meistens gemacht? Aus ...
(1) Branntwein
(2) Kartoffeln
(3) Äpfeln
(4) Karotten

**[117] Gemüse wird in verschiedene Gruppen unterteilt, so zum Beispiel auch in „Fruchtgemüse".
Welche Sorte gehört nicht in diese Klasse?**
(1) Tomaten
(2) Zucchini
(3) Erbsen
(4) Mangold

[118] Eine dieser Obstsorten reift nach der Ernte nicht mehr nach. Es sind die...
(1) Birnen
(2) Aprikosen bzw. Marillen
(3) Kirschen
(4) Äpfel

[119] Unter dem englischen Namen „Brussels Sprouts" weithin bekannt ist ...
(1) Romanesco
(2) Rosenkohl (Sprossenkohl)
(3) Blumenkohl (Karfiol)
(4) Wirsingkohl

[120] Die chinesischen „Glasnudeln" werden natürlich nicht aus Glas hergestellt, sondern aus ...
(1) Algen
(2) Weizen
(3) Mungobohnen
(4) Kartoffeln

Speisekammer [Antworten]

[115] Hummer haben größere und stärkere Scheren als Langusten
Langusten hingegen haben lange „Antennen" oder Fühler. Beide kommen in in etlichen Unterarten vor und leben in verschiedenen Weltmeeren. Hummer und Langusten zählen zusammen mit unzähligen weiteren Arten zu den „Zehnfußkrebsen".

[116] ... Branntwein
Gärungsessig wird aus verschiedenen Rohstoffen gewonnen, denn alles, was zucker- oder stärkehaltig ist, kann in Alkohol umgewandelt werden. Billigprodukte werden meist aus billigem Branntwein oder Weingeist erzeugt. Nach der alkoholischen Gärung findet die Essiggärung statt. Der entsprechend verdünnte Alkohol wird in einem sogenannten „Acetator", vermischt mit Essigbakterien und Sauerstoff, durch Düsen gepresst. Nach dem Erreichen der erwünschten Stärke wird gefiltert, pasteurisiert, mit Zuckercouleur gefärbt u.s.w.

[117] Mangold
Er gehört zum Blattgemüse. Gemüse wird meist nach den verwendbaren Pflanzenteilen unterschieden in Wurzel- bzw. Knollen-, Zwiebel-, Stängel-und Sprossen-, Blatt-, Blüten und Fruchtgemüse.

[118] ... Kirschen
Die meisten Früchte werden früh, noch vor ihrer optimalen Reife, geerntet. Während des Transports und in den Lagerhäusern findet eine Nachreifung statt, Kirschen jedoch werden vollkommen reif gepflückt.

[119] ... Rosenkohl (österr.: Sprossenkohl)
Übersetzt sind es die „Brüsseler Sprossen".

[120] ... Mungobohnen
Die Basis für die Herstellung ist die aus den Mungobohnen gewonnene Stärke. In manchen asiatischen Ländern werden Glasnudeln auch aus Reisstärke gemacht.

Speisekammer [Fragen]

[121] Unter welchem Namen sind die Samen der Flachspflanze bekannt, die auch in unserer Ernährung zu finden sind?
(1) Haferflocken
(2) Mohn
(3) Heidenmehl
(4) Leinsamen

[122] „Zimt" ist ein Gewürz, das bei uns vor allem für Süßspeisen verwendet wird. Die eigentliche Würze kommt von ...
(1) den Zweigen verschiedener Sträucher
(2) der Rinde des Zimtbaumes
(3) den Wurzeln junger Zimtsträucher
(4) den Blüten und Knospen der Zimtfrucht

[123] Welche Samen eines Baumes werden in einem italienischen „Pesto" verarbeitet?
(1) Pinienkerne
(2) Walnusskerne
(3) Zirbenkerne
(4) Pistazienkerne

[124] Wie wird Sauerkraut gemacht und konserviert?
(1) Nur durch die Zugabe von Salz und Kümmel
(2) Durch kurzes Erhitzen mit Essig
(3) Durch alkoholische Gärung
(4) Durch Milchsäuregärung

[125] Eine der teuersten Fleischsorten kommt vom „Kobe-Rind". Wie heißt die Rinderrasse?
(1) Galloway
(2) Fjällko
(3) Wagyu
(4) Zebu

[126] Welche Frucht nennt man auch die „Kapstachelbeere"?
(1) Dattel
(2) Lyches
(3) Physalis
(4) Kiwi

Speisekammer [Antworten]

[121] Leinsamen
Die Samen des Flachses haben je nach Sorte eine braune oder gelbe Schale und schmecken leicht nussig. Sie enthalten etwa 40 Prozent sehr wertvolles Fett, das Leinöl. In der gesunden Küche sind sie sehr gefragt, denn sie haben etliche positive Auswirkungen auf die Gesundheit.

[122] ... der Rinde des Zimtbaumes
Angeblich wurde Zimt bereits 3.000 v. Chr. in China als Gewürz verwendet. Für die Gewinnung braucht man die Rinde des Zimtbaumes; das Aroma geht hauptsächlich auf das darin enthaltene Zimtöl zurück. Mehrere asiatische Länder produzieren Zimt in unterschiedlichen Qualitäten.

[123] Pinienkerne
Die Pinie ist eine Kieferart, die am Mittelmeer wächst; ihre Kerne befinden sich in den Zapfen.

[124] Durch Milchsäuregärung
Diese Methode war schon im alten China, bei den Römern und im antiken Griechenland bekannt. Das Konservieren von Lebensmitteln hat eine lange Tradition und dient unter anderem der Vorratshaltung.

[125] Wagyu
Das „Kobe-Beef" gilt als das teuerste und exklusivste Rindfleisch der Welt. In Europa liegen die Preise pro Kilo etwa bei 100 bis 300 Euro, in Japan deutlich darüber. Das Fleisch gilt als besonders zart, ist fein und gleichmäßig marmoriert und hat nur eine geringe Fettauflage. In Japan erhalten die Rinder eine besondere Fütterung, Massagen und sogar musikalische Unterhaltung. Inzwischen wird die Rasse auch in Europa, den USA und Australien gezüchtet.

[126] Physalis
Warum die Frucht diesen Namen erhalten hat, ist nicht bekannt, denn sie ist weder stachlig noch stammt sie vom Kap. Allerdings wird sie in Südafrika im großen Stil angebaut. Ihre ursprüngliche Heimat sind die Anden, daher kennt man sie auch als „Andenbeere" oder „Inkapflaume". Sie kommt in eine Pergamentschicht „eingetütet" auf den Markt. Besonders beliebt ist die Frucht als Dekoration für Desserts und Drinks.

Speisekammer [Fragen]

[127] Sie ist zwar nicht sehr süß, sieht aber als Dekoration für ein Dessert oder einen Drink gut aus. Wenn sie in Scheiben geschnitten wird, ist sie sternförmig, die ...
(1) Guave
(2) Karambole
(3) Rambutan
(4) Durian

[128] Echter „Aceto Balsamico" kommt aus der italienischen Region ...
(1) Emilia-Romagna
(2) Lombardei
(3) Latium
(4) Ligurien

[129] Als „Nachtschattengewächs" hat unsere Tomate einige eigenartige Verwandte. Nicht verwandt ist sie mit ...
(1) Tollkirschen
(2) Tabak
(3) Kartoffeln
(4) Artischocken

[130] Wann wird in Mitteleuropa der Spargel geerntet?
(1) Von August bis Oktober
(2) Von April bis Juni
(3) Von Mai bis August
(4) Von Februar bis März

[131] Der größte Plattfisch, der in der Küche Verwendung findet, ist ...
(1) der Heilbutt
(2) der Steinbutt
(3) der Rochen
(4) die Flunder

[132] Welches dieser Rohprodukte ist mehrfach konzentriert?
(1) Balsamessig
(2) Olivenöl extra vergine
(3) Tomatenmark
(4) Estragonsenf

Speisekammer [Antworten]

[127] ... Karambole
Da tropische Früchte in ihren Ursprungsländern meistens vor ihrer optimalen Reife geerntet werden, ist nicht immer der volle Geschmack vorhanden, wenn wir sie kaufen können. Aber sie schauen appetitlich und ansprechend aus, wie z. B. die „Karambole", die auch als „Sternfrucht" bekannt ist.

[128] ... Emilia-Romagna
Es gibt zwei „Aceto Balsamico Traditionale": Der bekanntere kommt aus Modena und ein gleich- wertiger aus der Emilia Romagna. Beide haben geschützte Ursprungsbezeichnungen.

[129] ... Artischocken
Sie wird zur Familie der Korbblütler gerechnet. Kartoffeln, Tabakpflanzen und die giftigen Tollkirschen gehören hingegen zu den Nachtschattengewächsen.

[130] Von April bis Juni
Je nach Witterungsverlauf beginnt die Spargelernte im Laufe des Monats April. Die Ernte endet traditionellerweise am Johannistag, dem 24. Juni. Danach brauchen die Pflanzen eine Ruheperiode.

[131] ... der Heilbutt
Alle Plattfische haben eines gemeinsam: Ihre Unterseite ist hell und die obere Seite dunkler und hat unterschiedliche Farben und Muster. Ein Heilbutt kann sehr alt werden und ein Gewicht von über 300 kg erreichen. Das Fleisch der Rochenarten ist übrigens vielfach ungenießbar.

[132] Tomatenmark
Alle angeführten Produkte finden in der Restaurantküche fast tägliche Verwendung.

Speisekammer [Fragen]

[133] So manches Produkt für die Küche hat die Verbraucher in den letzten Jahren in Erstaunen versetzt. Welches dieser Produkte gibt es wirklich?
(1) Parallelfisch
(2) Digitaleiscreme
(3) Konformweizen
(4) Analogkäse

[134] In welchem Land wird am meisten Curry angebaut?
(1) Nirgendwo
(2) In Indien
(3) In Pakistan
(4) In Bangladesch

[135] Die teuersten Gewürze der Welt sind (der Reihenfolge nach) ...
(1) Myrrhe, Vanille, Safran
(2) Vanille, Zimt, Safran
(3) Safran, Rosa Pfeffer, Vanille
(4) Safran, Vanille, Muskat

[136] Von welcher dieser Früchte kann man in einem englischen Delikatessenladen „marmelade" finden?
(1) Kirsche
(2) Pfirsich
(3) Orange
(4) Erdbeere

[137] Was ist eine „Guave"?
(1) Eine Muschelart
(2) Eine Frucht
(3) Ein Fisch
(4) Ein Blattgemüse

[138] Ein veredeltes Milchprodukt, das leicht säuerlich und ziemlich fettreich ist und in halbfester Konsistenz für die feine Küche verwendet wird, ist ...
(1) Crème fraîche
(2) Buttermilch
(3) Joghurt
(4) Pudding

Speisekammer [Antworten]

[133] Analogkäse
Der „Käse", der so oft auf Pizzen liegt oder für Fertiggerichte verwendet wird, stammt nicht aus der Milch von Kühen, Schafen, Ziegen oder gar Kamelen. Aus Wasser, Eiweiß und Pflanzenfett wird etwas hergestellt, das nach Käse schmecken soll und als „Analogkäse" im Sprachgebrauch ist.

[134] Nirgendwo
Curry ist kein Gewürz, das von einer Pflanze stammt, sondern eine Gewürzmischung. Diese wiederum ist von Land zu Land sehr verschieden und bei uns als „Curry-Pulver" bekannt. Die Bezeichnung „Curry" steht aber auch für ein eintopfartiges Gericht.

[135] ... Safran, Vanille, Muskat
Allerdings ist nicht alles, was unter diesen Namen angeboten wird, auch echt. Z. B. gibt es gefärbte Blüten, die vor allem in Urlaubsländern als „Safran" angeboten werden, aber nichts mit dem echten zu tun haben. Vanille ist ohnehin meistens nur ein künstliches Aroma.

[136] Orange
Im Englischen wird deutlich zwischen „marmelade" und „jam" unterschieden. Nur die „Konfitüren" von Zitrusfrüchten, vor allem von Orangen, gelten als „marmelade", alles andere ist „jam" oder „jelly".

[137] Eine Frucht
Sie ist reich an Vitaminen und wertvollen Mineralstoffen. Die Pflanzenart stammt ursprünglich aus Südamerika und wird inzwischen in vielen tropischen Ländern angebaut.

[138] ... Crème fraîche
Der Fettgehalt des Sauerrahmprodukts aus Kuhmilch beträgt mindestens 30 Prozent. Die weiße Creme flockt auch in heißen Speisen nicht aus. Suppen und andere Gerichte können damit vollendet und verfeinert werden. Und wenn man Kräuter, Gewürze oder Knoblauch untermischt, ergibt es eine köstliche Sauce.

Speisekammer [Fragen]

[139] „Grünkern" ist ein Produkt, das unreif geerntet wird. **Aus welchem Getreide?**
(1) Gerste
(2) Dinkel
(3) Roggen
(4) Hafer

[140] Welche dieser Hülsenfrüchte haben den höchsten Anteil an wertvollem Eiweiß?
(1) Erbsen
(2) Bohnen
(3) Sojabohnen
(4) Linsen

[141] Welche dieser italienischen Nudelsorten entspricht etwa unseren Bandnudeln?
(1) Campanelle
(2) Farfalle
(3) Fusilli
(4) Fettuccine

[142] „Käferbohnen" sind ein wichtiger Bestandteil der regionalen Küche in welchem österreichischen Bundesland?
(1) Steiermark
(2) Tirol
(3) Salzburg
(4) Vorarlberg

[143] Italien hat verschiedene bekannte Arten von Hartkäse. Parmesan kommt aus der Region ...
(1) Lombardei
(2) Friaul
(3) Umbrien
(4) Emilia-Romagna

[144] Welches dieser bekannten deutschen Fleischerzeugnisse hat keinen geografischen Ursprungsschutz (g. g. A.)?
(1) Schwarzwälder Schinken
(2) Münchner Weißwurst
(3) Thüringer Rotwurst
(4) Greußener Salami

Speisekammer [Antworten]

[139] Dinkel
Er wird auch „Badischer Reis" genannt und ist das halbreif geerntete Korn des Dinkels, das unmittelbar nach der Ernte künstlich getrocknet wird. Ursprünglich wurde Dinkel vor der Reife geerntet als Reaktion auf Schlechtwetterperioden, durch die Ernten vernichtet wurden. Er ist mit Weizen verwandt.

[140] Sojabohnen
Hülsenfrüchte sind unsere eiweißreichsten Nahrungsmittel, allerdings ist das Eiweiß bei den meisten Sorten nicht vollwertig. Sojabohnen haben deutlich mehr und noch dazu ein sehr hochwertiges Eiweiß. Umgekehrt ist es bei den Kohlenhydraten: Erbsen, Bohnen und Linsen enthalten doppelt soviel wie Sojabohnen.

[141] Fettuccine
Sie ähneln den „Tagliatelle".

[142] Steiermark
Sie werden auch „Feuerbohnen", „Prunkbohnen", „Türkische Bohnen", „Schmink-," oder „Rosenbohnen" genannt und sind Hülsenfrüchte, die zur Familie der Schmetterlingsblütler gehören. Ganz typisch sind die gefleckten, braunen Bohnenkerne in der Steiermark, wo sie zusammen mit dem berühmten Kernöl einen köstlichen Salat ergeben.

[143] ... Emilia-Romagna
Parmesan ist eine der bekanntesten und vielseitigsten Käsearten Italiens. Es gibt Kochbücher, die sich nur mit der Parmesanküche beschäftigen. Außer der Reifedauer beeinflusst vor allem die Jahreszeit, in der die verwendete Milch gewonnen wurde, den Geschmack des Parmesans. Die korrekte Bezeichnung lautet „Parmigiano-Reggiano". Der aus Kuhmilch gewonnene Käse ist mit einem DOP-Siegel (Denominazione d'Origine Protetta = Produkt mit geschützter Herkunftsbezeichnung) geschützt.

[144] Münchner Weißwurst
In der EU gibt es Nahrungsmittel mit „geschützter Ursprungsbezeichnung" (g.U.) und „geschützter geographischer Angabe" (g.g.A.). Es klingt fast unglaublich, dass die bekannte Münchner Weißwurst in keine dieser Gruppen aufgenommen wurde. Das Bundespatentgericht hat den Antrag mit der Begründung abgelehnt, dass die Würste mengenmäßig überwiegend aus anderen Teilen Bayerns und nicht aus München stammen.

Speisekammer [Fragen]

[145] Eines dieser landwirtschaftlichen Produkte Österreichs hat eine geschützte geografische Angabe. Es sind/ist ...
(1) die Donnerskircher Kirschen
(2) die Steirischen Äpfel
(3) der Waldviertler Mohn
(4) die Inntaler Kartoffeln

[146] Wenn in der Küche für besondere Speisen „trockener Wermut" verwendet wird, ist es meistens ...
(1) Carpano
(2) Cinzano
(3) Noilly Prat
(4) Martini

[147] „Beiried" ist der in Österreich gebräuchliche Ausdruck für ...
(1) das Roastbeef
(2) ein T-Bone-Steak
(3) das Lendenstück
(4) die Rinderrippe

[148] Bei der Aufteilung von Schlachtfleisch ist das „Frikandeau" oder „Fricandeau" ein Teil ...
(1) der Stelze bzw. der Haxe
(2) der Keule bzw. des Schlögels
(3) des Karrees bzw. des Rückens
(4) der Schulter

[149] „Basmati" ist eine besonders aromatische Reissorte und kommt vor allem aus dem Gebiet ...
(1) Nordthailand
(2) Java und Lombok
(3) Südvietnam
(4) des Himalajas

[150] „Powidl" ist typisch in der altösterreichischen Küche. Es ist ein Mus von ...
(1) Marillen
(2) Birnen
(3) Äpfeln
(4) Pflaumen

Speisekammer [Antworten]

[145] ... der Waldviertler Mohn
Aus der klein strukturierten österreichischen Landwirtschaft kommen unendlich viele regionale Spezialitäten. Dazu gehört auch der Schlafmohn. Im Unterschied zu Deutschland ist sein Anbau in Österreich erlaubt; er blickt auf eine lange Tradition zurück. „Waldviertler Graumohn" ist durch die EU als „europäische Ursprungsbezeichnung" registriert. Die Gemeinde Armschlag gilt als das niederösterreichische „Mohndorf".

[146] ... Noilly Prat
Zum Kochen wird fast nur weißer, trockener Wermut (Vermouth) verwendet. Durch eine aufwendige Methode der Reifung hat der Noilly Prat ein besonderes Wermutaroma.

[147] ... das Roastbeef
Die Benennung von Fleischteilen ist in Ländern und Regionen recht unterschiedlich. Das „Beiried" ist in Österreich das „Roastbeef" und wird unterschieden in das Niedere und das Hohe Beiried. Das Niedere ist zum Beispiel als „Rumpsteak" geeignet, das Hohe wird meist für die verschiedenen Arten von Rostbraten verwendet. Ein Beiried kann natürlich auch im Ganzen gebraten oder geschmort werden.

[148] ... der Keule (österr.: Schlögel)
Die Bezeichnungen der Fleischteile sind in den deutschsprachigen Ländern sehr unterschiedlich. Beim „Frikandeau" handelt es sich um einen Teil der Keule vom Kalb oder vom Schwein.

[149] ... des Himalajas
Diese Reissorte ist nicht nur sehr aromatisch und wohlschmeckend, sondern auch „in Mode". Sie stammt ursprünglich aus Afghanistan und wird am Fuße des Himalajas angebaut.Der Duft entwickelt sich beim Kochen und Aufquellen der langen Körner.

[150] ... Pflaumen
Die altösterreichische Küche kennt viele Facetten aus der Zeit der K&K-Monarchie. Ungarische, böhmische, slowakische und tschechische Kost ist noch immer populär. Das „Powidl" stammt aus der böhmischen Küche, wird aus getrockneten Pflaumen hergestellt und wird sehr gern für die Süßspeisen „Powidltascherl", „Golatschen (Kolatsche)" oder „Germknödel" verwendet.

Speisekammer [Fragen]

[151] Welche dieser Innereien wird in der Küche nicht verwendet?
(1) Rindsbries
(2) Kalbshirn
(3) Schweinsleber
(4) Hammelnieren

[152] Der Ausmahlungsgrad beim Mehl gibt zum Beispiel Auskunft über ...
(1) die Lagerfähigkeit
(2) den Geschmack
(3) den Anteil an Ballaststoffen
(4) den Verkaufspreis

[153] Die Muskatnuss ist als Küchengewürz sehr bekannt und weit verbreitet. Außer der Nuss kann ein weiterer Teil der Pflanze in der Küche verwendet werden. Welcher?
(1) Muskatrinde
(2) Muskatblüte
(3) Muskatblätter
(4) Muskatwurzeln

[154] In vielen Rezepten wird „Maizena" als Zutat verlangt. Was ist das eigentlich?
(1) Paniermehl
(2) Maisstärke
(3) Kartoffelstärke
(4) Puddingpulver

[155] Es gibt heute so manche „unglaubliche" Delikatesse. Eine der nachstehenden gibt es wirklich. Es ist ...
(1) Betonspeck
(2) Mausmilchjoghurt
(3) Schlangenkaviar
(4) Asphaltschinken

Speisekammer [Antworten]

[151] Rindsbries
Innereien von Schlachttieren erfreuen sich in den regionalen Küchen der Länder sehr unterschiedlicher Beliebtheit. Oft wird von Kopf bis Fuß alles verwertet; manchmal wird auch nur die Nase gerümpft. Ein „Rindsbries" gibt es nicht. Das Bries ist die Wachstumsdrüse (Thymus) des Kalbes, die bei einem ausgewachsenen Rind nicht mehr genießbar wäre.

[152] ... den Anteil an Ballaststoffen
Die Unterschiede beim Mehl in Lagerfähigkeit, Geschmack und Verkaufspreis sind minimal. Bei einem hohen Ausmahlungsgrad ist ein höherer Anteil an Ballast- und Mineralstoffen im Mehl enthalten und macht es somit für unsere Ernährung wertvoller. Die Farbe ist bei hoher Ausmahlung allerdings etwas dunkler; ein solches Mehl ist für Feinbackwaren weniger geeignet. Die Unterschiede in der Ausmahlung kann man an der Packung ablesen: Type 405 hat niedrige Ausmahlung und wenig Ballaststoff; Type 1050 oder höher hat eine hohe Ausmahlung und ist für die Vollwertküche geeignet.

[153] Muskatblüte
Die Muskatblüte, auch als „Macis" bekannt, ist der Samenmantel der Muskatnuss, die wohl in jeder Küche zu finden ist. Damit sich die ätherischen Öle nicht so leicht verflüchtigen, wird die Nuss meistens frisch gemahlen. Getrocknet und gemahlen wird das Gewürz z. B. für Gebäck und Wurstsorten verwendet.

[154] Maisstärke
Das beliebte und viel verwendete Grundprodukt in der Küche hat seit fast hundert Jahren ein eingetragenes Warenzeichen. Es ist ein Stärkemehl aus Mais, das von Eiweiß, Fett und Fasern befreit ist, und wird zum Binden und Andicken von Suppen, Saucen und Desserts verwendet. Es kann im Gegensatz zu Kartoffelstärke und anderen Stärkemehlen länger gekocht werden, ohne dass sich Flüssigkeiten wieder verdünnen.

[155] ... Asphaltschinken
Die Tradition des „Schinkenmachens" ist in der Schweiz sehr verbreitet. Der „Asphaltschinken" kommt aus der Gegend des Neuenburger Juras, aus Travers. In der Nähe gibt es einen Stollen mit natürlichem Asphaltvorkommen, und hier macht ein regionaler Fleischer diese Spezialität. Dafür werden gepökelte Fleischstücke in mehrere Schichten Papier und Folie sehr gut einwickelt und bei einer Temperatur von mehr als 150 °C gegart. Diese Art der Zubereitung entstand in der Zeit, als sich die Bergarbeiten ihr mitgebrachtes Essen auf ähnliche Art erwärmten.

Das Restaurantquiz

**Kategorie: Allerlei rund
um das Essen und Trinken**

Allerlei rund um das Essen und Trinken

Vieles kann man mit dem Begriff „Genießen" unter kulinarischem Aspekt in Verbindung bringen: die Planung eines Essens, den Einkauf, die Zubereitungsmöglichkeiten, die Art des Anrichtens und Servierens usw. Im privaten Haushalt ist es meistens die Hausfrau, die einen Großteil dieser Tätigkeiten erledigt, im kleinen Betrieb vielleicht der Wirt, die Wirtin oder der Alleinkoch.

In diesem Kapitel gibt es ein „Allerlei" aus den Bereichen Essen, Trinken, Kochen, Lagern und Konservieren. Auch das erlaubte Zusetzen von verschiedenen, nicht gesundheitsschädlichen Stoffen gehört hierher. Welche Stoffe das sein können, lesen wir auf den Rückenetiketten verschiedener Lebensmittel, häufig ohne zu verstehen, was wir damit zu uns nehmen. Auf manche Frage bekommen wir in diesem Kapitel des Genießerquiz` eine Antwort.

Allerlei rund um das Essen und Trinken [Fragen]

[1] Für die Einteilung des Schärfegrads von Gewürzen aus Paprikapflanzen gibt es eine Maßeinheit. Es ist die Skala nach ...
(1) Scoville
(2) Viper
(3) Sambal
(4) Smack

[2] Welches ist der Unterschied zwischen „Salmonellen" und „Salmoniden"?
(1) Es gibt keinen Unterschied - ein Begriff ist griechisch, einer lateinisch.
(2) Salmonellen sind Bakterien, Salmoniden sind Fische.
(3) Es sind miteinander verwandte Süßwasserfische.
(4) Salmoniden sind Süßwasser- und Salmonellen Salzwasserfische.

[3] Nach welchem Musiker wurde eine kugelförmige Süßigkeit benannt?
(1) Strauß
(2) Mozart
(3) Bach
(4) Lanner

[4] Mais ist ein wichtiges Nahrungsmittel für die Menschheit. Das Getreide gibt es in Europa seit ...
(1) Anfang des 19. Jahrhunderts
(2) Ende des 17. Jahrhunderts
(3) Anfang des 18. Jahrhunderts
(4) Ende des 15. Jahrhunderts

[5] Das Speisen im Restaurant „à discretion" bedeutet ...
(1) heimlich essen, ohne zu bezahlen
(2) ein Essen in einer besonders vornehmen Gesellschaft
(3) essen, soviel man mag
(4) das Essen von Speisen, welche die eigene Religion nicht erlaubt

[6] Was ist in der Gastronomie eine „Braisière"?
(1) Ein delikater Salzwasserfisch
(2) Eine hohe Kasserolle
(3) Ein Steakhaus
(4) Ein Küchengerät zum Überbacken

Allerlei rund um das Essen und Trinken [Antworten]

[1] ... Scoville
Die Schärfe von Gewürzen, die u. a. aus Paprika- oder Chilipflanzen gewonnen werden, wird nach der Menge an vorhandenem Capsaicin gemessen. Dieser natürliche Inhaltsstoff kann die Schleimhäute reizen und sogar Schmerzen auslösen. Die seit rund 100 Jahren bekannte Mess-Skala ist „Scoville". Früher waren die Einstufungen eher subjektiv, doch heute kann mit modernsten Methoden gemessen werden. Die Tabasco-Sauce ist übrigens die schärfste fertige Würzsauce.

[2] Salmonellen sind Bakterien, Salmoniden sind Fische
Unter den Salmoniden versteht man die Familie der Forellenfische; Salmonellen sind Bakterien, mit denen Lebensmittel manchmal infiziert sind. Auch Salmoniden können Salmonellen haben. Salmonellen kommen vor allem auf ungekochten Zutaten vor, so z. B. auf Fleisch, Geflügel, Fisch oder in/auf Eiern. Sie sind auf Menschen und Tiere übertragbar. Bei Temperaturen über 80 °C werden sie allerdings abgetötet.

[3] Mozart
Die Schokoladenkugeln, die mit Marzipan gefüllt sind, stammen ursprünglich vom Konditormeister Paul Fürst in Salzburg, der sie dem berühmten Komponisten Wolfgang Amadeus Mozart widmete, und wurden Ende des 19. Jahrhunderts von ihm kreiert. Zunächst bezeichnete man sie als „Bomben". Inzwischen gibt es nicht mehr nur das Original, sondern auch zahlreiche Nachahmungen.

[4] ... Ende des 15. Jahrhunderts
Mais wird als Nutzpflanze vor allem zur Ernährung von Menschen und Tierenangebaut. Sein Ursprung liegt wahrscheinlich in Zentralamerika. Christoph Columbus brachte die Pflanze nach Europa, wo in Spanien die ersten Felder mit Mais bepflanzt wurden. In Österreich und einigen Ländern Osteuropas ist das Getreide auch als „Kukuruz" bekannt.

[5] ... essen, soviel man mag
Bei der Bestellung eines Buffets wird ein Pauschalpreis pro Person berechnet.

[6] Eine hohe Kasserolle
Dieses spezielle Kochgeschirr wird für das „Braisieren" verwendet, also das scharfe Anbraten von Fleischstücken mit anschließendem Ablöschen mit einer passenden Flüssigkeit.

Allerlei rund um das Essen und Trinken [Fragen]

[7] Hunderte Lebensmittelzusatzstoffe tragen „E-Nummern". Eine dieser nachstehenden Nummern gehört nicht dazu, der Inhaltsstoff ist höchst gefährlich und giftig. Es ist ...
(1) E 200
(2) E 405
(3) E 620
(4) E 605

[8] Wenn ein Koch vom „Parieren" spricht, dann bedeutet dies:
(1) Fleisch von Sehnen, Fett und anderem befreien
(2) Für Ordnung und Disziplin in der Küche sorgen
(3) Fleisch und Gemüse kurz überbrühen
(4) Fleisch sowie Obst und Gemüse im Kühlhaus streng trennen

[9] Die Bewegung „Slow Food" steht für ...
(1) eine Gegenbewegung zu „Fast Food"
(2) die langsame biologische Produktion von Lebensmitteln
(3) eine biologische Landwirtschaft nach dem Mondkalender
(4) eine Restaurantkette, die alles frisch zubereitet und daher langsam arbeitet

[10] Schnee in Tiefkühlverpackungen ist ein Hinweis darauf, dass ...
(1) das Tiefkühlgut Temperaturschwankungen durchgemacht hat
(2) das Tiefkühlgut zu kalt gelagert wurde
(3) das Tiefkühlgut zu warm gelagert wurde
(4) bei der Verpackung absichtlich Flüssiggas zugesetzt wurde

[11] Welcher dieser berühmten Meisterköche engagierte sich ganz besonders für die „Nouvelle Cuisine"?
(1) Wolfram Siebeck
(2) Paul Bocuse
(3) Auguste Escoffier
(4) Eckart Witzigmann

[12] Jeder Koch verwendet eine der folgenden chemischen Substanzen täglich. Es ist ...
(1) Ammoniumcarbonat
(2) Kaliumhydrogentartrat
(3) Methylcellulose
(4) Natriumchlorid

Allerlei rund um das Essen und Trinken [Antworten]

[7] ... E 605
Es ist ein hochgiftiges Pflanzenschutzmittel, im Volksmund auch als „Schwiegermuttergift" bezeichnet, da es auch zu etlichen Verbrechen benutzt wurde.
E 200 ist Sorbinsäure bzw. ein zugelassenes Konservierungsmittel, in geringer Menge u. a. auch für Wein; E 405 ist ein Verdickungsmittel bzw. Emulgator; E 620 ist der Geschmacksverstärker Glutamat.

[8] Fleisch von Sehnen, Fett und anderem befreien
„Parieren" ist einer der vielen Fachausdrücke in der Küche und bedeutet das Zuputzen von Fleischstücken bzw. das Wegschneiden von Haut, Sehnen und Flaxen. Diese „Abfälle" sind die „Parüren", die für Fonds und Bouillons verwendet werden.

[9] ... eine Gegenbewegung zu „Fast Food"
Diese Vereinigung wurde 1986 in Italien gegründet und zählt inzwischen weltweit mehr als 80.000 Mitglieder, für die das geruhsame und sinnliche Genießen im Vordergrund steht. Es ist eine Gegenbewegung zu „Fast Life".

[10] ... das Tiefkühlgut Temperaturschwankungen durchgemacht hat
Wenn die Kühlkette nicht bei mindestens -18 °C gehalten wird, bildet sich in der Verpackung Kondenswasser, das zu Schneekristallen gefriert. Dabei wird das Gefriergut ausgetrocknet.

[11] Paul Bocuse
Er war hauptverantwortlich für die Verbreitung dieser Richtung.
Escoffier war lange Zeit vorher einer der erfolgreichsten Köche aller Zeiten; Witzigmann war der erste 3-Sterne-Koch Deutschlands; Wolfram Siebeck ist „nur" Hobbykoch und einer der angesehensten und gefürchtetsten Küchenkritiker im deutschsprachigen Raum.

[12] ... Natriumchlorid
jeder Koch, jede Hausfrau verwendet es täglich: das Kochsalz.
„Ammoniumcarbonat" (Hirschhornsalz) ist ein Triebmittel für Lebkuchenteige; „Kaliumhydrogentartrat" ist Weinstein und kann in Backpulver vorhanden sein; „Methylcellulose" ist ein Verdickungsmittel, das zwar kein Koch, aber die Lebensmittelindustrie verwendet.

Allerlei rund um das Essen und Trinken [Fragen]

[13] Wenn ein Restaurant einen „Humidor" bietet, dann ist das ...
(1) eine traditionelle südamerikanische Tanzaufführung
(2) eine mit Cognac verfeinerte Hummercrèmesuppe
(3) ein Behälter zur Aufbewahrung von Zigarren
(4) ein Salzwasserbecken für lebende Schalen- und Krustentiere

[14] Unter „Obi" versteht man in Österreich nicht nur einen Baumarkt, sondern auch ...
(1) ein Bier-Limonade-Mischgetränk
(2) ein einfaches Essen mit Resteverwertung
(3) einen scharfen Schnaps, der schnell getrunken wird
(4) Apfelsaft

[15] „À part" angerichtete Speisen sind ...
(1) separat angerichtet
(2) besonders schön angerichtet
(3) in sehr kleinen Mengen angerichtet
(4) besonders großzügig angerichtet

[16] „Applejack" ist in den USA ...
(1) eine beliebte Apfelsorte
(2) ein Destillat aus Apfelwein
(3) eine Apfelpastete
(4) ein Apfelgelee

[17] Immer öfter liest man den Begriff „Aquafarming". Gemeint ist damit ...
(1) ein Hausbooturlaub
(2) die Bewässerung von Farmen mit einem Walsystem
(3) eine rationelle Zuchtmethode für Fische oder Krustentiere
(4) ein Urlaub auf dem Bauernhof in Meeresnähe

[18] Die „Beefeaters" sind nicht nur die Leibwache der englischen Königin vor dem Londoner Tower. Es ist auch ...
(1) eine Steakhaus-Kette
(2) Tee
(3) der Name für einen Londoner Fleischer
(4) Gin

Allerlei rund um das Essen und Trinken [Antworten]

[13] ... ein Behälter zur Aufbewahrung von Zigarren
Der Name ist vom lateinischen Wort für „feucht" abgeleitet. Im Humidor sollte die relative Luftfeuchtigkeit 68 bis75 Prozent und die Temperatur 18 bis 22 °C betragen.

[14] ... Apfelsaft
Diese Bezeichnung ist gängig in Österreich und in der Schweiz. Eigentlich sind es Markennamen für Apfelsäfte in beiden Ländern. Ein „Obi gespritzt" ist in Deutschland eine „Apfel-Schorle".

[15] ... separat angerichtet
Speisen werden entweder einzeln angerichtet oder einzeln serviert. Beispielsweise wird die Beilage zu einer Hauptspeise nicht zusammen mit dem Fleisch auf dem Teller angerichtet, sondern separat in einer Beilagenschüssel serviert.

[16] ... ein Destillat aus Apfelwein
Er ist vergleichbar mit dem französischen „Calvados", vielleicht nicht ganz so fein, aber auf jeden Fall aus Cider (Apfelwein) gebrannt und stark im Alkohol.

[17] ... eine rationelle Zuchtmethode für Fische oder Krustentiere
Verschiedene Fische sowie Shrimps werden in Becken oder Käfigen gezüchtet, oft bei bedenklichen Mastmethoden und unter Einsatz von Chemikalien und Antibiotika. Das ist eine intensive, aber nicht unbedingt zuträgliche Methode der Züchtung.

[18] ... Gin
Seit dem 19. Jahrhundert gibt es in London eine Ginbrennerei mit diesem Namen, die längst auch international bekannt ist. „Beefeaters" heißen scherzhaft die Torwächter des Tower von London, der nach eigenen Angaben ältesten Leibwache der Welt. Den Namen erhielten die Wachleute angeblich dadurch, dass sie jederzeit Fleisch essen durften, während dieses der armen Bevölkerung nicht möglich war.

Allerlei rund um das Essen und Trinken [Fragen]

[19] Meeresfische, die einen erhöhten Anteil an giftigem Quecksilber aufweisen, stammen vor allem aus der Familie der ...
(1) Heringe
(2) Plattfische
(3) Thunfische
(4) Brassen

[20] Ein „Bouquet Garni" kauft der Küchenchef ...
(1) um Fliegen aus der Küche fernzuhalten
(2) zum Würzen von Suppen
(3) zum Geburtstag der Chefin
(4) zur Dekoration des Buffets

[21] „Laugenbrezeln" sind eine besondere Art von traditionsreichen Backwaren. Welche Lauge spielt dabei eine Rolle?
(1) Sodalauge
(2) Ammoniaklauge
(3) Natronlauge
(4) Salzlauge

[22] Für Gerichte wie zum Beispiel Geschnetzeltes, die aus kleinen Fleischstücken zubereitet werden, ist die Grundzubereitungsart in der Küche das ...
(1) Sautieren
(2) Panieren
(3) Frittieren
(4) Blanchieren

[23] Das Frittieren bzw. Backen von Fleischgerichten in schwimmendem Fett geschieht in der Regel bei einer Temperatur von ...
(1) 100-120 °C
(2) 140-150 °C
(3) 200-240 °C
(4) 160-180 °C

[24] Frische Fische erkennt man beim Einkauf unter anderem an ...
(1) weichem Fleisch und bleibenden Druckstellen
(2) klaren, glänzenden Augen
(3) starkem Fischgeruch
(4) dem Ablaufdatum auf dem Paket

Allerlei rund um das Essen und Trinken [Antworten]

[19] … Thunfische
Je nach Fanggebiet, Fettgehalt und Lebensalter können Fische einen hohen Gehalt an Quecksilber in ihrem Fleisch haben. Am meisten gefährdet sind dabei die Thunfische. Trotzdem gilt Fisch als sehr empfehlenswertes Lebensmittel.

[20] … zum Würzen von Suppen
Dieses Gewürz- und/oder Kräutersträußchen, das Suppen, Fonds oder Saucen würzt, ist in jeder Küche eine wichtige Zutat. Je nach Verwendung werden dafür unterschiedliche Kräuter oder Wurzelgemüse zu einem kleinen Strauß gebunden und in die Flüssigkeit gelegt. Vor dem Servieren wird er entfernt.

[21] Natronlauge
Die aus Hefeteig (Germteig) geformten Brezeln werden vor dem Backen kurz in Natronlauge getaucht. Dadurch haben sie nach dem Backen das besondere Aussehen und den speziellen Geschmack.

[22] … Sautieren
Kleine, meist in Streifen geschnittene Fleischstücke werden für das Geschnetzelte in Fett scharf angebraten: Dieser Vorgang ist das „Sautieren".
„Panieren" ist das Einhüllen in eine Panade; „Blanchieren" ist ein vorbereitendes Kochverfahren wie zum Beispiel das kurze Überkochen von Gemüse in siedendem Wasser oder das Vorbacken von Pommes Frites in heißem Fett; beim „Frittieren" wird das Kochgut in heißem Fett schwimmend fertig gegart.

[23] … 160–180 °C
Unterschiedliche Fettarten vertragen unterschiedlich hohe Temperaturen. Zum Backen von Fleischgerichten in der Friteuse werden besonders hitzebeständige Fette verwendet. Beim Überhitzen von Fetten kann der giftige Stoff Acrolein entstehen; ist die Temperatur beim Frittieren zu niedrig, nimmt das Frittiergut zu viel Fett auf.

[24] … klaren, glänzenden Augen
Durch den hohen Wassergehalt und die lockere Muskulatur ist die Frische bei Fischen besonders wichtig. Neben den klaren und glänzenden Augen sind hellrote Kiemen und festes und elastisches Fleisch dafür ein zuverlässiger Hinweis.

Allerlei rund um das Essen und Trinken [Fragen]

[25] Kann man Lebensmittel, die von Schimmel befallen sind, noch essen?
(1) Nur, wenn man den Schimmel abschöpft
(2) Nur, wenn die Schimmelpilze nicht zu hoch sind
(3) Manche ja
(4) Nein, auf keinen Fall

[26] Welche europäische Stadt bringt man in Verbindung mit der süßen Mozartkugel?
(1) Brüssel
(2) Mailand
(3) Köln
(4) Salzburg

[27] Unter „Tranchieren" versteht man in der Küche oder im Restaurant das ...
(1) fachmännische Zerteilen von Fleischstücken
(2) Abbrennen von Speisen vor dem Gast
(3) Binden von Fleischstücken vor dem Braten
(4) Zerlegen von Fischen in ihre Filets

[28] „Lukullus" wird gerne mit dem Essen und Trinken in Verbindung gebracht. Er war ...
(1) ein König aus der griechischen Mythologie
(2) die römische Gottheit der Fleischhauer
(3) der griechische Gott der Wirte
(4) ein römischer Feldherr

[29] Nach welcher Religion sind Speisen „halal"?
(1) Nach der jüdischen Religion
(2) Nach dem Islam
(3) Nach dem Buddhismus
(4) Nach dem Hinduismus

[30] Wichtige Merkmale bei der Frische von Fischen sind zum Beispiel ...
(1) glänzende, gewölbte Augen
(2) bräunlich-gelbe Kiemen
(3) wenn seine Innereien noch nicht ausgenommen sind
(4) ein intensiver Geruch nach Fisch

Allerlei rund um das Essen und Trinken [Antworten]

[25] Manche ja
Es gibt viele Arten von Schimmelkulturen; manche davon sind sehr erwünscht und machen aus den Rohwaren erst das Produkt, das man erwartet. Salami, bestimmte Schinkenarten und Käse sind bekannte Beispiele dafür. Wenn sich jedoch Schimmel durch zu lange oder unsachgemäße Lagerung bildet, kann man diesen nicht einfach abschöpfen oder wegschneiden; diese Lebensmittel sind meist verdorben.

[26] Salzburg
Diese exquisite Köstlichkeit wurde 1890 von dem Konditor Paul Fürst kreiert. Die Original-Kugel besteht aus grünem Pistazien-Marzipan, umhüllt mit Nougat, und wird in dunkle Schokolade getaucht. Die Original Salzburger Mozartkugeln werden noch immer in der Konditorei Fürst hergestellt und im eigenen Geschäft sowie über das Internet verkauft.

[27] ... fachmännische Zerteilen von Fleischstücken
Tranchiert wird Fleisch oder Geflügel in der Küche, in feinen Restaurants auch am Tisch der Gäste. Fische werden nicht tranchiert, sondern filetiert.

[28] ... ein römischer Feldherr
Er war vor allem wegen seiner üppigen Gastmähler bekannt.

[29] Nach dem Islam
Speisen (aber auch Dinge und Taten), die nach islamischem Recht erlaubt oder zulässig sind, bezeichnet man als „halal". Verboten sind zum Beispiel Alkohol, Schweinefleisch und Blut. Bei Fleisch ist die „Schächtung" der Tiere vorgesehen, eine Tötung durch Ausbluten ohne Betäubung.

[30] ... glänzende, gewölbte Augen
„Dem geschenkten Gaul und dem gekauften Fisch schaut man nicht ins Maul", sagt ein Sprichwort. Beim Fisch sollte man aber vor allem auf die Augen und die Kiemen achten, denn sie können sich recht schnell verändern.

Allerlei rund um das Essen und Trinken [Fragen]

[31] Eines dieser Kräuter ist dafür bekannt, dass es Mundgeruch nach zu viel Knoblauchgenuss lindert. Welches?
(1) Schnittlauch
(2) Dill
(3) Salbei
(4) Petersilie

[32] Welcher Weintyp passt am besten zu Edelpilzkäse wie Stilton, Roquefort oder Gorgonzola?
(1) Edelsüße Südweine
(2) Kraftvolle Rotweine
(3) Spritzige, junge Weißweine
(4) Trockener Sekt

[33] Ein Nahrungsmittel u. a. bewahrte Seefahrer im 18. Jahrhundert vor dem gefürchteten „Skorbut". Es waren/war ...
(1) Enteneier
(2) Dörrpflaumen, in Rum eingelegt
(3) Pumpernickel
(4) Sauerkraut

[34] Westlich des Weinzentrums Bordeaux liegt die Bucht von Arcachon. Dieses Gebiet ist bei Feinschmeckern bekannt für...
(1) seine Fischfarmen
(2) die meisten „Hauben"-Restaurants in Frankreich
(3) Austern
(4) Hummer

[35] Welchen Genuss liefert die Insel Islay?
(1) Wacholderbeeren
(2) Whisky
(3) Hummer
(4) Austern

[36] Jeder Rettich hat eine gewisse Schärfe im Geschmack. Verantwortlich dafür sind ...
(1) Senföle
(2) Pfefferöle
(3) Chiliöle
(4) Kräuteröle

Allerlei rund um das Essen und Trinken [Antworten]

[31] Petersilie
Dabei hat glatte Petersilie meist mehr Geschmack als die gekrauste Variante.

[32] Edelsüße Südweine
Bei der Abstimmung von Wein und Speisen sind einige Grundregeln zu beachten, wenn eine Geschmacksharmonie erzielt werden soll. Gerbstoffreiche Rotweine oder säurereiche Weißweine können mit der fetten Cremigkeit dieser Käsearten nicht harmonieren oder würden sie geschmacklich überlagern. Edelsüße Weine hingegen, wie z. B. edler Portwein, Sauternes oder Trockenbeerenauslesen, harmonieren mit dem Fett und dem enthaltenen Glycerin ganz ausgezeichnet.

[33] ... Sauerkraut
Skorbut war eine gefürchtete Krankheit bei Seefahrern, die durch den Mangel an Vitamin C ausgelöst wurde. Das Mitnehmen von frischem Obst und Gemüse auf langen Reisen war nicht möglich. Als haltbar und relativ vitaminreich erwies sich Sauerkraut.

[34] ... Austern
Die Bucht von Arcachon am Atlantik ist ein Touristenzentrum und zudem für die Austernzucht bekannt. In den zahlreichen Restaurants entlang der Strandpromenade werden vor allem Austern und andere Meeresfrüchte angeboten. Südlich des „Bassin d'Arcachon" bietet sich nach dem Essen die höchste Düne Europas für einen Verdauungsspaziergang an.

[35] Whisky
Auf dem schottischen Hebriden-Eiland leben nur einige tausend Menschen mit vielen Schafen. Die Insel hat aber sieben Whisky-Destillen, die wegen des besonderen Torfs Malt Whiskeys mit dem unverkennbaren Geschmack erzeugen.

[36] ... Senföle
Scharfe ätherische Öle sind für den Geschmack von Rettich, Meerrettich (Kren), Wasabi, Radieschen und Kresse verantwortlich. Senföle sind auch in den Samen der Heilpflanze „Schwarzer Senf" enthalten.

Allerlei rund um das Essen und Trinken [Fragen]

[37] Die Rübe ist ein wichtiger Zuckerlieferant. Wie lange schon?
(1) Seitdem im 17. Jahrhundert Handel über die Seidenstraße betrieben wurde
(2) Seit dem 18. Jahrhundert
(3) Schon die Ägypter bauten Zuckerrüben an
(4) Sie kam mit den Kartoffeln nach der Entdeckung Amerikas zu uns

[38] Welcher Forscher oder Entdecker brachte die Teigwaren nach Italien?
(1) Alexander von Humboldt
(2) James Cook
(3) Marco Polo
(4) Christopher Columbus

[39] „Gambrinus" wird in Verbindung gebracht mit ...
(1) Bier
(2) Käse
(3) Wein
(4) Schinken

[40] Wie viele Sterne sind im „Michelin-Führer"die höchstmögliche Bewertung eines Restaurants?
(1) 2
(2) 3
(3) 4
(4) 5

[41] In Verbindung mit „Genuss" wird auch der Begriff „Ars Vivendi" gerne gebraucht. Was bedeutet er?
(1) Die Fähigkeit zum Genießen
(2) Lebe das Leben
(3) Genieße den Tag
(4) Die Kunst zu leben

[42] Welcher dieser Menschentypen isst im Restaurant üblicherweise am meisten? Ein ...
(1) Gourmet
(2) Connaisseur
(3) Tourant
(4) Gourmand

Allerlei rund um das Essen und Trinken [Antworten]

[37] Seit dem 18. Jahrhundert
Noch im Mittelalter süßte man in Europa mit Honig, später mit importiertem Rohrzucker. Erst Mitte des 18. Jahrhunderts entdeckte ein Berliner Apotheker, dass der Zucker der Rüben mit dem des Zuckerrohrs übereinstimmte. Bald danach begannen die Züchtung und der Anbau von Zuckerrüben in Deutschland, und der Zucker wurde aus den Rüben isoliert. Die erste Zuckerfabrik der Welt entstand in Cunern (Schlesien).

[38] Marco Polo
Es ist zwar nicht eindeutig erwiesen, aber vielfach wird die Auffassung vertreten, dass Marco Polo das Wissen für die Herstellung von Nudeln im 13. Jahrhundert aus China nach Italien brachte. Unabhängig davon gab es möglicherweise schon früher ähnliche Produkte in Südeuropa, Ostasien und Griechenland.

[39] ... Bier
Der legendäre holländische König Gambrinus aus dem 16. Jahrhundert soll der „Erfinder" des Bieres gewesen sein. Allerdings gibt es das Hopfengetränk schon viel länger. Der Name wird noch immer im Zusammenhang mit Bier verwendet, sei es für Sorten oder für Brauereien.

[40] 3
Im Jahr 1900 erschien erstmals der „Guide Michelin" als Touristikführer in Frankreich. Seit 1923 gibt es den „Roten Michelin" als Hotel- und Restaurantführer, und 1926 wurden erstmals Sterne vergeben. Seit 1964 gibt es eine deutsche Ausgabe, seit 1994 eine schweizerische und seit 2005 auch eine Ausgabe für Österreich. Die höchste Bewertung mit drei Sternen bedeutet: „Eine der besten Küchen, also eine Reise wert."

[41] Die Kunst zu leben
Dieser Begriff aus der Philosophie wird in unterschiedlichen Zusammenhängen verwendet; meistens ist die „Lebenskunst" damit gemeint.

[42] ... Gourmand
Im deutschen Sprachgebrauch wird er eher als „Vielfraß" hingestellt. In romanischen Ländern ist er jemand, der zwar viel, aber auch gut isst.
Der „Gourmet Award" ist eine Auszeichnung für besondere Bücher rund um das Thema Essen und Trinken. Auch das Buch „Das Weinquiz" hat diese Auszeichnung bekommen.

Allerlei rund um das Essen und Trinken [Fragen]

[43] Die „Bain-marie" ist in der Restaurantküche ...
(1) das Wasserbad
(2) die Annoncöse
(3) der Abwäscher für Pfannen und Töpfe
(4) ein Behälter für das Trinkgeld der Köche

[44] Was macht der Koch, wenn er Fleisch „pariert"?
(1) Die großen Fleischstücke zerteilen
(2) Fleisch von Sehnen, Flachsen und Fett befreien
(3) Die vorgeschnittenen Portionen nach dem Gewicht kontrollieren
(4) Die korrekte Lagerung des Fleisches im Kühlhaus kontrollieren

[45] Welche Aufgabe hat der „Sous-Chef" in einem Restaurant?
(1) Er organisiert die Bankette
(2) Er vertritt alle Partiechefs in der Küche, die ihren freien Tag haben
(3) Er ist der Vertreter des Küchenchefs in dessen Abwesenheit
(4) Er ist der Stellvertreter des Oberkellners

[46] „Kirschen rot, Spargel tot" sagt der Volksmund. Das offizielle Ende der Spargelernte ist am ...
(1)   1. Juni
(2)   4. Juni
(3) 14. Juni
(4) 24. Juni

[47] Hinter den „E-Nummern" von Lebensmitteln verbergen sich ...
(1) in der EU zugelassene Lebensmittelzusatzstoffe
(2) genormte Verpackungsgrößen
(3) die Energiewerte von Produkten
(4) die Haltbarkeitsangaben von Lebensmitteln

[48] Wenn man im Englischen von „Disgusting Food" spricht, meint man damit ...
(1) Fertiggerichte vom Imbissstand
(2) Ekelspeisen
(3) halbrohe Speisen
(4) neue Kreationen, über die man spricht

Allerlei rund um das Essen und Trinken [Antworten]

[43] ... das Wasserbad
In der Gourmet-Küche hat sie weniger Bedeutung, weil alles möglichst frisch zubereitet wird. Im Gasthaus werden in der „Bain-marie", dem „Bad der Maria", Speisen bis zum Anrichten warm gehalten.

[44] Fleisch von Sehnen, Flachsen und Fett befreien
Der Ausdruck „parieren" ist aus dem Französischen abgeleitet und bedeutet soviel wie „zurechtmachen". Das heißt, die Fleischstücke werden von allen nicht essbaren Teilen wie Fett, Schwarten, Flachsen und Sehnen befreit.

[45] Er ist der Vertreter des Küchenchefs in dessen Abwesenheit
Er sollte auf jeden Fall eine solide Ausbildung und eine entsprechende mehrjährige Praxis haben, um diese Tätigkeit ausüben zu können.

[46] ... 24. Juni
Die „gute" Zeit für den Spargel ist am „Johannistag", dem 24. Juni, vorüber; so gilt dieser Tag als offizielles Saisonende für die Spargelbauern in Mitteleuropa. In manchen Gebieten spricht man auch vom „Spargelsilvester".

[47] ... in der EU zugelassene Lebensmittelzusatzstoffe
Die Zahlencodes zu entschlüsseln ist nicht einfach und erfordert ein ganzes Handbuch. Hinter diesen „Verkehrsbezeichnungen" verbergen sich sämtliche in der EU zugelassenen Zusatzstoffe in Lebensmitteln, egal, ob sie natürlicher, naturidentischer oder synthetischer Herkunft sind. Einfach zu merken sind nur die ersten Ziffern: 1 = Farbstoffe, 2 = Konservierungsstoffe, 3 = Antioxidationsmittel, 4 = Stabilisatoren (Verdickungsmittel).

[48] ... Ekelspeisen
Was für uns als solche gilt, ist für andere vielleicht eine Delikatesse. Dabei kann es eine Blutwurst genauso sein wie geröstete Quallen, Heuschrecken oder die Schwalbennestersuppe.

Allerlei rund um das Essen und Trinken [Fragen]

[49] Was sind „Gastropoden"?
(1) Lebensmittelbakterien
(2) Gastronomieberater
(3) Kriechtiere
(4) Restaurantkritiker

[50] Eine „Brasserie" war ursprünglich ein ...
(1) Spielerlokal, in dem Geld verprasst wurde
(2) Schnellrestaurant
(3) Club für besonders wohlhabende Mitglieder
(4) Restaurant, das zu einer Brauerei gehörte

[51] Was versteht man unter „Retsina"?
(1) Eine tropische Frucht
(2) Einen besonderen Wein
(3) Eine Zubereitungsart für Speisen
(4) Eine asiatische Gewürzmischung

[52] Eine längere Lagerung von Lebensmitteln wurde erst mit der Erfindung der Kältemaschine ermöglicht. Als Erfinder gilt ...
(1) Carl von Linde
(2) Carl von Birke
(3) Carl von Miele
(4) Carl von Siemens

[53] Ein Stück Teig auf der Arbeitsfläche von Hand rund formen nennt der Koch oder Bäcker ...
(1) tournieren
(2) schwingen
(3) mehlen
(4) schleifen

[54] Ein „Römertopf" wird eher nicht in der Restaurantküche, sondern im privaten Haushalt zum Kochen verwendet. Aus welchem Material besteht er?
(1) Glas
(2) Porzellan
(3) Aluminium
(4) Ton

Allerlei rund um das Essen und Trinken [Antworten]

[49] Kriechtiere
Der Name ist zwar verwirrend und nicht sehr geläufig, die Auflösung aber sehr einfach: Gastropoden sind „Mollusken" (Bauchfüßler bzw. Weich- oder Kriechtiere), die sich ohne Hilfe fortbewegen. Für den Gourmet sind es z. B. die Weinbergschnecken.

[50] ... Restaurant, das zu einer Brauerei gehörte
„Brais" ist französisch die „gemahlene Braugerste" (oder Malz), „Brasserie" die Brauerei. Die dazugehörige Schenke hat einer Art Bistro den Namen gegeben, in der einfache Hausmannskost zum Bier angeboten wurde.

[51] Einen besonderen Wein
Wer ihn gekostet hat, kennt auch das besondere Aroma dieses griechischen Weines, dem vor oder während der Gärung das Harz einer besonderen Kiefernart zugesetzt wird. Früher war diese Methode eine Art der Konservierung. Überwiegend weiße Tafelweine von sehr unterschiedlicher Qualität werden zu „Retsina" verarbeitet.

[52] ... Carl von Linde
Funktionierende Kältemaschinen entstanden Ende des 19. Jahrhunderts. Der deutsche Ingenieur Carl Paul Gottfried von Linde entwickelte ein Verfahren zur mechanischen Kühlung. Brauereien und die Lebensmittelindustrie waren am Anfang die größten Nutznießer. Heute ist der Kühlschrank etwas Alltägliches und steht in jeder Küche.

[53] ... schleifen
Der Boden einer Pizza z. B. wird „geschliffen", aber auch Brot wird auf diese Weise für das Backen vorbereitet.

[54] Ton
Vor dem Gebrauch muss der aus Ton hergestellte Römertopf kurz gewässert werden. Er eignet sich besonders gut zur Zubereitung von Speisen im eigenen Saft, vor allem von Fleisch.

Allerlei rund um das Essen und Trinken [Fragen]

[55] Der Gärtner kennt unzählige verschiedene Gurkenarten. Eine der nachstehenden wächst nicht in seinem Garten oder Glashaus. Es ist die ...
(1) Seegurke
(2) Schlangengurke
(3) Thai-Gurke
(4) Fingergurke

[56] Trüffel können inzwischen auch gezüchtet werden. Um die kostbaren Pilze in der Natur zu finden, helfen Tiere mit, so zum Beispiel ...
(1) Gänse
(2) Schweine
(3) Schafe
(4) Esel

[57] Der Zusatz „veccio" bei italienischen Lebensmitteln und Getränken bezieht sich meistens auf ...
(1) die Säure bei Essig und den Alkohol bei Spirituosen
(2) gar nichts
(3) das Alter des Produktes
(4) den Schärfegrad

[58] Beim „Ziselieren" werden in der Küche ...
(1) kleine Einschnitte gemacht
(2) Fleischstücke fachmännisch gebunden
(3) größere Fleischstücke fachmännisch gebunden
(4) Fleischstücke ausgelöst und zugeputzt

[59] Welche französische Stadt gilt als die „Metropole des Senfs"?
(1) Lyon
(2) Bresse
(3) Nantes
(4) Dijon

[60] In der Restaurantküche ist/sind „Brunoise" ...
(1) eine Karamellfarbe aus Zucker zum Färben von Suppen und Saucen
(2) klein geschnittene Würfel aus verschiedenen Rohstoffen
(3) eine braune Sauce für verschiedene Fleischgerichte
(4) eine braune Mehlschwitze zum Binden von Saucen

Allerlei rund um das Essen und Trinken [Antworten]

[55] ... Seegurke
Alle vier angeführten Arten kann man essen. Die „Seegurke" ist allerdings ein niederes Tier, das wohl nur in der asiatischen Küche verwendet wird. Die drei übrigen Arten tragen ihren Namen nach ihrer Herkunft oder ihrer Form.

[56] ... Schweine
In Italien, Frankreich, Spanien und auch in anderen Ländern werden vor allem Schweine darauf abgerichtet, Trüffel zu erschnüffeln. Hunde können es ebenfalls; vor allem: Sie fressen die edlen Knollen nicht gleich.

[57] Das Alter des Produktes
Z. B. ein lange gereifter Balsamessig oder ein Grappa trägt diese Bezeichnung. „Veccio" ist der italienische Ausdruck für „alt". Bei einigen Weinen hat die Angabe die gleiche Bedeutung wie „Riserva".

[58] ... kleine Einschnitte gemacht
Diesen Ausdruck kennt nicht nur der Koch, sondern z. B. auch der Goldschmied. Wenn ganze Fische oder besondere Fleischteile vor dem Braten „zieseliert" werden, vermeidet man das Zerreißen oder Aufspringen der Haut.

[59] Dijon
Der wohl bekannteste und auch pikanteste Senf Frankreichs kommt aus der Hauptstadt der Region Burgund. Wenn Speisen oder Saucen damit zubereitet werden, sind sie auf der Speisenkarte als „Dijonnaise" bezeichnet. Der Dijon-Senf wird aus nicht entölten braunen und schwarzen Senfkörnern gewonnen.

[60] ... klein geschnittene Würfel aus verschiedenen Rohstoffen
Es ist fast immer Gemüse, das in kleine Würfel geschnitten und dann für Suppen, Saucen oder Garnituren verwendet wird.

Allerlei rund um das Essen und Trinken [Fragen]

[61] In Österreich kennt man den Ausdruck „Bummerlsalat". Welcher Name ist dafür bekannter?
(1) Schnittsalat
(2) Kartoffelsalat
(3) Eisbergsalat
(4) Feldsalat

[62] Für welche Speisen ist der „Entremetier" in einer großen Küchenbrigade hauptsächlich zuständig?
(1) Er wechselt zwischen den Abteilungen als Springer
(2) Er portioniert Fleischgerichte
(3) Er bearbeitet Gemüse und andere Beilagen
(4) Er macht kalte Vorspeisen und Platten

[63] Für viele Menschen und auch für Restaurants lautet das Motto „Ars Vivendi". Was bedeutet es?
(1) Die Kunst, zu leben
(2) Den Tag zu genießen
(3) Das Leben zu fordern
(4) Verzichten zu können

[64] Wie nennt man die Dienstleistung, mit deren Hilfe Personengruppen oder Einrichtungen mit fertig zubereiteten Speisen versorgt werden?
(1) Delios
(2) Packetlunch
(3) Fastfood
(4) Catering

[65] Ist eine Speise „bien cuit", bedeutet es für den Restaurantgast ...
(1) gut durchgebraten
(2) gut beraten
(3) gut gespeist
(4) guter Preis

[66] Welches ist in einem amerikanischen Steakhaus die richtige Reihenfolge von „blutig" bis „durchgebraten"?
(1) Well done, rare, medium rare, medium
(2) Rare, medium rare, medium, well done
(3) Medium rare, medium, well done, rare
(4) Medium, well done, rare, medium rare

Allerlei rund um das Essen und Trinken [Antworten]

[61] Eisbergsalat
Unter diesem Namen wird der knackige, bissfeste Kopfsalat meistens angeboten. Die Bezeichnung stammt aus den USA, weil der frisch geerntete Salat in Eisenbahnwaggons transportiert wurde, die mit Eisblocks gekühlt wurden. „Bummerlsalat" sagt man vor allem in Wien und den östlichen Bundesländern Österreichs.

[62] Für Gemüse und andere Beilagen
Wenn das Gemüse nicht verkocht ist und auch die Kartoffeln perfekt zubereitet sind, verdanken Sie das ihm, dem „Entremetier". Zu seinen Tätigkeiten gehören auch die Zubereitung von Teigwaren, diversen warme Vorspeisen und Suppen.

[63] Die Kunst, zu leben
Es ist ein Begriff aus der Philosophie, der sehr unterschiedlich angewandt wird. Im weitesten Sinn hat er auf jeden Fall mit „der Kunst, zu leben" zu tun. Restaurants und Hotels verwenden das Motto für ihre Betriebe.

[64] Catering
Die Belieferung mit Lebensmitteln oder fertigen Speisen ist inzwischen unter diesem englischen Begriff geläufig. Beliefert werden u. a. Schulen, soziale Einrichtungen, Flugzeuge, Sportveranstaltungen und private Veranstaltungen.

[65] ... gut durchgebraten
Dieses Garergebnis sollte man z. B. bei einem Steak möglichst vermeiden. Bei der Zubereitung von großen Fleischstücken ist der französische Fachausdruck eher nicht üblich.

[66] Rare, medium rare, medium, well done
Auch im deutschsprachigen Raum werden für die Garstufen von Steaks die englischen Ausdrücke verwendet. Sie bedeuten Folgendes: „rare" = blutig bis rosa; „medium rare" = rosa oder „englisch"; „medium" = halb durchgebraten; „well done" = durchgebraten.

Allerlei rund um das Essen und Trinken [Fragen]

[67] Bei welcher Temperatur sollte Frischfleisch gelagert werden?
(1) -2 bis 0 °C
(2) 0 bis + 8 °C
(3) 0 bis + 4 °C
(4) +4 bis + 10 °C

[68] Milch wird aus Käse gewonnen durch das ...
(1) Erwärmen der Milch
(2) Homogenisieren der Milch
(3) Schleudern der Milch
(4) Gerinnen der Milch

[69] Welche dieser bekannten Speisen sollte in der Küche „à la minute" zubereitet werden?
(1) Hirschragout
(2) Jungschweinsbraten
(3) Geröstete Kalbsleber
(4) Burgunderbraten

[70] Der Fachausdruck „frappieren" wird nicht nur in der Küche, sondern auch beim Service verwendet. Was ist damit gemeint?
(1) Ein kurzes und kräftiges Schütteln von Flüssigkeiten
(2) Ein kurzes Überkochen von Lebensmitteln
(3) Das Umfüllen von Getränken in Karaffen
(4) Ein rasches Abkühlen mit Eis

[71] Welcher Teig muss vor dem Backen ordentlich „gehen"?
(1) Hefeteig
(2) Brandteig
(3) Blätterteig
(4) Mürbteig

[72] Unter welchem Spitznamen ist der Schiffskoch bekannt?
(1) Antje
(2) Smutje
(3) Heintje
(4) Kokie

Allerlei rund um das Essen und Trinken [Antworten]

[67] 0 bis +4 °C
Die ideale Lagertemperatur für Frischfleisch sollte +4 °C nicht überschreiten. Bei dieser Temperatur kann das Fleisch noch reifen, aber Mikroben werden an der Vermehrung gehindert. Die Lagerzeit ist je nach Fleischart sehr unterschiedlich.

[68] Gerinnen der Milch
Durch Zusatz bestimmter Stoffe wie Lab oder Milchsäurebakterien bei entsprechender Temperatur wird die Milch zur Gerinnung gebracht, was auch als „Dicklegung" bezeichnet wird. Dabei werden aus der Milch die Eiweiß- und Fettbestandteile ausgefällt. Die weitere Verarbeitung ist je nach Käsesorte sehr unterschiedlich.

[69] Geröstete Kalbsleber
„À la minute-Gerichte" werden unmittelbar nach der Bestellung frisch zubereitet. Dies bedeutet eine kurze Garzeit des Fleisches. Ein gutes „Mise en place" („an den rechten Ort gestellt") ist hierbei besonders wichtig.

[70] Ein rasches Abkühlen mit Eis
Im Restaurant oder der Bar wird eine Flasche mit Hilfe von zerkleinertem Eis schnell heruntergekühlt. Auch in der Küche ist es manchmal notwendig, eine Zutat rasch zu kühlen.

[71] Hefeteig
Das „Gehen" ist die Zeit, in der die Hefebakterien genügend Zeit brauchen, um CO^2 (Kohlensäuregas) zu bilden. Die Dauer hängt vor allem von der Temperatur des Raumes ab. Hefeteig, in Österreich als „Germteig" bekannt, wird durch das „Gehen" schön locker.

[72] ... Smutje
Er ist gleichzeitig Seemann und Koch, manchmal auch nur angelernt. Besonders auf kleinen Schiffen ist er eine wichtige Person, denn er ist meistens alleine für alle Mahlzeiten verantwortlich. Wenn auch der Name angeblich von „Schmuddel" abgeleitet wurde, ist die Berufsbezeichnung „Smutje" üblich.

Allerlei rund um das Essen und Trinken [Fragen]

[73] Im Restaurant ist der „Garde-Manger" zuständig für ...
(1) die Garderobe und die Begrüßung der Gäste
(2) die gesamte Küchenbrigade
(3) die Verwaltung des Inventars und die Bestellung der Waren
(4) kalte Vorspeisen und Platten

[74] Bei der Käseherstellung wird der „Bruch" mit einem „Instrument" zerschnitten. Es ist die ...
(1) Käsetrommel
(2) Käsegeige
(3) Käseposaune
(4) Käseharfe

[75] Lakritze wird hergestellt aus ...
(1) Pastinaken
(2) synthetischen Stoffen
(3) Süßholz
(4) Edelkastanien

[76] Der Ölbaum wird schon in der Bibel erwähnt. Was liefert er uns noch immer?
(1) Palmöl
(2) Oliven
(3) Datteln
(4) Palmenblätter

[77] Was ist ein"Stopfei"?
(1) Das Ei einer bedauernswerten Stopfgans
(2) Eine Kugel zum Verschließen einer kleinen Öffnung
(3) Ein Holz-Ei für Handarbeiten
(4) Ein großes, sehr sättigendes Ei

[78] Die Cashew-Nüsse sind eine beliebte Knabberei. Sie sind aber eigentlich nur die Samen ...
(1) der Cashew-Mandel
(2) der Cashew-Kirsche
(3) der Cashew-Birne
(4) des Cashew-Apfels

Allerlei rund um das Essen und Trinken [Antworten]

[73] ... kalte Vorspeisen und Platten
Der Garde-Manger hat einen kühlen Platz in der Küche, denn er ist vor allem für kalte Vorspeisen und Platten und das Kalte Buffet zuständig. In seinem Revier wird auch das Fleisch für den „Rôtisseur" (Bratenkoch) vorbereitet.

[74] ... Käseharfe
Der Käsemeister muss zwar nicht musikalisch sein, aber wenn er die Käseharfe beherrscht, kann er die eingedickte Milch problemlos zum sogenannten „Bruch" zerteilen: Nach dem Gerinnen der Milch werden die Eiweiß- und Fettbestandteile gleichmäßig voneinander getrennt.

[75] ... Süßholz
Die Holländer gelten als Weltmeister im Verzehr von Lakritze. Aber auch in vielen anderen Ländern ist diese Süßigkeit gefragt. Die Rohware für die Herstellung ist Süßholz und kommt aus dem Vorderen Orient und den Mittelmeerländern. Für die Herstellung von Lakritze werden Inhaltsstoffe aus den Wurzeln der Pflanze extrahiert.

[76] Oliven
Er wird in der Bibel wird als „König aller Bäume" bezeichnet und steht für ein gesegnetes Leben. Gemeint ist damit der Olivenbaum, der uns natürlich nicht nur Oliven, sondern auch köstliches und gesundes Öl liefert. Das Palmöl wird aus dem Fruchtfleisch der Ölpalmen gepresst.

[77] Ein Holz-Ei für Handarbeiten
Man kann es nicht essen, obwohl es in Form und Größe einem Hühnerei entspricht. Es wird zum Stopfen von Löchern in Strümpfen oder Kleidern verwendet und ist aus Holz. Ein beleuchtetes Stopfei soll Konrad Adenauer erfunden haben.

[78] ... des Cashew-Apfels
Die köstliche Nuss ist eigentlich gar keine Nuss, sondern eine Steinfrucht, die als Cashew-„Apfel" bezeichnet wird. Das Fruchtfleisch ist nicht lagerfähig, wird aber in den Anbauländern zu Fruchtsäften und Fruchtwein verarbeitet.

Allerlei rund um das Essen und Trinken [Fragen]

[79] Was geschieht im Wesentlichen beim Homogenisieren von Milch?
(1) Der Fettanteil wird feinst verteilt
(2) Der Milch wird ein Teil der Sahne bzw. des Rahms entzogen
(3) Die Milch wird ultrahoch erhitzt
(4) Die Milch wird durch Enzyme haltbar gemacht

[80] Ein Künstler machte die Dose einer Tomatensuppe zu einem Inbegriff der Pop-Art. Wer war es?
(1) Andy Warhol
(2) Paul Gauguin
(3) Christian Ludwig Attersee
(4) Roy Lichtenstein

[81] „Mangold" ist ...
(1) ein Imitat von Edelmetall
(2) eine besondere Auszeichnung für Männer
(3) ein Blattgemüse
(4) das Blattgold in buddhistischen Tempeln

[82] Wenn Kinder oder Erwachsene eine Süßigkeit aus oder mit Süßholz naschen, dann ist/sind es meist ...
(1) Gummibärchen
(2) Kaugummi
(3) Hustenbonbons
(4) Lakritze

[83] Welcher berühmte Sternekoch wurde vor allem durch seine „Molekularküche" bekannt?
(1) Paul Bocuse
(2) Ferran Adrià
(3) Eckart Witzigmann
(4) Johann Lafer

[84] Was im beim Restaurantservice das „Supplément"?
(1) Der Austausch von Beilagen
(2) Die verschiedenen Teller und Tassen für Suppen
(3) Der Suppenservice
(4) Ein Nachservice

Allerlei rund um das Essen und Trinken [Antworten]

[79] Der Fettanteil wird feinst verteilt
Beim Homogenisieren werden unterschiedliche Bestandteile eines Lebensmittels gleichmäßig verteilt. Milch wird dabei bei hohem Druck durch sehr feine Düsen gepresst. Ziel ist es, den mittleren Durchmesser der in der Milch vorhandenen Fettkügelchen stark zu reduzieren. Dadurch kann die Milch nicht „aufrahmen", und wegen der vergrößerten Gesamtoberfläche ist sie besser verdaulich.

[80] Andy Warhol
Er gestaltete die Dose für die amerikanische Campell-Tomatensuppe. Dass ein Künstler einer Suppe zu Weltruhm verhelfen kann, ist schon etwas Besonderes.

[81] ... ein Blattgemüse
Von Kennern wird es sehr geschätzt, das Wintergemüse, das gerne mit Spinat verglichen wird. „Wintergemüse" ist es deswegen, weil es durch Frost noch edler wird. Mangold und Spinat werden zur Familie der Fuchsschwanzgewächse gerechnet. Die Stängel der Blätter waren früher als „Spargel des kleinen Mannes" bekannt.

[82] ... Lakritze
Es gibt viele Namen dafür, z. B. „Bärendreck" in Österreich und Süddeutschland und „Salmiakpastillen" in Norddeutschland. Sie wird in verschiedenen Stärken für Erwachsene und für Kinder hergestellt.

[83] Ferran Adrià
Drei Sterne und wochenlange Wartezeiten auf einen freien Tisch sind Stichwörter, die sich auf das Restaurant „El Bulli" des experimentierfreudigen Inhabers und Kochkünstlers an der spanischen Costa Brava beziehen.

[84] Ein Nachservice
Für viele ist der Begriff „Nachschlag" geläufiger; er bedeutet Ähnliches. Den Nachservice gibt mit oder ohne Aufzahlung im À la Carte-Restaurant, für Hotelgäste in Voll- oder Halbpension hingegen immer ohne Berechnung.

Allerlei rund um das Essen und Trinken [Fragen]

[85] Was verseht man unter dem deutschen „Reinheitsgebot"?
(1) Eine fast 500 Jahre alte lebensmittelrechtliche Vorschrift
(2) Die Kleiderordnung in Großküchen
(3) Die Hygiene-Richtlinien für die Weinherstellung
(4) Die vorgeschriebenen Hilfsmittel zur Reinigung in Lebensmittelbetrieben

[86] Was sind „Fabergé-Eier"?
(1) Mit Gänseleber gefüllte Eier
(2) Gefüllte Schokoladeneier
(3) Die französische Art der „tausendjährigen Eier"
(4) Kleine, nicht essbare Kunstwerke

[87] Rohe und gekochte Eier sehen genau gleich aus. Welche gekocht sind, kann man feststellen, indem man sie ...
(1) vor eine helle Lampe hält
(2) aufschlägt
(3) um die eigene Achse dreht
(4) eine Sinkprobe im Wasser machen lässt

[88] Weizen ist eine der wichtigsten Getreidearten der Welt. Welches Land ist der größte Weizenproduzent?
(1) Brasilien
(2) China
(3) USA
(4) Kanada

[89] Der größte Bananenproduzent der Welt ist ...
(1) Thailand
(2) Brasilien
(3) Indien
(4) China

[90] Mit dem Namen „Lukullus" verbindet man Tafelgenüsse und Schlemmerei. Wer war der Namensgeber?
(1) Ein griechischer Philosoph
(2) Ein ägyptischer Herrscher
(3) Ein Hoflieferant von Kaiser Nero
(4) Ein römischer Feldherr

Allerlei rund um das Essen und Trinken [Antworten]

[85] Eine fast 500 Jahre alte lebensmittelrechtliche Vorschrift
Es ist wirklich schon sehr alt, denn es stammt aus dem Jahre 1516: Das Reinheitsgebot ist eine Verordnung über die damals erlaubten Zutaten zur Bierherstellung. Eigentlich war es damals das „bayerische Reinheitsgebot", das von Herzog Wilhelm IV. in Ingolstadt erlassen wurde.

[86] Kleine, nicht essbare Kunstwerke
Der Name klingt französisch, sodass man leicht an eine Delikatesse denken kann. Carl Peter Fabergé war jedoch ein russischer Juwelier und Goldschmied, der durch seine besonderen Schmuckstücke bekannt wurde, darunter auch opulent verzierte Eier.

[87] ... um die eigene Achse dreht
Sollten gekochte und rohe Eier im Kühlschrank durcheinander geraten sein, kann man sie trotzdem leicht auseinander halten: Ein gekochtes Ei dreht sich schnell und gleichmäßig um die eigene Achse, beim rohen bzw. flüssigen Ei bremst das schwere Dotter die Drehbewegung.

[88] China
Nach Mais ist Weizen das am meisten angebaute Getreide der Welt. Die Jahresernte beträgt etwa 700 Millionen Tonnen. Deutlich an der Spitze liegt China, gefolgt von Indien.

[89] ... Indien
Nach einer Statistik wurden im Jahr 2008 weltweit mehr als 90 Millionen Tonnen Bananen geerntet. Die größten Produzenten sind aber nicht auch die wichtigsten Exporteure, da in manchen Ländern der Eigenbedarf überdurchschnittlich hoch ist. Der größte Exporteur ist das südamerikanische Land Ecuador.

[90] Ein römischer Feldherr
Lucius Licinius Lucullus wurde vor allem für seinen Reichtum und seine grandiosen Gastmähler in Rom bekannt. Bevor er sich nur mehr den leiblichen Genüssen verschrieb, war er ein erfolgreicher römischer Feldherr.

Allerlei rund um das Essen und Trinken [Fragen]

[91] Wann wird in einem fünfgängigen Menü üblicherweise die warme Vorspeise serviert?
(1) Vor der kalten Vorspeise
(2) Direkt nach der kalten Vorspeise
(3) Vor der Suppe
(4) Nach der Suppe

[92] Von Porzellantellern zu essen ist für uns heute eine Selbstverständlichkeit. Das Porzellan wurde „erfunden" in ...
(1) Griechenland
(2) China
(3) Ägypten
(4) Persien

[93] Wenn Speisen oder Getränke im Mund „adstringierend" wirken, kommt das in der Regel durch ...
(1) Tannine
(2) Fette
(3) Säuren
(4) Geschmacksverstärker

[94] Lesen Sie „Gurkenschnee" oder „heißes Eis" auf der Speisenkarte, dann ist es wohl ein ...
(1) Faschings- oder Karnevalsmenü
(2) Bestandteil aus der Molekularküche
(3) Aprilscherz
(4) technisches Problem in der Küche

[95] Die Wasserbadwanne am Buffet ist bekannt als ...
(1) Chaving-dish
(2) Bain-marie
(3) Guéridon
(4) Poissonnière

[96] Was versteht man in der Küche unter „Mise en place"?
(1) Fleisch und Beilagen getrennt auf Platten anrichten
(2) Alle Arbeiten, die einen reibungslosen Kochablauf ermöglichen
(3) Alle Rohstoffe an die richtigen Plätze verteilen
(4) Die genaue Einhaltung der Plätze im Kühl- und Tiefkühlhaus

Allerlei rund um das Essen und Trinken [Antworten]

[91] Nach der Suppe
Sie wird zwischen Suppe und Fisch- oder Fleischgericht serviert. Früher gab es Speisenfolgen von bis zu 13 oder 15 Gängen mit strengen Regeln für die Reihenfolge.

[92] … China
Die Porzellanherstellung wurde im Kaiserreich China um das Jahr 620 entwickelt und lange geheim gehalten. Durch Reiseberichte von Marco Polo erfuhren die Europäer erstmals von chinesischem Porzellan. Erst zu Beginn des 18. Jahrhunderts gelang es in Dresden und Meißen, das erste europäische Porzellan zu produzieren.

[93] …Tannine
Diese unangenehme Empfindung kennen wir von Tee, Kaffee, Kakao und von kraftvollen Rotweinen. Verantwortlich für die „adstringierende", also zusammenziehende Wirkung im Mund sind wasserlösliche Gerbstoffe, die Tannine. Sie werden sehr oft als „Gerbsäure" bezeichnet, sind aber keine Säure.

[94] … Bestandteil aus der Molekularküche
Auch beim Essen muss wohl immer wieder etwas Neues passieren! Um Speisen und Getränke mit völlig neuartigen Eigenschaften zu erzeugen, befassen sich Küchenkünstler auch mit biochemischen und physikalisch-chemischen Prozessen, allgemein bekannt als „Molekularküche". Wie lange diese Technik in der Küche erfolgreich ist, wird sich noch erweisen.

[95] … Chafing-Dish
Da auf einem Buffet meistens kalte und warme Speisen angeboten werden, gilt es, die warmen Gerichte auch warm zu servieren. Das Gerät, das dafür verwendet wird, ist als „Chafing-Dish" bekannt. Es hat dieselbe oder ähnliche Funktion wie die „Bain-Marie".
Ein „Guéridon" ist ein Beistelltisch und eine „Poissonnière" ein Fischkessel.

[96] Alle Arbeiten, die einen reibungslosen Kochablauf ermöglichen
Es ist einer der am häufigsten verwendeten Fachausdrücke in der Gastronomie. Er wird in den verschiedenen Abteilungen der Küche genauso verwendet wie in der Bar oder im Restaurant. Immer geht es um Vorbereitungstätigkeiten, die notwendig sind, um schnell und reibungslos zu arbeiten.

**[97] Welcher Koch ist international als „The Naked Chef"
bekannt?**
(1) Jamie Oliver
(2) Ferran Adrià
(3) Reinhard Gerer
(4) Eckhard Witzigmann

**[98] Wo in Europa entstand in den 1980er Jahren die „Slow
Food-Bewegung"?**
(1) England
(2) Spanien
(3) Frankreich
(4) Italien

**[99] Wenn in Österreich scherzhaft von einer „Beamtenforelle"
gesprochen wird, meint man ...**
(1) einen Kornspitz mit Rollmops
(2) eine Leberkäsesemmel
(3) eine gekochte Wurst
(4) gebackene Fischstäbchen

**[100] In einer großen Küchen gibt es den Posten „Plongeur".
Was ist seine Aufgabe?**
(1) Er geht dem Küchenchef zur Hand
(2) Er spült das Geschirr
(3) Er putzt das Gemüse und kocht vor
(4) Er bereitet das Personalessen zu

**[101] Der Restaurantführer „Gault Millaut" vergibt nicht nur
Hauben. Wer wurde von ihm zum „Koch des 20. Jahrhunderts"
gekürt?**
(1) Dieter Müller
(2) Paul Haeberlin
(3) Eckart Witzigmann
(4) Heinz Winkler

**[102] Was macht den Comic-Helden „Popeye" in seinen
Geschichten so stark?**
(1) Gummibärchen
(2) Spiegeleier
(3) Spinat
(4) Milch

Allerlei rund um das Essen und Trinken [Antworten]

[97] Jamie Oliver
Der Spitzname geht auf seine ersten Kochsendungen zurück und steht für die Einfachheit der Zutaten und Zubereitungen seiner Rezepte. Jamie Oliver kocht in England.
Ferran Adrià kocht in Spanien, Reinhard Gerer in Wien, und der Österreicher Eckhard Witzigmann ist vor allem in Deutschland erfolgreich.

[98] In Italien
Der Begriff „Slow Food" wurde von der gleichnamigen Organisation als Ausdruck für genussvolles, bewusstes und regionales Essen geprägt. Gegründet wurde die Bewegung 1986 in Italien von Carlo Petrini aus Bra im Piemont gegen das uniforme und globalisierte Essen. Der Anlass war die Eröffnung eines Fast-Food-Restaurants an einem historischen Platz in Rom.

[99] … eine gekochte Wurst
In Österreich ist sie meistens als „Knackwurst" oder als „Salzburger" bekannt, in Deutschland auch als „Augsburger", immer ist sie gekocht. Die Erklärung für die Bezeichnung „Beamtenforelle" ist nicht genau bekannt.

[100] Er spült das Geschirr
Aber auch dieser Posten muss gewissenhaft ausgeführt werden. Nur auf einwandfrei sauberem Geschirr kann feines Essen angerichtet werden.

[101] Eckart Witzigmann
Er war der erste „Drei-Sterne-Koch" Deutschlands und 1971 Chefkoch im berühmten Restaurant „Tantris" in München. Witzigmann erweiterte u. a. bei Haeberlin und Bocuse seine Kenntnisse.

[102] Spinat
„Popeye", umgangssprachlich „Glotzauge", ist eine Comic- und Cartoon-Figur, auch als „Spinatmatrose" bekannt. Die Figur entstand Anfang des 20. Jahrhunderts.

Allerlei rund um das Essen und Trinken [Fragen]

[103] Was haben „Bombay Sapphire", „Beefeater" und „Tanqueray Rangpur" gemeinsam? Es sind ...
(1) Gin-Marken
(2) Rinderrassen
(3) Wermutsorten
(4) königliche Wachsoldaten

[104] Wenn man von „Muckefuck" spricht, meint man ...
(1) einen Scherz in der Küche
(2) eine verpatzte Speise
(3) einen Auflauf aus Resten
(4) einen Kaffeeersatz

[105] Welche Frucht galt schon immer als Symbol der Fruchtbarkeit, der Sünde und der Liebe?
(1) Orange
(2) Olive
(3) Traube
(4) Apfel

[106] Der Mensch verbringt viel Zeit mit dem Essen. Wie viele Jahre hat ein 80-Jähriger laut einer Statistik damit verbracht?
(1) 2
(2) 4
(3) 6
(4) 8

[107] In welchem amerikanischen Bundesstaat werden hauptsächlich Kartoffeln angebaut?
(1) Arizona
(2) Idaho
(3) Texas
(4) Ohio

[108] Von welcher Persönlichkeit stammt der Ausspruch „Ein leerer Magen ist ein schlechter Ratgeber"?
(1) Ronald Reagan
(2) Alfred Nobel
(3) Albert Einstein
(4) Konrad Adenauer

Allerlei rund um das Essen und Trinken [Antworten]

[103] ... Gin-Marken
Der Name „Beefeater" alleine wäre verwirrend, denn sie sind wirklich „Bewacher von Krone und Tower" in London, leihen aber auch einem Gin ihren Namen.

[104] ... einen Kaffeeersatz
Man trinkt ihn heute kaum mehr, diesen Ersatz für „echten" Kaffee aus Malz, Feigen, Eicheln, Zichorien und anderen Zutaten, der in „schlechten Zeiten" beliebt war. Der Name hat vermutlich einen historischen Hintergrund: Er könnte während des französisch- deutschen Krieges aus der französischen Bezeichnung „Mocca faux" für „falschen Kaffee" entstanden sein.

[105] Apfel
Einige Früchte gelten als Symbole der Liebe. Wenn dann auch noch von der Sünde gesprochen wird, denkt zumindest ein Christ an Adam und Eva und an den Apfel.

[106] 4
Wenn man nachrechnet, klingt diese Zahl plausibel, da man laut Statistik jeden Tag 1,2 Stunden lang dafür verwendet, zu essen.

[107] Idaho
Der Bundesstaat im Nordwesten der USA liefert etwa ein Drittel der amerikanischen Kartoffelernte und gilt als „Kartoffelstaat". Jeder hat schon einmal „gebackene Kartoffel" in der Schale mit Kräuterbutter oder Sauerrahm gegessen. Sollte dies in Amerika gewesen sein, war es gewiss ein „Baked Idaho".

[108] Albert Einstein
Er gilt als Inbegriff eines Forschers und Genies. Auch er befand: Essen ist wichtig! Ohne Nahrung kann der menschliche Körper nicht überleben, geschweige denn produktiv sein.

Allerlei rund um das Essen und Trinken [Fragen]

[109] Beim Haltbarmachen von Lebensmitteln wird ...
(1) konserviert
(2) fragmentiert
(3) konvertiert
(4) konversiert

[110] Von wem stammt das Zitat „Champagner sollte kalt, trocken und kostenlos sein"?
(1) Airline-Chef Niki Lauda
(2) Baron Philippe de Rothschild
(3) Fürst Metternich
(4) Winston Churchill

[111] Es gab einmal den bekannten Werbeslogan „Heute bleibt die Küche kalt, wir gehen in den..."
(1) Wienerwald
(2) Böhmerwald
(3) Regenwald
(4) Föhrenwald

[112] „Hunger ist der beste Koch" – ein Sprichwort, das noch immer Gültigkeit hat. Es stammt von ...
(1) Napoleon I.
(2) Cicero
(3) Kaiser Nero
(4) Karl dem Großen

[113] Nicht nur in Italien werden Teigwaren „al dente" gekocht. Was bedeutet es wörtlich übersetzt?
(1) Nicht ganz fertig
(2) Zum Zerbeißen
(3) Für den Zahn
(4) Auf einen Biss

[114] Sollte man einmal als „Omnivore" bezeichnet werden, dann bedeutet es, ich bin ein ...
(1) Vorzeigemensch
(2) kleiner Spinner
(3) Hochstapler
(4) Allesfresser

Allerlei rund um das Essen und Trinken [Antworten]

[109] ... konserviert
Das Haltbarmachen durch verschiedenen Methoden und Stoffe verhindert oder verzögert auf physikalische und chemische Weise Zerfallsprozesse bei Lebensmitteln. Für „erhalten" oder „bewahren" steht das lateinische Wort „conservare".

[110] Von Winston Churchill
Von ihm stammen auch die Zitate „Ohne dieKüche meiner Frau wäre ich nie so alt geworden" oder „Sport ist Mord" und andere.

[111] ... Wienerwald
1955 wurde das erste Wienerwald-Restaurant in München eröffnet. Rasch wuchs das Unternehmen zur erfolgreichsten europäischen Restaurantkette. Nach mehreren Wechseln der Eigentümer wird in kleinem Rahmen wieder vorsichtig expandiert.

[112] ... Cicero
Das Zitat ist mehr als 2000 Jahre alt und noch immer von Bedeutung und in Gebrauch. Cicero war ein römischer Philosoph und Politiker, der bis 43 v. Chr. lebte und wirkte.

[113] Für den Zahn
Die Gewohnheit, Teigwaren nicht zu weich, sondern „bissfest, also „al dente" zu kochen, ist inzwischen weit über Italiens Grenzen hinaus bekannt.

[114] ... Allesfresser
Dieser Ausdruck ist im deutschen Sprachgebrauch nicht geläufig. Es ist weder ein Kompliment noch eine Beleidigung. „Omnivore" ist eine wissenschaftlich nicht näher definierte Bezeichnung für Organismen mit einem weitgehend unspezialisierten Nahrungsspektrum: eben die „Allesfresser". Nach dieser Definition werden wir Menschen mit Schaben, Ratten und Schweinen auf eine Stufe gestellt.

Allerlei rund um das Essen und Trinken [Fragen]

[115] Viele Kulturpflanzen kamen aus Amerika nach Europa. So zum Beispiel ...
(1) Kartoffeln, Tomaten und Mais
(2) Hirse, Paprika und Zwiebeln
(3) Karotten, Lauch und Wirsingkohl
(4) Roggen, Rettich und Gurken

[116] Wie werden bei langen Flügen die Speisen in den Flugzeugen erhitzt?
(1) Sie kommen schon heiß in Thermosbehältern an Bord
(2) In Umluftöfen
(3) In Mikrowellengeräten
(4) In Dampfgarern

[117] „Rapunzel" ist nicht nur eine Märchenfigur, sondern auch ...
(1) ein Wurzelgemüse
(2) ein Würzkraut
(3) ein Salat
(4) eine Blume

[118] Ein Schweizer „erfand" den Brühwürfel und kreierte die erste Pulversuppe. Es war...
(1) Maximilian Bircher
(2) Henri Nestlé
(3) Joseph Campell
(4) Julius Maggi

[119] Ein bekannter Amerikaner sagte: „Frauen gehören an den Kochtopf – und der sollte im Schlafzimmer stehen." Von wem stammt dieser Ausspruch?
(1) Frank Sinatra
(2) Sean Connery
(3) Cary Grant
(4) Woody Allen

[120] Fast jeder kennt heutzutage spanische „Tapas". Das Wort bedeutet ...
(1) Häppchen
(2) Deckel
(3) Mahlzeit
(4) Prosit

Allerlei rund um das Essen und Trinken [Antworten]

[115] ... Kartoffeln, Tomaten und Mais
Nach der Entdeckung Amerikas kamen viele bis dahin unbekannte Pflanzen nach Europa. Besonders bedeutende Kulturpflanzen waren für die Europäer die Kartoffeln, der Mais und dieTomaten.

[116] In Umluftöfen
Ein modernes Flugzeug kann jede Form moderner Technik bieten. Vor allem aus Sicherheitsgründen werden die Speisen in einem klassischen Umluftofen aufgewärmt. Viel zu selten denkt man als Passagier darüber nach, welche peniblen Vorbereitungen in der Großküche am Boden dafür notwendig waren, dass das Bordmenü essbar ist.

[117] ... ein Salat
Rapunzel ist eine Märchenfigur der Gebrüder Grimm. In diesem Märchen geht es u. a. um den Appetit auf einen Feldsalat, der deshalb diesen Namen trägt. In Österreich ist der Salat, der sich so köstlich mit Kartoffelsalat verträgt, auch als „Vogerlsalat" bekannt.

[118] ... Julius Maggi
Von ihm stammen die Brühwürfel und Pulversuppen und die flüssige „Suppenwürze". Durch seine wirtschaftlichen Erfolge konnte er Sozialmaßnahmen einführen, die in seiner Zeit noch nicht üblich waren.
Neben Maggi waren auch Bircher und Nestlé Schweizer, Joseph Campell war Amerikaner. Alle sind durch große Leistungen in die Geschichte moderner Lebensmittelproduktion eingegangen.

[119] Woody Allen
So mancher Ausspruch von Prominenten geht in die Geschichte ein. Dieses Zitat stammt von dem bekannten amerikanischen Komiker, Filmregisseur, Autor, Schauspieler und Musiker.

[120] ... Deckel
Warum? Mit Deckeln, auf denen Kleinigkeiten zum Essen serviert wurden, schützte man Sherry- oder Weingläser vor Insekten u. Ä. Heute sind „Tapas" einfache, kleine Imbisse, die zu Getränken gereicht werden; sie können aber auch einen eigenen Speisengang bilden.

Allerlei rund um das Essen und Trinken [Fragen]

[121] In keiner Küche geht es ganz ohne Chemie. Eine Natrium- und Chlorverbindung ist auch dabei. Es ist ...
(1) Geschirrspülmittel
(2) Fettlöser
(3) Kochsalz
(4) Backpulver

[122] Den Roman „Es muss nicht immer Kaviar sein" schrieb ...
(1) Ludwig Anzengruber
(2) Günter Grass
(3) Heinrich Mann
(4) Johannes Mario Simmel

[123] Auf welche Temperatur sollte eine Tiefkühltruhe mindestens eingestellt sein?
(1) -18 °C
(2) -15 °C
(3) -12 °C
(4) - 8 °C

[124] Welches dieser Nahrungsmittel kann man nicht ohne Spezialgeschirr in der Mikrowelle erhitzen?
(1) Rohe Kartoffeln
(2) Ein frisches Ei
(3) Ein Glas Milch
(4) Rohe Zwiebeln

[125] „Rolling Pin" heißt eine Fachzeitschrift. Was versteht man außerdem darunter?
(1) Eine Apfelschälmaschine
(2) Eine Nudelmaschine
(3) Ein Nudelholz
(4) Ein Wasserbad auf Rädern

[126] Was ist ein „Meat-Tenderizer"?
(1) Ein Fleischklopfer
(2) Ein Kühlhaus für Fleischlagerung
(3) Der Fleischer/Fleischhauer in der Restaurantküche
(4) Ein Weichmacher für Fleisch

Allerlei rund um das Essen und Trinken [Antworten]

[121] ... Kochsalz
Es ist in der Natur in großer Menge vorhanden, größtenteils im Meerwasser gelöst (ca. 3 Prozent) und in Salzbergwerken.

[122] ... Johannes Mario Simmel
Das Werk trägt den Untertitel „Die tolldreisten Abenteuer und auserlesensten Kochrezepte des Geheimagenten wider Willen Thomas Lieven" und wurde im Jahr 1960 veröffentlicht. Es geht in dem Roman um einen Bankier, der Geheimagent wurde.

[123] -18 °C
Für eine kurzfristige Lagerung in der Gefrierbox genügt es, wenn es nicht ganz so kalt ist. Für eine Lagerung über mehrere Wochen oder Monate sollte die Temperatur jedoch minus 18 ° C betragen.

[124] Ein frisches Ei
Im Prinzip kann jede wasserhaltige Speise rasch in der Mikrowelle erwärmt werden. Die Strahlen des Mikrowellenherdes arbeiten sehr schnell, allerdings mit gewissen Einschränkungen: Ein frisches Ei in der Schale würde nach kurzer Zeit explodieren.

[125] Ein Nudelholz
Es ist das Küchenwerkzeug, mit dem man Teig auf die gewünschte Dicke und Größe ausrollen kann. In Österreich und Bayern heißt es „Nudelwalker", in der Schweiz „Wallholz" und in Deutschland auch „Rollholz".

[126] Ein Weichmacher für Fleisch
Fleisch kann durch Fermente ziemlich schnell weich und mürbe gemacht werden. Sie sind als Fleischmürbesalz oder „Zartmacher" im Handel und enthalten den Wirkstoff Papain, der in der Papaya vorkommt. Die Fleischstücke werden damit bestreut und können nach 20 bis 30 Minuten in die heiße Pfanne gelegt werden.

Allerlei rund um das Essen und Trinken [Fragen]

[127] Unter welchem Fachbegriff ist die Methode des Garens mit niedriger Temperatur unter Vakuum bekannt?
(1) Sous-vide
(2) Sans-chaude
(3) Semi-freddo
(4) Low-done

[128] Was versteht man unter „umami"?
(1) Eine tropische Frucht
(2) Ein Geschmackserlebnis
(3) Eine asiatische Würzmischung
(4) Eine Austernart

[129] Was macht der Koch mit einem „Zestenreißer"?
(1) Geflügel zerlegen
(2) Flachsen aus dem Fleisch entfernen
(3) Feine Streifen schneiden
(4) Gräten aus dem Fischfilet ziehen

[130] Mit einem modernen Bratenthermometer lassen sich die Kerntemperaturen im Fleisch leicht messen. Ein Rindersteak, das „medium" sein soll, hat in der Mitte die Temperatur von zirka ...
(1) 45-50 °C
(2) 50-55 °C
(3) 55-60 °C
(4) 60-65 °C

[131] Seit dem Jahr 2000 existieren in der EU neue Richtlinien für Qualität und Hygiene in der Gastronomie und in den Lebensmittelbranchen. Unter welcher Abkürzung?
(1) DOCGP
(2) HACCP
(3) VDQS
(4) HSGEU

Allerlei rund um das Essen und Trinken [Antworten]

[127] Sous-vide
Beim Niedrigtemperaturgaren unter Vakuum werden Fleischstücke im Ofen bei einer Temperatur von etwa 65 °C entsprechend länger gegart. Bei einem neuen Verfahren wird das Fleisch vorher in Kunststoffbeuteln vakuumiert, in der Fachsprache als „Sous-vide" bezeichnet.

[128] Ein Geschmackserlebnis
Lange ging die Wissenschaft davon aus, dass der Mensch nur süß, sauer, salzig und bitter als Basisgeschmack erkennen kann. Seit etwa 100 Jahren ist der Geschmack „umami" bekannt, der in Japan erforscht wurde. Das Wort wird übersetzt mit „fleischig und herzhaft, wohlschmeckend".

[129] Feine Streifen schneiden
Der Zestenreißer ist ein praktisches Küchenwerkzeug, mit dem man hauchdünne Streifen von der Orangen- oder Zitronenschale schneidet, die mit ihren ätherischen Ölen ein spezielles Aroma in Speisen bringen.

[130] ... 60–65 °C
Etwa vier Minuten auf jeder Seite angebraten, hat ein Steak in der Mitte einen rosa Streifen und ist ansonsten fast durchgegrillt. Die angeführten Temperaturen sind Richtwerte für die Kerntemperaturen von „very rare" bis „medium"; alles, was darüber liegt, ist schon durchgebraten oder „well done".

[131] HACCP
Hinter dieser Abkürzung steckt ein englischer Begriff, der die wichtigsten Punkte bei der kritischen Analyse und Kontrolle zusammenfasst, die mit Lebensmitteln in Verbindung stehen. „HACCP" bedeutet: „Hazard" = Gefahr; „Analysis" = Analyse; „Critical" = kritisch; „Control" = Kontrolle; „Points = Punkte, auf Deutsch vereinfacht übersetzt mit „Gefahrenanalyse kritischer Kontrollpunkte". Im gastgewerblichen Bereich bezieht sich dies auf alle Tätigkeiten von der Warenannahme über die Vor- und Zubereitung von Speisen bis zur abschließenden Reinigung.

Das Restaurantquiz

Kategorie: Ernährung

Ernährung

„Essen und Trinken hält Leib und Seele zusammen" ist ein altes, sehr bekanntes Sprichwort. Während es früher oft nur darum ging, den Hunger zu stillen, sind wir heute sehr viel kritischer und fragen: „Was essen wir da überhaupt?" Zumindest sollte es so sein.

Wie alle Lebewesen benötigen wir Menschen eine uns entsprechende Grundernährung. Um jedoch gesund und leistungsfähig zu sein und zu bleiben, brauchen wir zusätzlich besondere Nähr- und Wirkstoffe, die wir mit den Nahrungsmitteln zu uns nehmen.

Das sehr komplexe Thema „Ernährung" ist heute wissenschaftlich weit erforscht. In den nachstehenden rund einhundert Fragen und Antworten können natürlich nur Bruchteile dieses Themas angesprochen werden, dafür aber verständlich und in Form einer „leichten Kost".

Ernährung [Fragen]

[1] Welche Art von Zucker ist „Dextrose"?
(1) Rohrzucker
(2) Fruchtzucker
(3) Traubenzucker
(4) Rübenzucker

[2] Lebensmittelzusatzstoffe tragen in der EU E-Nummern. Absolut gesundheitsschädlich ist ein Stoff, der ebenfalls eine E-Nummer trägt. Es ist ...
(1) E 100
(2) E 340
(3) E 400
(4) E 605

[3] Alle Fische enthalten viel wertvolles Protein (Eiweiß), ihr Fettgehalt ist jedoch sehr unterschiedlich. Durchschnittlich am meisten Fett findet sich ...
(1) im Aal
(2) im Karpfen
(3) im Zander
(4) in der Forelle

[4] Die meisten Geflügelarten sind fettarm, jedoch nicht alle. Am meisten Fett im Fleisch hat ...
(1) die Ente
(2) die Pute
(3) die Gans
(4) das Brathuhn

[5] „Joule" ist seit rund 30 Jahren die international gültige Maßeinheit für die Energie. Aber auch der alte Begriff „Kalorie" ist noch gültig. 1 Kilokalorie entspricht etwa ...
(1) 2,8 Kilojoule
(2) 3,0 Kilojoule
(3) 4,2 Kilojoule
(4) 5,2 Kilojule

Ernährung [Antworten]

[1] Traubenzucker
Alle Zuckerarten sind Kohlehydrate, untereilt in Einfach- oder Doppelzucker bzw. Monosaccharide oder Disaccharide. Trauben- und Fruchtzucker gelten als Einfachzucker (Monosaccharide), Rüben- und Rohrzucker als Doppelzucker (Disaccharide).

[2] ... E 605
Dieses äußerst toxische Mittel, das als Insektizid eingesetzt wird, ist im Volksmund als „Schwiegermuttergift" bekannt.
„E 340" ist ein Stabilisierungsmittel, „E 400" ein Verdickungsmittel und „E 100" eine Lebensmittelfarbe für gelb.

[3] ... im Aal
Die Mittelwerte für 100 Gramm essbaren Anteil liegen beim Aal bei etwa 26 Prozent, beim Karpfen bei etwa 7 Prozent, bei der Forelle bei etwa 2 Prozent und beim Zander bei etwa 1 Prozent. Diese Werte können nach Herkunft und Art der Haltung und Fütterung differieren.

[4] ... die Gans
Je nach Fütterung und Fleischteil variieren die Fettanteile bei den einzelnen Geflügelarten: Bei der Gans sind es 20 bis 30 Prozent, bei der Ente 8 bis 14 Prozent, bei der Pute 2 bis 15 Prozent, beim Brathuhn 2 bis 10 Prozent. Allgemein haben die Brustteile deutlich weniger Fett als die Schenkel bzw. Keulen.

[5] ... 4,2 Kilojoule
Seit 1978 ist „Joule" die offizielle Maßeinheit für den Brennwert. Bei der Ernährung bedeutet das die Menge an Energie, die durch die Verbrennung der Nährstoffe (Fett, Eiweiß und Kohlehydrate) freigegeben wird. Die einfache Umrechnung: 1 Kilokalorie = 4,2 Kilojoule; umgekehrt: 1 Kilokalorie = 0,239 Kilojoule; grob gerechnet 4:1 bzw 1:4.

Ernährung [Fragen]

[6] Sättigungsbeilagen haben unterschiedlich viele Kalorien, auch wenn sie ganz ohne Fett zubereitet werden. Am wenigsten Kalorien pro 100 Gramm hat/haben ...
(1) Hirse
(2) Reis
(3) Nudeln
(4) Kartoffeln

[7] Welcher dieser Eiweißstoffe ist besonders in hochwertigem Fleisch vorhanden?
(1) Gluten
(2) Kasein
(3) Kollagen
(4) Albumin

[8] Eine dieser Früchte ist für den Menschen giftig. Es ist die ...
(1) Schattenmorelle
(2) Maraskakirsche
(3) Vogelkirsche
(4) Tollkirsche

[9] Welches dieser Vitamine ist wasserlöslich?
(1) B
(2) A
(3) E
(4) K

[10] Eines dieser Gerichte könnte auch ein strenger Vegetarier essen. Es ist ...
(1) Moussaka
(2) Ratatouille
(3) Tiroler Gröstl
(4) Irish Stew

[11] Die vegetarische Ernährung kennt verschiedene Formen. Am großzügigsten bei der Auswahl seiner Speisen ist der ...
(1) Pudding-Vegetarier
(2) Lakto-Vegetarier
(3) Pisco-Vegetarier
(4) Fructaner

Ernährung [Antworten]

[6] ... Kartoffeln
Sie haben tatsächlich die wenigsten Kalorien unter diesen Beilagen. 100 Gramm Kartoffeln haben nur etwa 70 Kalorien. Hirse hat etwa 330, Reis und Nudeln immerhin rund 350 Kalorien. Bei diesen Werten ist jedoch zu berücksichtigen, dass die benötigte Menge pro Portion bei Kartoffeln wesentlich höher ist als bei Teigwaren, Reis oder Hirse.

[7] Albumin
Was umgangssprachlich als „Eiweiß" bezeichnet wird, sind Proteine, die aus Aminosäuren gebildet werden. In unseren Nahrungsmitteln sind verschiedene Arten davon enthalten, im Fleisch vor allem „Albumin".
„Gluten" findet man im Weizen, „Kasein" in Milch und Milchprodukten und „Kollagen" in Fleischabschnitten wie Sehnen, Schwarten und Knorpeln.

[8] ... Tollkirsche
Sie ist in größeren Mengen sogar tödlich.
Die Vogelkirsche gilt als „wilde" Kirsche, die im Wald wächst und ein ganz besonderes, herbes Aroma hat. Schattenmorellen und dalmatinische Maraskakirschen werden zu den Sauerkirschen gerechnet und sind essbar.

[9] B
Vitamine werden in zwei Gruppen eingeteilt: die wasserlöslichen und die fettlöslichen. Unter den angeführten Vitaminen ist die Gruppe der B-Vitamine wasserlöslich und wird in verschiedene Unterarten aufgegliedert wie B1, B2, B6, B12 u. a. Das bekannteste wasserlösliche Vitamin ist das Vitamin C.

[10] ... Ratatouille
In allen angeführten Speisen spielen Kartoffeln oder Gemüse eine wichtige Rolle. Ganz fleischlos ist nur das berühmte „Ratatouille" aus der französischen Provence. Auch wenn es dafür unzählige verschiedene Rezepte gibt, spielen Auberginen, Zwiebeln, Tomaten, Knoblauch, Zucchini und Paprikaschoten eine wichtige Rolle. Kräuter und gutes Olivenöl gehören unbedingt dazu.

[11] Pudding-Vegetarier
Dass Vegetarier kein Fleisch essen, ist allgemein bekannt. „Pudding-Vegetarier" machen es sich allerdings recht einfach: Sie essen zwar kein Fleisch, aber Süßigkeiten und sogar Fertiggerichte.

Ernährung [Fragen]

[12] Wer unter Gicht leidet, sollte gewisse Lebensmittel nach Möglichkeit meiden. Es sind stark ...
(1) fetthaltige
(2) säurehaltige
(3) eiweißhaltige
(4) purinhaltige

[13] Der „Body-Maß-Index", kurz „BMI" genannt, errechnet sich aus...
(1) Bauchumfang und Körpergröße
(2) Körpergewicht und Körpergröße
(3) Körpergröße und Hüftumfang
(4) Körpergewicht und dem gemessenen Fettanteil

[14] Nach dem Genuss von Rhabarber empfindet man auf den Zähnen ein „stumpfes" Gefühl. Der Grund dafür ist ...
(1) die enthaltene Oxalsäure
(2) der hohe Gehalt an versteckten Tanninen
(3) die Fruchtsäure
(4) der hohe Gehalt an Eisen

[15] Welches dieser Nahrungsmittel hat die meisten Kalorien?
(1) Grüne Oliven
(2) Walnüsse
(3) Edelkastanien
(4) Avocados

[16] Wenn der Arzt „Adipositas" diagnostiziert, sollte man bezüglich der Ernährung ...
(1) mehr gesunde Flüssigkeit zu sich nehmen
(2) mehr und fetter essen
(3) weniger Innereien essen
(4) deutlich weniger essen

[17] Unter diesen Innereien steckt am meisten Cholesterin in ...
(1) Kalbshirn
(2) Kalbsbries
(3) Schweineleber
(4) Schweineniere

Ernährung [Antworten]

[12] ... purinhaltige
Hohe Werte an Harnsäure sind sehr schädlich, wenn jemand an Gicht leidet. „Purin" ist eine organische Verbindung, die beim Menschen zu Harnsäure abgebaut wird. Besonders Innereien haben einen hohen Puringehalt. Absoluter Spitzenreiter ist dabei das Kalbsbries. Unter den alkoholischen Gertränken hat besonders Bier (auch sogenanntes „alkoholfreies" Bier) einen hohen Puringehalt.

[13] ... Körpergewicht und Körpergröße
Der „Body-Maß-Index" kann relativ einfach selbst errechnet werden: Das Körpergewicht in Kilogramm geteilt durch die Körpergröße in Metern zum Quadrat. Der Normalwert sollte bei Männern zwischen 22 und 24 und bei Frauen zwischen 21 und 22 liegen.

[14] ... die enthaltene Oxalsäure
Diese ist vor allem im Rhabarber, aber auch in Spinat, Mangold und Sauerampfer enthalten. In Rhabarberblättern ist die Konzentration besonders hoch und kann gesundheitsschädlich sein. Rhabarberstangen sollten auf jeden Fall nur gekocht genossen werden.

[15] Walnüsse
Hochwertige Fette sind wertvoll für unsere Ernährung, liefern aber auch besonders viele Kalorien. Unter den angeführten Früchten haben Walnüsse den höchsten Brennwert. Bei 100 Gramm sind es etwa 700 Kilokalorien (kcal) bzw. 2950 Kilojoule (kj); Avocados liegen bei ca. 225 kcal/950 kj, Edelkastanien geröstet bei 240 kcal/1000 kj; grüne Oliven haben 140 kcal/585 kj.

[16] ... deutlich weniger essen
Der ärztliche Fachbegriff „Adipositas" ist in der Bevölkerung wenig bekannt, obwohl das Problem weit verbreitet ist: Übergewicht bzw. Fettleibigkeit oder Fettsucht. Eine starke Reduktion der Nahrungszufuhr und die Auswahl der richtigen Speisen sind besonders wichtig, um dagegen anzugehen.

[17] ... Kalbshirn
Die Wissenschaft unterscheidet zwischen dem „guten" und dem „schlechten" Cholesterin, das vor allem in tierischen Nahrungsmitteln enthalten ist, besonders in Innereien und Kalbshirn. Für viele Menschen ist der Begriff „Cholesterin" mit Angst besetzt, obwohl es für uns Menschen ein lebensnotwendiger Stoff ist, der in unserem Körper als „Fettmanager" fungiert.

Ernährung [Fragen]

[18] Das „Milchgebiss" eines Kindes besteht normalerweise aus 20 Zähnen. Wie viele Zähne hat ein gesunder Erwachsener?
(1) 24
(2) 28
(3) 32
(4) 34

[19] Wenn man bei der Ernährung von „Lipoiden" spricht, dann handelt es sich um ...
(1) Eiweißstoffe
(2) Mineralstoffe
(3) Fette
(4) Kohlehydrate

[20] „Kombucha" gilt als etwas Gesundes. Es ist ...
(1) ein Getränk
(2) ein vegetarisches Gericht
(3) ein südamerikanisches Würzkraut
(4) eine asiatische Massagetechnik

[21] Das Cholesterin wird unterschieden in „gutes" und „schlechtes". Unter welcher Abkürzung ist das „gute" bekannt?
(1) LDL
(2) HLD
(3) FID
(4) HDL

[22] Eine dieser Beeren sollte man auf keinen Fall roh verzehren. Welche?
(1) Johannisbeeren
(2) Hollerbeeren (Holunderbeeren)
(3) Brombeeren
(4) Preiselbeeren

[23] Fische sind leichter verdaulich als Fleisch wegen des ...
(1) unterschiedlich hohen Fettgehalts
(2) geringen Gehalts an Bindegewebe
(3) hohen Gehalts an Ballaststoffen
(4) geringen Eiweißgehalts

Ernährung [Antworten]

[18] 32
Wenn das Wachstum normal verlaufen ist und keine Zahnausfälle zu beklagen sind, hat ein gesunder erwachsener Mensch 32 Zähne zur Verfügung, um Speisen zu zerkleinern.

[19] ... Fette
Sie sind für die Aufrechterhaltung der Lebensvorgänge im Körper notwendige und besonders für unsere Nervenzellen wichtige Nährstoffe. Daser Begriff kommt aus dem Griechischen und steht für nicht wasserlösliche, fettähnliche Stoffe aus Tier- und Pflanzenzellen.

[20] ... ein Getränk
In der westlichen Industriegesellschaft ist „Kombucha" erst seit einigen Jahrzehnten bekannt. In Russland und einigen asiatischen Ländern hingegen kennt und schätzt man ihn seit Jahrtausenden. Dieses Getränk wird mit Hilfe des Teepilzes Kombucha hergestellt wird; ihm wird eine stark anregende Wirkung auf den Stoffwechsel nachgesagt, und er gilt als Blutreinigungsmittel.

[21] HDL
Nur zwei dieser Abkürzungen werden für die Lipoproteine Cholesterin verwendet: HDL (high density lipoproteins), also die Proteine mit hoher Dichte gelten als „gutes Cholesterin". Die „weniger guten" Proteine mit niedriger Dichte tragen die Bezeichnung LDL (low density lipoproteins).

[22] Hollerbeeren
Sie sollten im rohen Zustand niemals verzehrt werden, denn sie enthalten den giftigen Stoff Sambunigrin. Erst gekocht sind sie genießbar, weil Sambunigrin zerfällt. Isst man die Beeren roh, sind Erbrechen, Durchfall und Magenschmerzen die Folge.

[23] ... geringen Gehalts an Bindegewebe
Dies ist einer der Gründe, warum Fisch so leicht verdaulich ist. Der Eiweißgehalt ist durchweg hoch und sehr wertvoll. Der natürliche Fettgehalt ist sehr unterschiedlich, aber leichter verdaulich und von hochwertiger Art.

Ernährung [Fragen]

[24] Die „E-Nummern" von E-100 bis E-199 auf den Lebensmitteln stehen für ...
(1) Säuerungsmittel
(2) Emulgatoren
(3) Geliermittel
(4) Farbstoffe

[25] Was ist bei einer Diät zur Gewichtsreduzierung absolut verboten?
(1) Nichts
(2) Alle Speisen mit tierischem Fett
(3) Alles mit viel Zucker
(4) Alle Kombinationen von Kohlehydraten und Fett

[26] Ballaststoffe in unserer Ernährung sind überwiegend ...
(1) Eiweißverbindungen
(2) Mineralstoffe
(3) Kohlehydrate
(4) Fettstoffe

[27] In welchem Gesetz wurde zum ersten Mal ein Genuss- oder Lebensmittel gesetzlich geregelt?
(1) Im Gebiets- und Erzeugungsdekret für Portweine
(2) In der Buschenschankregelung von Kaiser Josef II.
(3) Im Reinheitsgebot für Bier
(4) Im Brot-Gebot für Bäcker

[28] Um eine „schlanke Linie" zu erlangen, ist der Genuss von Obst und Gemüse ideal. Nicht wirklich empfehlenswert sind allerdings ...
(1) Honigmelonen
(2) Kürbisse
(3) Mangos
(4) Avocados

[29] Was essen „Veganer"?
(1) Nur Pflanzliches
(2) Kein Fleisch, aber Butter
(3) Gemüse und Eier
(4) Alles außer Schweinefleisch und Innereien

Ernährung [Antworten]

[24] ... Farbstoffe
Lebensmittel sollten nicht nur gut haltbar sein, sondern auch gut aussehen. Für eine appetitliche Farbe sorgt die Gruppe dieser E-Nummern; die Farben können natürlich und auch künstlich sein.

[25] Nichts
Man darf alles essen, aber die Ernährung sollte ausgewogen und entsprechend weniger üppig sein.

[26] ... Kohlehydrate
Ballaststoffe in unserer Ernährung sind weitgehend unverdauliche Bestandteile der Nahrung, meist Kohlehydrate, die überwiegend in pflanzlichen Lebensmitteln vorkommen. Ein Teil dieser Stoffe kann vom Körper nicht aufgenommen werden und wird wieder ausgeschieden.

[27] Im Reinheitsgebot für Bier
Warum es im Jahr 1516 vom bayerischen Herzog Wilhelm IV. erlassen wurde, ist nicht ganz geklärt. Das Reinheitsgebot reglementierte die Zutaten für Bier: Malz, Hopfen und Wasser. Die vierte wichtige Zutat Hefe war damals nicht erforscht; man überließ die alkoholische Gärung den „wilden" Hefen in der Luft.

[28] ... Avocados
Weil sie mehr als 20 Prozent Fettanteil haben, sind sie wahre Fettbomben. Die süßen Melonen und Mangos sind dagegen kalorienarm. Mit nur etwa 26 Kilokalorien pro 100 Gramm liefert der Kürbis am wenigsten Kalorien. Alle angeführten Arten enthalten viel Wasser und teilweise auch recht viel Zucker.

[29] Nur Pflanzliches
„Veganismus" ist eine Einstellung und Lebensweise, die vorwiegend ethisch begründet ist. Dabei werden die Haltung von Nutztieren und der Konsum tierischer Produkte vollkommen abgelehnt. Dies gilt nicht nur für Fleisch, sondern auch für Milchprodukte, Eier und sogar Honig. Auch Kleidungsstücke aus tierischen Produkten wie Leder werden strikt abgelehnt.

Ernährung [Fragen]

[30] „Seitan" ist ein Grundprodukt, das ähnlich wie Fleisch zubereitet und gewürzt werden kann. Gewonnen wird es aus ...
(1) Algen
(2) Reis
(3) Weizen
(4) Soja

[31] Nach einer wenig ausgewogenen Fastfood-Mahlzeit stellt sich der Hunger meist schnell wieder ein. Der Grund dafür ist ...
(1) der zu schnell ansteigende Blutzuckerspiegel
(2) die appetitliche Präsentation
(3) der enthaltene Geschmacksverstärker
(4) die zu kleine Portion

[32] Wie viele Zuckerwürfel enthält ein Glas Limonade durchschnittlich?
(1) 5
(2) 8
(3) 12
(4) 20

[33] In welchem Land entstand die erste Vereinigung von Vegetariern?
(1) Schweden
(2) England
(3) Amerika
(4) Frankreich

[34] Ballaststoffe sind für eine gesunde Ernährung sehr wichtig. Welches dieser Lebensmittel hat bei gleicher Menge am meisten?
(1) Mandarinen
(2) Frische Tomaten
(3) Kartoffeln
(4) Sojabohnen

[35] Frisches Obst und Gemüse haben unterschiedlich viel Vitamin C. Welche dieser Früchte hat bei einem Gewicht von **100 Gramm** am meisten?
(1) Banane, geschält
(2) Kiwi, roh
(3) Zitrone
(4) Rosine

Ernährung [Antworten]

[30] ... Weizen
Es stammt aus der chinesischen Küche und wurde ursprünglich von vegetarisch lebenden Mönchen entwickelt. Es enthält fast 20 Prozent Eiweiß und ist fett- und kalorienarm. Für die Herstellung wird Weizenmehl mit Wasser vermischt, mehrfach geknetet und unter Wasser ausgewaschen. Dadurch wird ein Großteil der Stärke entzogen, eine zähe, glutenreiche Masse bleibt übrig.

[31] ... der zu schnell ansteigende Blutzuckerspiegel
Der Blutzuckerspiegel kann durch „falsche" Ernährung wie Zucker und Fett rasch ansteigen, sinkt dann aber schnell wieder. Dadurch stellt sich das Hungergefühl rasch wieder ein.

[32] 8
Limonaden sind sehr oft versteckte Kalorienbomben. Acht Stück Würfelzucker pro Glas Limonade haben ungefähr 80 Kilokalorien. Ganz schön viel ...

[33] England
Mitte des 19. Jahrhunderts wurde der erste vegetarische Verein gegründet, die „Vegetarian Society of the United Kingdom" in Manchester. Etwa 20 Jahre später kam es in Deutschland zur Gründung der deutschen „Vegetarischen Vereinigung" in Nordhausen im Harz.

[34] Sojabohnen
Ballaststoffe sind Zellwandbestandteile pflanzlicher Nahrungsmittel und zählen zu den komplexen Kohlehydraten. Sie sind Sattmacher und gleichzeitig Verdauungshelfer. Sojabohnen enthalten etwa 12 Prozent, Mandarinen 2 Prozent, Kartoffeln und Tomaten 1 bis 2 Prozent Ballaststoffe.

[35] Kiwi, roh
Man glaubt es kaum, aber Zitrone hat nur etwa 53 mg, Banane 8 mg und Rosine gar nur 3 mg Vitamin C. Rohe Kiwi hingegen enthält etwa 92 mg des wertvollen Vitamins C.

Ernährung [Fragen]

[36] Artischocken sind nicht nur schmackhaft, sie sind auch gesund. Denn sie ...
(1) fördern die Durchblutung
(2) stärken die Nervenzellen
(3) verbessern die Fettverdauung
(4) reinigen die Haut

[37] Ohne Vitamine kann der Mensch nicht überleben. Wie viele braucht er unbedingt?
(1) Mindestens 5 Vitamine und 5 Mineralstoffe
(2) Etwa 30 verschiedene
(3) Mindestens 4 fettlösliche und 2 wasserlösliche
(4) Insgesamt 13

[38] Vitamine werden überwiegend durch die Nahrung aufgenommen. Welches Vitamin kann der Körper selbst produzieren?
(1) D
(2) A
(3) B
(4) C

[39] Die Wissenschaft hat nachgewiesen, dass Vitamin E gut für Muskeln, Haut und Nerven ist. Es findet sich vor allem in ...
(1) Milchprodukten
(2) Nüssen und Ölfrüchten
(3) Gemüse
(4) Traubenzucker

[40] Alle nachstehenden Stoffe sind für unsere Ernährung lebenswichtig. Wovon brauchen wir mengenmäßig am meisten?
(1) Eiweißstoffe
(2) Fettstoffe
(3) Mineralstoffe
(4) Kohlehydrate

[41] „Salmonellen" sind Bakterien, die auf verschiedenen Lebensmitteln sein können. Wie lange muss eine Speise bei 75 °C erhitzt werden, um sie sicher abzutöten?
(1) 3 Minuten
(2) 7 Minuten
(3) 10 Minuten
(4) 15 Minuten

Ernährung [Antworten]

[36] ... verbessern die Fettverdauung
Artischocken sind die ungeöffneten Blütenknospen einer Distelblüte. Sie werden in Wasser, das mit Salz, etwas Essig und Zitronensaft gewürzt wird, gekocht und dann heiß, warm oder kalt gegessen. Dabei werden die Blätter aus dem Blütenkopf gezupft, in eine passende Sauce gedippt und der weiche Teil mit den Zähnen abgezogen. Auch die Böden werden gegessen. Diese essbaren Teile enthalten Inhaltsstoffe, welche die Fettverdauung verbessern und so die Leber entlasten.

[37] Insgesamt 13
Chemisch gesehen sind Vitamine sehr unterschiedliche Substanzen, die für den Körper des Menschen und seine Gesundheit unentbehrlich sind. Die meisten dieser 13 Vitamine sind chemisch nicht miteinander verwandt; man teilt sie nach ihrer Löslichkeit in wasser- und in fettlösliche ein.

[38] D
Durch eine komplizierte Umwandlung kann der menschliche Körper das Vitamin D selbst produzieren: Das geschieht in der Haut mit Hilfe der UV-Strahlung der Sonne; 15 bis 20 Minuten täglich in der Sonne bzw. an der Luft reichen schon. Vitamin D, das man zuführen kann, findet sich vor allem in Fischen, Pilzen, Innereien und in Kalbfleisch. Alle anderen lebensnotwendigen Vitamine können nur über die Nahrung aufgenommen werden.

[39] ... Nüssen und Ölfrüchten
Das Vitamin E zählt zu den fettlöslichen Vitaminen und wird gerne als „Hautvitamin" bezeichnet. Es schützt unseren Körper wie z. B. bei der Wundheilung oder als Schutzschild bei Luftverschmutzungen. Es ist besonders in wertvollen pflanzlichen Ölen, Sonnenblumenkernen, Mandeln und anderen Nüssen enthalten.

[40] Kohlehydrate
Seine verschiedenen Arten sind unsere wichtigsten Energielieferanten. In Form von Getreideprodukten, Obst und Gemüse nehmen wir sie zu uns.

[41] 10 Minuten
Salmonellen sind stäbchenförmige Bakterien, die vor allem durch rohe Lebensmittel leicht übertragen werden können. Auch die persönliche Hygiene spielt bei der Übertragung eine große Rolle. Durch Tiefkühlung können sie nicht abgetötet werden. Bei 75 °C Kerntemperatur einer Speise dauert es etwa 10 Minuten, bis die Bakterien sterben.

Ernährung [Fragen]

[42] Kalt gepresstes Traubenkernöl ist ein wertvolles Lebensmittel für die gesunde Ernährung. Die Produktion ist aufwendig; für 1 Liter Öl werden viele Traubenkerne gebraucht. **Was glauben Sie, wie viel?**
(1) 30 kg
(2) 50 kg
(3) 70 kg
(4) 90 kg

[43] Bananen enthalten außer Wasser vor allem ...
(1) Proteine
(2) Vitamine
(3) Kohlehydrate
(4) Ballaststoffe

[44] Der „AW-Wert" bei Lebensmitteln bewertet die enthaltene Menge von ...
(1) Fett
(2) Kalorien
(3) Wasser
(4) Wirkstoffen

[45] Welche Konservierungsart verändert die Qualität der Inhaltsstoffe am wenigsten?
(1) Tiefkühlen
(2) Trocknen
(3) Pasteurisieren
(4) Sterilisieren

[46 „Enzyme" sind im wahrsten Sinne des Wortes „in aller Munde". Diese im Speichel enthaltenen Stoffe können ...
(1) die Magensäfte neutralisieren
(2) Stärke aufspalten
(3) Fette zerlegen
(4) Eiweißarten aufschließen

[47] Manche Menschen haben Probleme mit „Gluten" in den Speisen. Was ist „Gluten"?
(1) Ein Fettstoff
(2) Ein Mineralstoff
(3) Eine Eiweißverbindung
(4) Ein Kohlehydrat

Ernährung [Antworten]

[42] 50 kg
Das aromatische Öl ist reich an ungesättigter Fettsäure, schmackhaft und gut hitzebeständig. Es eignet sich zum Kochen und Backen und deckt „kalt" und „warm" in der Küche ab. Bei der schonenden Kaltpressung werden etwa 50 kg Traubenkerne für 1 Liter reines Öl benötigt.

[43] ... Kohlehydrate
Bananen sind in fast allen tropischen Ländern besonders wichtig für die Ernährung der Bevölkerung. Der essbare Teil der Frucht enthält etwa 75 Prozent Wasser und mehr als 20 Prozent Kohlehydrate. Geringe Mengen sind Proteine, Fett, Ballast- und Mineralstoffe.

[44] ... Wasser
Der „AW-Wert" ist eine wichtige Größe für die Haltbarkeit von Lebensmitteln, denn er bestimmt das darin enthaltene Maß an gebundenem und locker gebundenem Wasser. Ein geringer Wasseranteil macht Lebensmittel haltbarer. Der Wassergehalt kann zum Beispiel durch Trocknen, Salzen oder Kandieren reduziert werden.

[45] Tiefkühlen
Frisch genossen sind z. B. Früchte am wertvollsten. Jedes Lebensmittel verändert sich durch Konservierung. Durch das Tiefkühlen bleiben am meisten der wertvollen Inhaltsstoffe erhalten.

[46] ... Stärke aufspalten
Enzyme und Fermente sind im Wesentlichen dasselbe. „Enzym" kommt aus dem Altgriechischen und „Ferment" aus dem Lateinischen. Sie haben wichtige Funktionen im Stoffwechsel aller lebenden Organismen. Beim Kauen kann wird die Stärke von Getreide und Kartoffeln durch die Enzyme im Speichel zersetzt.

[47] Eine Eiweißverbindung
Das „Gluten" im Weizenmehl macht den Teig erst quellfähig, knetbar und verklebbar, sodass die Backtriebmittel nicht entweichen. Es ist ein Eiweiß, das umgangssprachlich auch als „Kleber" oder „Klebereiweiß" bekannt ist. Manche Menschen reagieren allergisch darauf.

Ernährung [Fragen]

[48] Eine unangenehme Empfindung nach einem Restaurantbesuch wird auch als „Chinarestaurant-Syndrom" bezeichnet. Ausgelöst wird es durch ...
(1) Chilimischungen
(2) unbehandelten Reis
(3) zu viel gehärtetes Fett bei der Zubereitung
(4) Geschmacksverstärker

[49] Gemüse kann auf unterschiedliche Weise zubereitet werden. Die gesündeste Art der Zubereitung ist das ...
(1) Dämpfen
(2) Sieden
(3) Frittieren
(4) Rösten

[50] Bei manchen Diäten kann man schon nach wenigen Tagen einige Kilogramm weniger auf der Waage haben. Zuerst verliert man ...
(1) Fett und Eiweiß
(2) vor allem Wasser
(3) Fett am Bauch
(4) überall viel Fett und wenig Wasser

[51] Manche Diäten können unerwünschte Konsequenzen haben. Man bezeichnet sie gerne als ...
(1) WH-Effekt
(2) Jo-Jo-Effekt
(3) Diät-Effekt
(4) Kreisel-Effekt

[52] Was glauben Sie, welches dieser vier Lebensmittel den höchsten Fettgehalt in Prozenten hat?
(1) Hühnerei
(2) Gekochter Schinken
(3) Schokolade
(4) Räucheraal

[53] Ballaststoffe sind für den Menschen ...
(1) unerwünschte Begleitstoffe in der Landwirtschaft
(2) Nahrungsmittel mit metallischen Rückständen
(3) besonders schwer verdauliche Nahrungsmittel
(4) die unverdaulichen Anteile an pflanzlichen Nahrungsmitteln

Ernährung [Antworten]

[48] ... Geschmacksverstärker
Nicht nur in vielen asiatischen Speisen ist es zu finden, auch für die meisten Fertiggerichte werden „Glutamate" verwendet. Dies sind so genannte Geschmacksverstärker (Mononatriumglutamate). Eine Glutamatunverträglichkeit kann bei Menschen für kurze Zeit verschiedene leichte Beschwerden nach dem Essen hervorrufen.

[49] ... Dämpfen
Dabei bleiben die Vitamine weitgehend erhalten, und man nimmt kein unnötiges Fett zu sich.

[50] ... vor allem Wasser
Die meisten Diäten wirken sich zuerst auf den Wasserhaushalt aus. Fett wird viel langsamer abgebaut.

[51] ... Jo-Jo-Effekt
Es ist da Auf und Ab des Körpergewichts, das durch den häufigen Wechsel zwischen normaler Ernährung und Diäten entsteht.

[52] Schokolade
Mit über 30 Prozent Fett in Form von Kakaobutter ist unter diesen Lebensmitteln die Schokolade Spitzenreiter. Gekochter Schinken, obwohl er vom Schwein kommt, hat eindeutig am wenigsten Fett, Hühnereier etwa den doppelten Fettgehalt und gleichzeitig am meisten Cholesterin, und der Räucheraal als fetter Fisch enthält ohne den Fettrand „nur" etwa 25 Prozent.

[53] ... die unverdaulichen Anteile an pflanzlichen Nahrungsmitteln
Sie sind notwendige Bestandteile unserer Nahrung, denn sie helfen dem Magen-Darm-Trakt, zu funktionieren.

Ernährung [Fragen]

[54] Um nach einem reichhaltigen Essen die Verdauung zu fördern, empfiehlt sich ...
(1) reichlich Bewegung
(2) ein starker Espresso
(3) ein guter Schnaps
(4) ein entspanntes Schläfchen

[55] Für einen gesunden Körper ist eine tägliche Menge Kalzium sehr wichtig. Der Mineralstoff fördert ...
(1) die Energiegewinnung
(2) Knochenaufbau und -stabilität
(3) die Blutbildung
(4) eine gesunde Haut

[56] Welche Nahrungsmittel machen nach dem Verzehr wieder schnell hungrig?
(1) Ballaststoffreiche wie Vollkornbrot
(2) Eiweißreiche wie Fleisch oder Eier
(3) Stark zuckerhaltige wie Kuchen
(4) Stärkehaltige wie Kartoffeln oder Reis

[57] Nicht jedes Fett ist in unserer Ernährung gleich. Besonders tückisch ist das ...
(1) Fett in flüssiger Form
(2) Bratfett, wenn es erhitzt ist
(3) Fett in Süßspeisen
(4) „versteckte", also im Essen enthaltene, aber nicht sichtbare Fett

[58] Bei einer ausgewogenen Ernährung sollte auch tierisches Eiweiß (Protein) nicht fehlen. Am besten kann man es aufnehmen durch ...
(1) Putenwurst
(2) Sojafleisch
(3) Milchprodukte
(4) Fischkonserven

Ernährung [Antworten]

[54] ... reichlich Bewegung
Die Verdauung wird beschleunigt, und einige Kalorien werden abgebaut. Um nach einem umfangreichen Mahl die Magen-Darm-Motorik anzukurbeln, ist also Bewegung unbedingt zu empfehlen.

[55] ... Knochenaufbau und -stabilität
Genügend Milchprodukte schon in frühen Jahren sind sehr wertvoll. Kalzium ist wesentlich am gesunden Knochenaufbau beteiligt.

[56] Stark zuckerhaltige wie Kuchen
Längerkettige Kohlehydrate stillen den „Heißhunger" nicht so schnell, halten aber länger an. Zucker hingegen wird vom Körper rasch verwertet und lässt danach den Blutzuckerspiegel auch wieder schnell sinken. Dadurch bekommt man sehr bald wieder Hunger.

[57] ... „versteckte", also im Essen enthaltene, aber nicht sichtbare Fett
Welche Wurst, welcher Käse oder welches Dessert besonders fett ist, kann nicht so leicht eingeschätzt werden, weil es auf den ersten Blick nicht erkennbar ist.

[58] ... Milchprodukte
Tierisches Eiweiß ist zwar sehr wertvoll, es sollte aber in Maßen zu sich genommen werden. Man muss deswegen nicht unbedingt Fleisch essen. Tierisches Protein kann man auch in Form von Milchprodukten oder Eiern zu sich nehmen. Soja"fleisch" enthält nur pflanzliches Eiweiß.

Ernährung [Fragen]

[59] Wer bewusst etwas mehr Vitamin C zu sich nehmen möchte, muss die richtigen Früchte auswählen. Welche dieser Früchte haben am wenigsten davon?
(1) Weintrauben
(2) Kiwis
(3) Pfirsiche
(4) Äpfel

[60] Die Verdauung beginnt im menschlichen Körper im ...
(1) Mund
(2) Magen
(3) Dünndarm
(4) Dickdarm

[61] Die „Trennkost" ist eine spezielle Form der Ernährung. Welche Speisenkombination ist bei dieser „Diät" nicht ideal?
(1) Gebratenes Fischfilet und Reis
(2) Frische Erdbeeren und Joghurt
(3) Kalbfleisch und Feldsalat
(4) Avocados und Meeresfrüchte

[62] Verschiedene Fettstoffe haben unterschiedlich viel Cholesterin. Viel Cholesterin ist enthalten in ...
(1) Olivenöl
(2) Margarine
(3) Traubenkernöl
(4) Butter

[63] Viele Blüten sind essbar und werden gerne in der modernen Küche verwendet. Nicht essen sollte man ...
(1) Rosenblüten
(2) Maiglöckchen
(3) Veilchen
(4) Orangenblüten

[64] Welche dieser Innereien haben einen besonders hohen Gehalt an Cholesterin?
(1) Leber
(2) Nieren
(3) Hirn
(4) Bries

Ernährung [Antworten]

[59] Weintrauben
Die meisten Früchte sind unterschiedlich reich an verschiedenen Vitaminen und Mineralstoffen. Die Weintrauben haben unter den angeführten Früchten am wenigsten Vitamin C. Durch längere Lagerung wird der Vitamingehalt unterschiedlich stark verringert.

[60] ... Mund
Anders, als man allgemein glaubt, findet der größte Teil der Verdauung nicht im Magen, sondern im Dünndarm statt. Der Magen bereitet das Essen für die Verdauung vor, sie beginnt aber schon im Mund durch die Zerkleinerung der Speisen beim Kauen.

[61] Gebratenes Fischfilet und Reis
Diese Form der Ernährung wurde von einem amerikanischen Arzt entwickelt. Sie wird oft als Methode zur Gewichtsreduktion angesehen. Dafür werden die Lebensmittel im Wesentlichen in drei Gruppen eingeteilt: die Neutralen, die Eiweißgruppe und die Kohlehydratgruppe. Entscheiden dabei ist, eiweißhaltige und kohlehydrathaltige Lebensmittel nicht gleichzeitig zu essen, was in der Praxis nicht immer ganz einfach ist.

[62] ... Butter
Sie ist ein wertvolles Produkt und reich an Vitamin A, enthält allerdings auch mehr Cholesterin als die übrigen angeführten pflanzlichen Fette.

[63] ... Maiglöckchen
Frische Blüten dienen in der Küche als essbare Dekoration für Vorspeisen und Desserts. Größere Blüten wie z. B. die von Zucchini werden auch gefüllt gereicht. In der alten Medizin war die Blüte des Maiglöckchens Gift- und Heilpflanze zugleich. Zum rohen Verzehr ist die Blüte nicht geeignet. Auch die Blätter sind sehr giftig; sie werden immer wieder mit dem wilden Bärlauch verwechselt, was schon zu Todesfällen geführt hat.

[64] Hirn
In kleinen Mengen genossen ist es z. B. eine köstliche warme Vorspeise, hat aber leider einen besonders hohen Gehalt an Cholesterin. Auch wenn Innereien vom Kalb oder vom Lamm von Feinschmeckern geschätzt werden, hat der allgemeine Trend dazu stark nachgelassen.

Ernährung [Fragen]

[65] „Ascorbinsäure" ist auch bekannt als ...
(1) Mineralstoff
(2) Treibgas
(3) Verdickungsmittel
(4) Vitamin C

[66] Welche Art von Kohlehydraten gibt es nicht?
(1) Megasaccharide
(2) Monosaccharide
(3) Disaccharide
(4) Polysaccharide

[67] Getränke haben oft mehr Kalorien, als man glaubt. Welches dieser Getränke hat in der Regel am wenigsten?
(1) Sekt
(2) Märzenbier
(3) Vollmilch
(4) Wein

[68] Ein natürlicher pflanzlicher Süßstoff, der in der EU als Nahrungsergänzung noch nicht zugelassen ist, wird unter anderem als Badezusatz verkauft. Es handelt sich dabei um ...
(1) Stilva
(2) Milvas
(3) Stevia
(4) Stanos

[69] Erlaubte Lebensmittelzusätze haben die Aufgabe, die Eigenschaften unserer Lebensmittel anzupassen oder zu verbessern. Wie viele dieser Stoffe sind zugelassen?
(1) 100 bis 200
(2) 200 bis 300
(3) 300 bis 400
(4) 400 bis 500

[70] Bei einseitiger Ernährung ist Eisenmangel eine weit verbreitete Mangelerscheinung. Welches natürliche Lebensmittel hat besonders viel Eisen?
(1) Leber
(2) Frischer Spinat
(3) Frische Beeren
(4) Kuhmilch

Ernährung [Antworten]

[65] ... Vitamin C
Dem wasserlöslichen Vitamin werden verschiedene Aufgaben zugeschrieben. Bei einer ausgewogenen Ernährung nehmen wir jeden Tag genügend davon zu uns. Ein eventueller Überschuss wird vom Körper ausgeschieden. „Ascorbinsäure", besser bekannt als Vitamin C, ist eine organische Säure.

[66] Megasaccharide
Kohlehydrate oder Saccharide bilden eine biologisch bedeutsame Stoffklasse; sie sind ein wichtiger Teil unserer Ernährung. Einfache, teilweise veraltete Erklärungen sind: Monosaccharid = Einfachzucker, Disaccharid = Zweifach- oder Doppelzucker; Polysaccharid = Mehrfach- oder Vielfachzucker. Megasaccharide gibt es nicht.

[67] Märzenbier
Bei einer Menge von jeweils 100 Gramm ergeben sich etwa folgende Mengen an Kilokalorien: Sekt hat 100 bis 130, Wein 60 bis 65, Vollmilch 65, und das Märzenbier enthält „nur" ca. 45 Kilokalorien. Wenn man Wein und Bier aber beim üblichen Konsumverhalten vergleicht, dann schaut es anders aus: Für Bier sind 100 g sehr wenig, 100 g Sekt sind schon ein normales Glas und 100 g Wein fast ein achtel Liter.

[68] ... Stevia
Dieser natürliche Süßstoff hat die bis zu 300-fache Süßkraft von Zucker, schützt die Zähne vor Karies und ist für Diabetiker geeignet. Der Stoff wird aus den Blättern der Pflanze „Stevia rebaudiana" gewonnen, auch bekannt als „Süß- oder Honigkraut". In Japan und Brasilien wird er längst verwendet, die EU hat jedoch noch keine generelle Zulassung für „Stevia" erteilt. So wird er bislang unter anderem nur als Badezusatz verkauft.

[69] 300 bis 400
Die erlaubten Lebensmittelzusatzstoffe reichen von „A" wie Antioxidantien bis „Z" wie Zitronensäuretriethylester. Derzeit sind etwa 315 zugelassen, alle tragen E-Nummern, die aber ab 315 noch weitergehen.

[70] Leber
Eisenmangel ist neben dem Jodmangel das in Industrieländern am häufigsten auftretende Defizit bei den Mineralstoffen. Ausgewogene und abwechslungsreiche Ernährung schützt davor. Einen besonders hohen Anteil an Eisen haben Innereien, vor allem Leber vom Lamm oder vom Schwein.

Ernährung [Fragen]

[71] „Pektine" helfen mit, die Konsistenz von Konfitüren, Marmeladen, Saucen oder Tortengüssen zu festigen. Diese natürlichen Geliermittel sind eigentlich ...
(1) Fettstoffe
(2) Proteine
(3) Konservierungsmittel
(4) Kohlehydrate

[72] Sahne bzw. Obers verfeinert viele unserer Speisen, hat aber auch reichlich Fett.
Welchen Fettgehalt hat das feine Milchprodukt üblicherweise?
(1) 20 %
(2) 25 %
(3) 35 %
(4) 40 %

[73] Die Tiefkühlkette für Lebensmittel sollte nie unterbrochen werden.
Die Waren sollten nie eine höhere Temperatur haben als ...
(1) – 8 °C
(2) – 12 °C
(3) – 18 °C
(4) – 25 °C

[74] „Convenience Food" spielt heute eine große Rolle in der Ernährung. Was bedeutet der Ausdruck eigentlich?
(1) Tiefgekühlte Speisen
(2) Kalorienreduziertes Essen
(3) Speisen aus biologischem Anbau
(4) Bequemes Essen

[75] Ein typischer Lebensmittelzusatz ist Backpulver.
Was bewirkt es?
(1) Es verlängert die Haltbarkeit
(2) Es verbessert die Verdaulichkeit des verwendeten Mehls
(3) Es wirkt wie ein Geschmacksverstärker
(4) Es treibt den Teig und macht das Backwerk lockerer

Ernährung [Antworten]

[71] ... Kohlehydrate
Diese natürlichen Geliermittel sind in Pflanzenzellen verschiedener Früchte enthalten, ganz besonders kurz vor ihrer Vollreife. Es sind Polysaccharide bzw. Mehrfachzucker und somit Kohlehydrate. Einen besonders hohen Gehalt an Pektinen haben zum Beispiel Quitten. Diese Kenntnis machen sich Hausfrauen zunutze beim Einkochen von Konfitüren bzw. Marmeladen.

[72] 35 %
Neben dem Fettgehalt kann sich auch der Nährwert sehen lassen: 100 g haben laut verschiedener Nährwerttabellen ca. 250 bis 290 Kilokalorien.

[73] ... -18 °C
Die Tiefkühltechnik ist heute so weit entwickelt, dass sie als das beste Verfahren für die Konservierung vieler frischer und fertig zubereiteter Lebensmittel gilt. Nach dem Schockfrosten bei minus 35 bis 40 °C sollte die „Kühlkette" mindestens minus 18 °C nicht unterschreiten.

[74] Bequemes Essen
Ob es sich nun um Fertiggerichte, küchenfertig geputztes Gemüse oder Tütensuppen handelt: Gemeint ist immer die Erleichterung beim Zubereiten gegenüber der weniger bequemen Alternative. Eines der ältesten „Convenience"-Produkte ist die „Erbswurst", die aus Erbsensuppe hergestellt wird.

[75] Es treibt den Teig und macht das Backwerk lockerer
Backpulver ist ein zum Backen benutztes Triebmittel in unterschiedlichen Qualitäten. Durch das entstehende CO^2 lockern kleine Gasbläschen den Teig auf. Phosphatfreie Backpulver sind teurer, sie enthalten unter anderem Weinsäure und Weinstein.

Ernährung [Fragen]

[76] Welche dieser Aussagen bezüglich Eiweiß stimmt nicht?
(1) Es hilft mit beim Muskelaufbau
(2) Es ist kalorienreich
(3) Es ist ein Baustoff für unseren Körper
(4) Es kann ein Grundnahrungsmittel sein

[77] Der älteste Süßstoff ist ...
(1) Rübenzucker
(2) Traubenzucker
(3) Honig
(4) Rohrzucker

[78] „Riboflavin" und „Cobalamin" sind Vitamine der Gruppe ...
(1) A
(2) B
(3) C
(4) D

[79] Der grüne Teil von Tomaten kann eine giftige Substanz enthalten. Wie heißt diese?
(1) Coffein
(2) Asparagussäure
(3) Solanin
(4) Lycopin

[80] Wie hoch ist der ungefähre Fettgehalt bei „echter" Mayonnaise?
(1) 20 %
(2) 40 %
(3) 60 %
(4) 80 %

[81] Wer unter „Laktoseintoleranz" leidet, verträgt ...
(1) keine Milch
(2) keinen Fisch
(3) kein Weißbrot
(4) kein Schweinefleisch

Ernährung [Antworten]

[76] Es ist kalorienreich
Eiweiße oder Proteine sind aus Aminosäuren aufgebaute Makromoleküle. Die verschiedenen Arten haben unzählige positive Eigenschaften und können nicht als kalorienreich bezeichnet werden.

[77] ... Honig
Er war lange Zeit das einzige Süßungsmittel für die Menschen. Infolge der Entwicklung von Verfahren zur Herstellung von billigem Haushaltszucker (reine Saccharose) aus Zuckerrüben und Zuckerrohr wurde der Honig als Süßstoff verdrängt.

[78] ... B
Eine grobe Einteilung unterscheidet zwischen fettlöslichen- und wasserlöslichen Vitaminen. „Riboflavin" und „Cobalamin" sind wasserlösliche Vitamine aus der Gruppe der B-Vitamine (B1, B2, B6, B 12). „Riboflavin" ist B2 und als Wachstumsvitamin bekannt. „Cobalamin" ist B12. Es unterstützt verschiedene Stoffwechselvorgänge in unserem Körper, so z. B. die Blutbildung, die Funktion der Nervenzellen sowie das antioxidative Schutzsystem.

[79] Solanin
Nicht nur der grüne Strunk an Tomaten, auch grüne Teile an Kartoffeln können diese Substanz enthalten, die leicht giftig ist. Durch moderne Züchtungen der sogenannten „Nachtschatten-gewächse" sind die Mengen aber stark reduziert worden.

[80] 80 %
Diese kleine Kalorienbombe wird aus reinem Öl und Eigelb gemacht, daher der hohe Fettanteil. Schon 20 Gramm, etwa ein Löffel, haben fast 150 Kalorien.

[81] ... keine Milch
„Laktose" ist der wissenschaftliche Name für Milchzucker; „Laktoseintoleranz" ist als Milchzuckerunverträglichkeit bekannt. Während in Westeuropa, Australien und Nordamerika relativ wenige Menschen darunter leiden, ist in Asien und Afrika ein großer Teil der Bevölkerung davon betroffen.

Ernährung [Fragen]

[82] Die drei grundlegenden Nährstoffe der menschlichen Nahrungsaufnahme sind ...
(1) Mineralstoffe, Eiweiß und Kohlehydrate
(2) Kohlehydrate, Fett und Eiweiß
(3) Kohlehydrate, Eiweiß und Wasser
(4) Wasser, Eiweiß und Fett

[83] Erlaubte Zusatzstoffe in Lebensmitteln tragen „E-Nummern". Es gibt eine Einteilung in bestimmte Gruppen. Welche Gruppe trägt die Nummern E-200 bis E-299?
(1) Antioxidantien
(2) Verdickungsmittel
(3) Konservierungsstoffe
(4) Farbstoffe

[84] Welche Lebensmittel liefern unserem Körper die meisten Kalorien?
(1) Eiweiße
(2) Kohlehydrate
(3) Polysaccharide
(4) Fette

[85] Welchen dieser Pilze kann man nur einmal essen?
(1) Raukopf
(2) Totentrompete
(3) Kräuterseitling
(4) Hexenröhrling

[86] Jede der folgenden Pflanzen ist irgendwo auf der Welt ein wichtiges Nahrungsmittel. Welche davon wächst am schnellsten?
(1) Reis
(2) Bambus
(3) Soja
(4) Mais

[87] Limonaden sind bekanntlich „Zuckerfallen". Wie viele Würfel Zucker (à 3 Gramm) sind in einem Liter Cola enthalten?
(1) 15 Stück
(2) 25 Stück
(3) 35 Stück
(4) 45 Stück

Ernährung [Antworten]

[82] ... Kohlehydrate, Fett und Eiweiß
Die wichtigsten Energiequellen sind Kohlehydrate und Fette. Eiweiß hat vor allem die Aufgabe, Gewebe aufzubauen. Diese drei Grundstoffe sind allerdings nicht ausreichend für eine gesunde Ernährung.

[83] Konservierungsstoffe
Zusatzstoffe erfüllen in Lebensmittel einen Zweck: Sie verlängern z. B. die Haltbarkeit, verleihen Farbe, Aroma oder eine andere Konsistenz. Die Gruppe mit den Nummern 200 bis 299 sind erlaubte Konservierungsmittel, allerdings sind nicht alle Nummern belegt.

[84] Fette
Die Lebensmittel mit dem höchsten Brennwert liefern unserem Körper auch die meisten Kalorien. Dies sind die Fette in verschiedener Art.

[85] Raukopf
Die einfache Einteilung der Pilze aus unseren Wäldern könnte so lauten: „essbar", „giftig" und „tödlich giftig". Der OrangefuchsigeRaukopf und der Spitzgebuckelte Raukopf werden in die giftigste Klasse eingestuft. Manche Pilzarten aus unseren Wäldern sind allerdings nur im rohen Zustand giftig und einige nur in Kombination mit Alkohol oder wenn sie gekocht sind.

[86] Bambus
Diese Pflanze, das größte der Süßgräser, wächst nicht nur besonders schnell, sie produziert auch mehr Sauerstoff als alle anderen. Ihre essbaren Teile sind die jungen Schößlinge, die Blätter und die Herzen. Alle Pflanzenteile finden besonders in der asiatischen Küche starke Verwendung.

[87] 35 Stück
Das braune Kultgetränk ist beliebt. Dass die belebende Flüssigkeit auch eine Kehrseite hat, ist bekannt. Die große Zuckermenge macht diesen Soft-Drink zu einer Kalorienbombe. Soviel wie sieben Stücke Würfelzucker sind in einem kleinen Glas von 0,2 Litern enthalten.

Ernährung [Fragen]

[88] Was steht hinter dem Begriff „Ascorbinsäure"?
(1) Eine Bezeichnung für ein Vitamin
(2) Eine der Fettsäuren in wertvollen Ölen
(3) Ein natürlicher Farbstoff in Karotten
84) Ein Cholesterin abbauender Inhaltsstoff in rohen Eiern

[89] Es gibt unterschiedliche Formen des „Vegetarismus". Nicht alle sind Vegetarier sind gleich streng gegenüber ihrer Ernährung. So essen „Pesco-Vegetarier" neben Gemüse auch ...
(1) Fische
(2) Bio-Fleisch
(3) Singvögel
(4) Innereien

[90] Welche dieser Zubereitungsarten ist am fettärmsten?
(1) Grillieren
(2) Pochieren
(3) Sautieren
(4) Frittieren

[91] Welche dieser Aussagen bezüglich „Veganern" und „Vegetariern" ist nicht richtig?
(1) Veganer trinken keine Milch
(2) Veganer essen weder Fleisch noch Fisch noch Honig
(3) Vegetarier essen Obst und Gemüse nur roh
(4) Vegetarier essen weder Fleisch noch Fisch

[92] Stimmt die Meinung, dass Pilzgerichte beim zweiten Erhitzen giftig sind?
(1) Ja, weil die Pilzgifte durch die Hitze entstehen
(2) Nur stark gewürzte Pilzgerichte werden giftig
(3) Wenn die Pilze nicht klein geschnitten sind, werden sie giftig
(4) Dies stimmt eigentlich nicht

[93] Wenn man älter wird, neigt man zu „Osteoporose". Wie kann man dagegen vorbeugen?
(1) Durch calciumreiche Ernährung
(2) Durch reichliche Jodzufuhr über die Ernährung
(3) Durch fluoridreiche Ernährung
(4) Durch den Genuss von Rotweinen

Ernährung [Antworten]

[88] Eine Bezeichnung für ein Vitamin
„Ascorbinsäure" ist ein farb- und geruchloser, kristalliner und wasserlöslicher Feststoff mit saurem Geschmack, besser bekannt als Vitamin C. In der Nahrung kommt es vor allem in Obst und Gemüse vor, sein Gehalt sinkt jedoch beim Kochen, Trocknen oder bei der Lagerhaltung. Zitrusfrüchte und Kohl enthalten gleich nach der Ernte besonders viel Vitamin C.

[89] ... Fische
Gelegentlich wird der „Pescetarismus" als Teilgebiet des Vegetarismus angesehen. Er bedeutet, dass „Pesco-Vegetarier" auch Fische (it. „pesce") essen. Bei dieser Ernährungsweise wird auf den Verzehr von Fleisch von Warmblütlern gänzlich verzichtet, allerdings werden Eier, Milch und Honig gegessen.

[90] Pochieren
Das Garen in einer entsprechenden Flüssigkeit unter dem Siedepunkt ist eine schonende, fettarme Zubereitungsart (nicht nur für Eier).

[91] Vegetarier essen Obst und Gemüse nur roh
Sowohl bei Vegetariern als auch bei Veganern sind die Gründe für ihre Ernährungsform sehr unterschiedlich und oft ethisch begründet. Vermutlich ernähren sich weniger als 0,5 Prozent der Menschen vegan. In der westlichen Welt wird der Anteil an Vegetariern auf 1,5 bis 2,5 Prozent geschätzt. In Indien sind es etwa 40 Prozent. Vegetarier essen kein Fleisch und keinen Fisch, Veganer lehnen zudem auch alle weiteren tierischen Produkte wie Milch, Milchprodukte oder Honig ab.

[92] Dies stimmt eigentlich nicht
Nicht das zweite Erhitzen ist bei Pilzgerichten ein Problem, vielmehr kann ein zu langsames Abkühlen und Lagern bei Raumtemperaturen schädlich sein. Also: Reste schnell abkühlen und bei etwa +4 °C im Kühlschrank lagern. Richtig zubereitet und korrekt gelagert sind Pilze wertvolle, kalorienarme Nahrungsmittel mit einem hohen Gehalt an B-Vitaminen.

[93] Durch calciumreiche Ernährung
„Osteoporose" ist eine Knochenerweichung, die durch die Entmineralisierung der Knochen entsteht und im Alter weit verbreitet ist. Früh mit der Vorbeugung zu beginnen, ist wichtig, und calciumreiche Kost hilft mit. Einfache Empfehlungen dazu: Milchprodukte, vor allem Hartkäse, bestimmte Gemüsearten wie Fenchel oder Brokkoli und Nüsse essen!

Ernährung [Fragen]

[94] „Probiotisch" ist ein besonderer Hinweis, z. B. auf Joghurt. Die darin enthaltenen besonderen Bakterien sollen ...
(1) Kohlehydrate in wertvolles Eiweiß umwandeln
(2) sich im Darm ansiedeln
(3) Ballaststoffe in der Nahrung besser verwerten
(4) ein deutlich schnelleres Sättigungsgefühl erzeugen

[95] Alters-Diabetes entsteht leider besonders häufig durch ...
(1) Zucker im Kaffee
(2) lebenslange harte Arbeit
(3) Übergewicht
(4) dder as tägliche Glas Wein

[96] Was ist „Skorbut"?
(1) Ein Konservierungsmittel
(2) Ein arabisches Getränk
(3) Ein Fressgelage in der Antike
(4) Eine Mangelerkrankung

[97] „Fuselölen" wird gerne die Schuld an der „Katerwirkung" nach Alkoholgenuss zugesprochen. Was sind aber „Fuselöle"?
(1) Nebenprodukte bei der alkoholischen Gärung
(2) Ein zu hoher Schwefelgehalt bei Getränken
(3) Glycerinbestandteile in Wein und Schnaps
(4) Unerwünschte Stoffe, die aus Abfüllmaschinen stammen

[98] Was sind „Aminosäuren"?
(1) Säuren, die die Kohlehydrate spalten
(2) Eiweiß-Bausteine
(3) Bausteine der Omega-Fett-Säuren
(4) Säuren, die die Verdauung bewirken

[99] Welche Funktion bei unserer Ernährung haben Ballaststoffe?
(1) Sie halten uns lange satt
(2) Sie sind die Trägerstoffe für die Vitamine
(3) Sie fördern die Verdauung
(4) Sie speichern die Kohlehydrate im Magen

Ernährung [Antworten]

[94] ... sich im Darm ansiedeln
Der Begriff „Probiotikum" kommt aus dem Griechischen: „Pro bios" bedeutet „für das Leben". Es zählt zu den Functional-Food-Produkten, die lebensfähige Mikroorganismen enthalten. In ausreichenden Mengen aufgenommen, können Probiotika einen gesundheitsfördernden Einfluss haben; das Ausmaß dieser möglichen Wirkung ist jedoch in vielen Fällen umstritten. Kritiker bemängeln, dass sie Teile der erwünschten Darmflora empfindlich stören können.

[95] ... Übergewicht
Der Ausdruck „Altersdiabetes" war früher geläufiger, da diese Art von Diabetes in der Regel bei älteren Menschen zum ersten Mal auftritt. In den letzten Jahren findet sich der „Diabetes mellitus Typ 2" aber auch bei übergewichtigen Jugendlichen. Als stärkster Risikofaktor für seine Entstehung gilt neben einer genetischen Veranlagung das Übergewicht, vor allem in seiner „bauchbetonten" Form.

[96] Eine Mangelerkrankung
Die Erkrankung „Skorbut", entstanden durch den Mangel an Vitamin C, ist schon seit Jahrtausenden bekannt. Im Zeitalter der Entdeckungen war sie oft die Haupttodesursache bei Seeleuten. Grund für das häufige Auftreten auf See war die einseitige Ernährung, die mangels Konservierungs-möglichkeiten hauptsächlich aus Pökelfleisch und Schiffszwieback bestand. Durch das Mitführen von eingekochtem Zitronensaft, Sauerkraut und Kartoffeln konnte diese Seefahrerkrankheit eingedämmt werden.

[97] Nebenprodukte bei der alkoholischen Gärung
Sie sind eine Mischung aus mittleren und höheren Alkoholen und anderen Stoffen und entstehen bei der alkoholischen Gärung als Nebenprodukte des Hefestoffwechsels.

[98] Eiweiß-Bausteine
Ohne „Aminosäuren" gäbe es keinen Aufbau von Eiweiß in unserem Körper. Aus etwa 20 verschiedenen Aminosäuren entstehen alle Eiweiße.

[99] Sie fördern die Verdauung
Ballaststoffe sind für unseren Körper nicht einfach unnötiger „Ballast". Als unverdaulicher Bestandteil unserer Nahrung sind sie im Dickdarm das „Futter" für Bakterien. Daraus resultieren eine gesunde Darmflora und eine gute Verdauung.

Ernährung [Fragen]

[100] Von welcher Getreideart wird auf der Welt am meisten produziert?
(1) Weizen
(2) Gerste
(3) Reis
(4) Mais

[101] Welche dieser Bezeichnungen dient in der Diätetik als Hilfe bei der Errechnung der Kohlehydratmengen?
(1) Broteinheiten
(2) Buttereinheiten
(3) Löffeleinheiten
(4) Blatteinheiten

[102] Was wird bei der „basischen Ernährung" weitgehend vermieden?
(1) Rohes Obst
(2) Gekochtes Gemüse
(3) Trockenfrüchte
(4) Gebratenes Fleisch

[103] Bei welcher Art von Eiszubereitung müssen wir bei gleicher Menge mit den meisten Kalorien rechnen?
(1) Granitée
(2) Parfait
(3) Espuma
(4) Sorbet

Ernährung [Antworten]

[100] Mais
Doch das meistproduzierte Getreide ist nicht gleichzeitig das wichtigste Grundnahrungsmittel der Welt. An Mais wächst die größte Menge, aber Reis ist für die Ernährung der Menschen die Nummer Eins.

[101] Broteinheiten
Bei einem Ernährungsplan, der speziell für Diabetiker zugeschnitten ist, wird die täglich empfohlene Menge an Kohlehydraten in Broteinheiten (BE) angegeben. Dabei entspricht 1 BE 12 Gramm Kohlehydraten. Eine Broteinheit erreicht man z. B. mit einer halben Banane, einer halben Scheibe Weißbrot oder 250 Gramm Erdbeeren.

[102] Gebratenes Fleisch
Die „basische Ernährung" schreibt bestimmten Lebensmitteln eine basische Wirkung auf den Körper zu. Eine Übersäuerung des Körpers soll durch die Reduzierung oder Vermeidung dieser Lebensmittel verhindert werden. Obst, Gemüse und Trockenfrüchte dürfen in der Regel bedenkenlos gegessen, der Konsum von Fleisch, Fisch und bestimmten Milchprodukten sowie Kaffee und Süßigkeiten sollte möglichst eingeschränkt werden.

[103] Parfait
„Parfait" ist Halbgefrorenes, in dem nicht nur Zucker, sondern auch reichlich Sahne bzw. Obers enthalten ist. Es schmeckt köstlich und kann auch von Hobbyköchen leicht zubereitet werden. Allerdings hat es eindeutig die meisten Kalorien.
„Granitée", „Sorbet" und „Espuma" bestehen in der Regel vor allem aus Früchten und Fruchtsäften. Dabei muss Espuma nicht unbedingt gefroren, aber doch sehr kalt sein.

Das Restaurantquiz

Kategorie: Flüssiges

Flüssiges

„Das Trinken lernt der Mensch zuerst, viel später dann das Essen. Darum soll er auch aus Dankbarkeit das Trinken nicht vergessen." Für Menschen, die kaum Zugang zu sauberem Trinkwasser haben, mag dieses Zitat jedoch zynisch klingen.

Nicht nur essbare Nahrungsmittel sind wichtig zum Leben und Überleben, auch die Getränke gehören natürlich dazu. Die nachstehenden Fragen und Antworten zu diesem Thema befassen sich allerdings nicht mit dem „Grundbedürfnis Trinken". Hier geht es um die ganze Palette von regionalen und internationalen Getränken, also vom Apfelsaft bis zum Whisky.

Wie bereits im Vorwort erwähnt, wird die Suche nach reinen Weinfragen vergebens sein. Dafür kann ich Ihnen nur das Buch DAS WEINQUIZ – „Wein erlernen wie ein Sommelier" empfehlen, das ebenfalls im Verlag der Gebrüder Kornmayer erschienen ist. Schon kurz nach Erscheinen wurde das Werk mit dem Award „Best Weine Education Book in Germany" ausgezeichnet. Dort befassen sich 1.220 Fragen mit 4.880 Antwortmöglichkeiten und ausführlichen Erklärungen zu allen richtigen Antworten um den Weinbau der Welt.

Flüssiges [Fragen]

[1] Der bekannte „Sunshine drink" Daiquiri kommt aus der Karibik. Welches ist die Basis-Spirituose dafür?
(1) Tequila
(2) Cachaca
(3) Weißer Rum
(4) Brauner Rum

[2] „Grand Marnier" ist ein ...
(1) französischer Kräuterlikör
(2) großes Champagnerhaus
(3) französischer Aperitif auf Weinbasis
(4) französischer Edellikör mit Orangengeschmack

[3] Eine dieser Kaffeekompositionen gilt im Wiener Kaffeehaus als „Einspänner". Es ist ...
(1) ein kleiner Mocca (Espresso) mit Marillenlikör und Schlagobers
(2) ein kleiner Mocca (Espresso) im Glas mit Schlagobershaube
(3) ein großer Mocca mit Milch und Milchschaum
(4) dasselbe wie ein Kaffee Melange

[4] Welche Europäer trinken laut Statistik das meiste Bier? Es sind die ...
(1) Tschechen
(2) Dänen
(3) Deutsche
(4) Österreicher

[5] „Armagnac" ist ein ...
(1) Weinbrand mit Pflaumen
(2) Cognac einfacher Qualität
(3) spanischer Weinbrand
(4) „Eau-de-vie de vin" aus der Gascogne

[6] Welche dieser Zutaten ist für den Barklassiker „Flip" kennzeichnend?
(1) Sodawasser
(2) Eigelb
(3) Eiklar bzw. Eiweiß
(4) Portwein

Flüssiges [Antworten]

[1] Weißer Rum
Der Name des Drinks stammt von einer kubanischen Siedlung. Das Rezept wird in den Bars der Welt vielfach verändert; sehr oft werden Früchte wie Bananen, Erdbeeren oder Mangos mitgemixt. Die alkoholische Basis ist aber immer ein weißer Rum aus der Karibik. Nach einem besonderen Rezept hergestellt soll es der Lieblingsdrink von Ernest Hemingway gewesen sein: mit Maraschino statt Zucker und Grapefruit- statt Limetten- oder Zitronensaft.

[2] ... französischer Edellikör mit Orangengeschmack
Er wurde 1827 durch Jean-Baptiste Lapostolle erstmals erzeugt. Im Jahr 1870 wurde der Likör von seinem Schwiegersohn Louis Alexandre Marnier weiter verbessert. Seit 1880 wird der Likör in unveränderter Prozedur und Rezeptur hergestellt. Die Basis sind edler gereifter Cognac und haitianische Bitterorangen.

[3] ... ein kleiner Mocca (Espresso) im Glas mit Schlagobershaube
Ein „Einspänner" kann in Wien mehrere Bedeutungen haben: die Kutsche mit nur einem Pferd oder ein „Frankfurter Würstchen" (Wiener Würstchen), aber nur ein halbes Paar. Der „Einspänner" im Kaffeehaus erinnert an die Zeit, als die Kutscher vor den Kaffeehäusern ihre Standplätze hatten und dort schnell einen Mocca mit einer Schlagobershaube aus einem kleinen Glas tranken, während sie auf Fahrgäste warteten.

[4] ... Tschechen
Pro Kopf und Jahr trinken sie mehr als 150 Liter. Deutschland liegt mit rund 110 Litern an zweiter Stelle, und Österreich folgt auf dem dritten Platz. Diese Werte variieren jedes Jahr leicht. Das Wetter und Großveranstaltungen spielen dabei eine gewisse Rolle.

[5] ... „Eau-de-vie de vin" aus der Gascogne
Dieser Name ist gesetzlich geschützt. Das Brennen von Armagnac wurde bereits im 15. Jahrhundert erwähnt und hat damit eine ältere Tradition als das Brennen von Cognac. Die Gascogne liegt in Südwestfrankreich, südlich von Bordeaux.

[6] Eigelb
Ein Eigelb wird mit der jeweiligen Basis-Spirituose und den weiteren Zutaten kurz und kräftig geschüttelt. Wegen der Salmonellen-Gefahr wir das Eigelb immer öfter durch einen hochwertigen Eierlikör ersetzt. Besonders bekannt sind Flips mit Südweinen wie zum Beispiel Portwein, Madeira oder Sherry.

Flüssiges [Fragen]

[7] „Rauchbier" ist eine Spezialität aus der deutschen Stadt ...
(1) Dortmund
(2) München
(3) Bamberg
(4) Hamburg

[8] Wenn man Whisky und italienischen Vermouth vermischt und mit einem Dash Angostura aromatisiert, dann entsteht ein Cocktail namens ...
(1) Manhattan
(2) Bronx
(3) Idaho
(4) Long Island

[9] Welches ist die älteste gewerbliche Brauerei der Welt?
(1) Pilsner Urquell in Tschechien
(2) Weihenstephan in Deutschland
(3) Anheuser-Busch in den USA
(4) Carlsberg in Dänemark

[10] Die ältesten Überlieferungen über die Herstellung von Bier stammen von den ...
(1) Ägyptern
(2) Sumerern
(3) Griechen
(4) Germanen

[11] Das deutsche Reinheitsgebot für die Bierherstellung entstand im ...
(1) 14. Jahrhundert
(2) 15. Jahrhundert
(3) 16. Jahrhundert
(4) 17. Jahrhundert

[12] Japanischer „Sake" wird hergestellt aus ...
(1) allen Getreidearten
(2) Reis und Kartoffeln
(3) Reis allein
(4) Reis und Pflaumen

Flüssiges [Antworten]

[7] ... Bamberg
Es erhält seinen besonderen rauchigen Geschmack durch das über Holz gedarrte (getrocknete) Malz. Mehrere Brauereien in verschiedenen Ländern erzeugen heute „Rauchbier", aber das „echte" kommt aus Bamberg.

[8] ... Manhattan
Einer der absoluten Klassiker in der Welt der Cocktails ist nach dem „Herzen" von New York, dem Stadtteil Manhattan benannt. Zwei Drittel Whisky und ein Drittel Vermouth ist das Mischungsverhältnis. Je nach Rezept wird dafür Bourbon Whisky oder Rye Whiskey verwendet. Mit italienischem Vermouth gibt es die rote, süßliche Variante. Eine Cocktailkirsche ist die ansprechende und wohlschmeckende Garnitur.

[9] Weihenstephan in Deutschland
Weihenstephan liegt in der Nähe von München. Dort wird nachweislich seit dem Jahre 1040 Bier gebraut; vielleicht sogar viel länger, denn etwa 300 Jahre früher ließen sich hier Benediktinermönche nieder, die möglicherweise auch schon ihr eigenes Bier brauten.

[10] ... Sumerern
Die ältesten Nachweise über die Herstellung von Bier sind etwa 5.000 Jahre alt. Sie stammen aus dem Land der Sumerer, dem südlichen Mesopotamien, etwa zwischen Euphrat und Tigris gelegen. Vermutlich wurde der Gärprozess durch einen Zufall entdeckt, als ein Stück nasses Brot zu gären begann und zu einem berauschenden Brei wurde.

[11] ... 16. Jahrhundert
Das Reinheitsgebot wurde 1516 von Herzog Ludwig IV in Bayern erlassen und gilt als ältester Lebensmittelkodex. Das Originaldokument wird in der Bayerischen Staatsbibliothek München aufgewahrt und besagt, aus welchen Rohstoffen Bier gebraut werden darf. Damals waren es nur Malz, Hopfen und Wasser; Hefe als vierte Zutat war noch nicht bekannt. Die alkoholische Gärung geschah durch die „wilden Hefen", die in der Luft enthalten sind.

[12] ... Reis allein
„Sake" wird in Japan schon im 3. Jahrhundert nachgewiesen. Der dafür verwendete Rohstoff ist ausschließlich Reis. Billigprodukte werden allerdings auch mit „fremdem" Alkohol verschnitten. Die verschiedenen Sake-Arten unterscheiden sich u. a. durch den Zuckergehalt.

Flüssiges [Fragen]

[13] Das Wort „Whisky" leitet sich von den keltischen Ausdrücken „Uisge beatha" oder „Usquebaugh" ab. Ursprünglich bedeutete dies ...
(1) tiefes Moor
(2) Wasser des Lebens
(3) weites Land
(4) brauner Fluss

[14] Die ersten Kaffeehäuser der Welt wurden in Mekka eingerichtet. Das erste Kaffeehaus Westeuropas entstand in ...
(1) London
(2) Paris
(3) Venedig
(4) Wien

[15] Wie viel Alkohol darf „alkoholfreies" Bier enthalten?
(1) 0,0 Vol.-%
(2) 0,3 Vol.-%
(3) 0,5 Vol.-%
(4) 0,7 Vol.-%

[16] Kaffee zählt in Deutschland, Österreich und der Schweiz zu den Lieblingsgetränken. In welchem europäischen Land werden davon die größten Mengen getrunken?
(1) Italien
(2) Deutschland
(3) Österreich
(4) Finnland

[17] „Earl Grey"-Tee bekommt sein besonderes Aroma von den ...
(1) ätherischen Ölen der Bergamotte-Pflanze
(2) Blüten des Jasminstrauchs
(3) Blüten verschiedener Wildblumen aus dem Himalaja-Gebiet
(4) getrockneten Blütenblättern einer Rose

[18] Was für ein Getränk ist „Mate"?
(1) Eine Art Tee
(2) Ein Mixgetränk
(3) Ein biologischer Kaffeeersatz
(4) Ein malzhaltiger Milchmix

Flüssiges [Antworten]

[13] ... Wasser des Lebens
„Uisge beatha" oder „Usquebaugh" sind gälische Übersetzungen des lateinischen Begriffs „Aqua vitae". Auch Aquavit aus Dänemark, Schweden oder Norwegen sowie russischer Wodka sind demnach „Lebenswässer". Nicht anders ist es bei den Schnäpsen in Frankreich, die als „Eau de vie" bekannt sind.

[14] ... Venedig
Nachdem es Kaffeehäuser im arabischen Raum gab, kam die Kaffeekultur Europa immer näher. Nach Damaskus und Konstantinopel entstand das erste europäische Kaffeehaus, eine „Bottega del caffé", in Venedig. Über das Jahr der Eröffnung gibt es unterschiedliche Angaben: 1664, 1683 oder schon 1645.

[15] 0,5 Vol.-%
„Alkoholfreies" Bier ist nicht wirklich alkoholfrei. Es ist ein Alkoholgehalt bis höchstens 0,5 Vol.-% erlaubt. Um den niedrigen Alkoholgehalt zu erzielen, gibt es verschiedene Methoden, die teilweise sehr aufwendig sind.

[16] Finnland
Während der Verbrauch an Rohkaffee in der Schweiz, in Österreich und in Deutschland zwischen etwa 6 und 7 Kilogramm pro Kopf und Jahr liegt, trinken die Skandinavier deutlich mehr Kaffee. Und so liegt Finnland mit mehr als 11 Kilogramm pro Kopf noch vor Schweden und Norwegen. Es sind wohl die kurzen Tage und langen Nächte sowie die hohen Alkoholpreise dafür verantwortlich.

[17] ... ätherischen Ölen der Bergamotte-Pflanze
Unter den weit über 100 bekannten aromatisierten Teesorten ist „Earl Grey" der bekannteste. Der britische Außenminister Earl Edward Grey brachte das Wissen, Teeblätter zu aromatisieren, im 19. Jahrhundert aus China mit. Für diesen Tee werden die aromatischen Öle der Bergamotte, einer Zitrusfrucht, verwendet.

[18] Eine Art Tee
Er ist fast ein Nationalgetränk in Südamerika: Mate, der „Tee", der aus den immergrünen Blättern des Matestrauchs gewonnen wird. Die Blätter werden wie bei grünem oder schwarzem Tee entweder gedämpft oder fermentiert. Dem Tee wird eine appetithemmende und verdauungsfördernde Wirkung zugeschrieben. Durch seinen Koffeingehalt wirkt er anregend.

Flüssiges [Fragen]

[19] „Tequila" gilt als mexikanisches Nationalgetränk und ist auch international längst bekannt. Gewonnen wird die Spirituose aus ...
(1) Maniokwurzeln
(2) Agavenherzen
(3) Kaktusfeigen
(4) Zuckerrohr

[20] Die Likörserie „Curacao" trägt ihren Namen nach einer Insel in ...
(1) Holland
(2) Asien
(3) der Karibik
(4) der Südsee

[21] „Cherry Heering" ist vermutlich der älteste Kirschlikör der Welt. Er kommt aus ...
(1) der Schweiz
(2) dem Schwarzwald
(3) Holland
(4) Dänemark

[22] „Angostura-Bitter" gibt vielen Cocktails erst den besonderen Geschmack. Nicht passen würde der Bitter zum Beispiel in eine/n ...
(1) Manhattan
(2) Old Fashion
(3) Rob Roy
(4) White Lady

[23] „Campari" ist einer der bekanntesten Bitteraperitifs. Unverdünnt, also ohne Soda, Tonic Water oder Saft, hat er einen Alkoholgehalt von ...
(1) 18 Vol.-%
(2) 22 Vol.-%
(3) 25 Vol.-%
(4) 28 Vol.-%

Flüssiges [Antworten]

[19] ... Agavenherzen
Eigentlich ist „Tequila" eine Unterart von „Mezcal", dem mexikanischen Destillat, das aus Agavenherzen gewonnen wird. Tequila ist der bekannteste Mezcal; er wird nach der gleichnamigen Stadt benannt, in deren Umgebung er auch erzeugt wird. Je nach Farbe, Reifungsart und Geschmack wird Tequila in verschiedene Kategorien eingeteilt.

[20] ... der Karibik
„Curacao-Liköre" sind in verschiedenen Farben und Qualitäten auf dem Markt und fehlen wohl in keiner Bar. Benannt werden sie nach einer Antilleninsel in der Karibik. Das Aroma der feinherben Schalen einer besonderen Zitrusfrucht, die auf der Insel seit dem 17. Jahrhundert angebaut wird, ist ein wichtiger Bestandteil der Liköre.

[21] ... Dänemark
Er ist einer der bekanntesten und hochwertigsten Kirschliköre der Welt. Er kommt aus Dänemark und hat seinen Namen vom dänischen Kaufmann Peter F. Heering, der ein geschenktes Likör-Rezept verfeinerte und den Likör zu dem machte, was er seit fast 200 Jahren ist. Die Kirschen wachsen auf Seeland in Dänemark. Das fertige Produkt wird nach einer langen Reifezeit in 140 Länder der Welt exportiert.

[22] ... White Lady
Bei „Manhattan", „Rob Roy" oder „Old Fashion" ist Angostura ein fester Teil der Rezeptur. Nur bei einer „White Lady", die aus Gin, Cointreau und Zitronensaft gemixt wird, würde der Bitter die fruchtige Geschmacksnote stören.

[23] ... 25 Vol.-%
Der bekannte rote Aperitif wird heute in rund 190 Länder der Welt exportiert. Er wird als Longdrink serviert oder für internationale Drinks verwendet. Seit 1862 wird das Getränk in Italien erzeugt. Unverdünnt hat „Campari" einen Alkoholgehalt von 25 Vol.-%. Ursprünglich wurde er im Café-Restaurant Camparino in Mailand serviert und von Gaspare Campari als „Holländischer Bitter" bezeichnet. Bald wurde daraus „Bitter Campari".

Flüssiges [Fragen]

[24] Ein international bekannter Aperitif wird unter anderem aus den Blättern der Artischocke erzeugt. Es ist ...
(1) Cynar
(2) Dubonnet
(3) St. Raphael
(4) Byrrh

[25] Eine dieser Pflanzen trägt den Namen eines alkoholstarken Getränkes. Es ist ...
(1) Enzian
(2) Edelweiß
(3) Spargel
(4) Lavendel

[26] Welcher dieser Kräuterliköre kommt nicht aus Frankreich?
(1) Chartreuse
(2) Bénédictine
(3) Strega
(4) Izarra

[27] Frankreich ist zwar ein „Weinland", hat aber auch eine Brau-Tradition. Welches ist die größte Brauerei Frankreichs?
(1) Brasserie Meteor
(2) Kronenbourg
(3) Fischer
(4) Brasserie de la Soif

[28] Weinbrände bezeichnet man in Italien allgemein als ...
(1) Brandy
(2) Cognac
(3) Grappa
(4) Aqua vivate

[29] „Caipirinha" ist längst auch in unseren Bars ein Modedrink. Als Nationalgetränk gilt es in seiner Heimat ...
(1) Argentinien
(2) Brasilien
(3) Cuba
(4) Curacao

Flüssiges [Antworten]

[24] ... Cynar
Dieser Aperitif erhält das Aroma und die interessante Bitternis aus den Blättern der Distelart „Cynara scolymus" sowie aus Kräuterextrakten. Das italienische Produkt, das wegen seiner verdauungsfördernden Wirkstoffe auch als Digestif sehr geeignet ist, hat 16,5 Vol.-% Alkohol und wird meist mit Orangensaft oder Soda, aber immer eiskalt serviert.

[25] ... Enzian
In den Alpen wird eine besondere Spirituose mit dem Zusatz von Wurzeln des gelben Enzians gewonnen; dieser Schnaps trägt auch den Namen „Enzian". Die armdicken Wurzeln der Pflanze sind sehr zuckerhaltig und reich an Bitterstoffen. Extrakt aus Enzianwurzeln ist in der Volksmedizin längst als Hausmittel gegen Fieber, Gicht und Darmparasiten bekannt.

[26] Strega
Die vier Edelliköre werden aus sehr unterschiedlichen Kräutermischungen hergestellt. „Strega" kommt aus der italienischen Region Kampanien. Seine gelbe Farbe hat er von Safran, und sein Name bedeutet „Hexe".

[27] Kronenbourg
Der Franzose trinkt Wein und nicht Bier – dieses Vorurteil ist nicht ganz falsch, denn immerhin hat das große Land nur etwa 30 bis 40 Brauereien, die meisten davon im Elsass, wo sich auch die wichtigsten Braustätten von Kronenbourg befinden. Es ist die größte Brauerei Frankreichs, sie wurde bereits 1664 gegründet und erzeugt mehr als 40 Prozent des französischen Bieres.

[28] ... Brandy
Wahrscheinlich war nicht Frankreich, sondern Italien das erste Land, in dem fertig vergorener Wein destilliert wurde. Die heutige Region Emilia-Romagna gilt als Wiege italienischer Weinbrände. Allgemein werden diese Destillate einfach als „Brandy" bezeichnet, nach der Aussprache aber nicht wie im Englischen als „Brändy", sondern mit einem reinen a als „Brandy".

[29] ... Brasilien
Wenn frische Limetten im Glas zusammen mit Zuckerrohrschnaps, Rohrzucker und Eis zerstampft werden, handelt es sich um den brasilianischen Nationaldrink. Vielfach wird er auch abgewandelt und mit anderen Spirituosen als dem brasilianischen Cachaca zubereitet - natürlich dann unter anderem Namen auf der Barkarte.

Flüssiges [Fragen]

[30] „Martini Dry" ist weltweit einer der bekanntesten Cocktails. Wenn er nicht mit der traditionellen Olive, sondern mit einer Perlzwiebel serviert wird, dann heißt er ...
(1) Stetson
(2) Gimlet
(3) Rob Roy
(4) Gibson

[31] Der zünftige „Skifahrertee" auf Österreichs Bergen ist der ...
(1) Bauerntee
(2) Latschentee
(3) Jagertee
(4) Förstertee

[32] Der finnische „Lakka-Likör" ist eine köstliche Rarität. Die Basisfrucht dafür sind ...
(1) Moltebeeren
(2) Ebereschen
(3) Himbeeren
(4) Preiselbeeren

[33] Das Kulturgetränk Tee stammt ursprünglich aus ...
(1) Ceylon
(2) China
(3) Indien
(4) Japan

[34] Welche dieser Teesorten wird nur halbfermentiert?
(1) Gunpowder
(2) Orange Pekoe
(3) Oolong
(4) Assam

[35] Der Bitterlikör „Angostura" wird in der Bar zum Würzen von Drinks verwendet. Ursprünglich wurde er verwendet als ...
(1) Sonnenschutzmittel im Gesicht
(2) Medizin gegen Malaria
(3) Soßen-Würze
(4) Haartonikum

Flüssiges [Antworten]

[30] ... Gibson
Es gibt tausende Rezepturen von Cocktails, und mehrere hundert davon sind international bekannt. Einer der bekanntesten ist der „Martini Dry" mit Gin und unterschiedlicher Menge an trockenem weißem Wermut. Wenn statt der grünen Olive eine Perlzwiebel die Garnitur ist, dann ist „Gibson" der Name dafür.

[31] ... Jagertee
Alkohol genuss auf Skipisten ist sicher nicht empfehlenswert, aber was wäre ein Hüttenbesuch ohne Aufwärmgetränk! Die Rezepturen für „Jagertee" sind sehr unterschiedlich, etwas Schwarztee ist meistens dabei, außerdem Rotwein, Obstler und Rum. Natürlich dürfen Gewürze nicht fehlen und, damit er schneller ins Blut geht, auch Zucker.

[32] ... Moltebeeren
Das finnische Wort „Lakka" ist der Name der Beerenfrucht, aus der dieser Likör gewonnen wird. Es sind die seltenen Moltebeeren, die vor allem in sumpfigen Gebieten im Norden Finnlands wachsen und per Hand geerntet werden. Die Früchte ähneln hellroten Himbeeren. Andere Namen sind „Multe-", „Schell-" oder „Torfbeeren". Der fertige Likör hat einen Alkoholgehalt von 21 Vol.-%. Auch zur Herstellung oder Verfeinerung von Süßspeisen ist er geeignet.

[33] ... China
Tee ist weltweit eines der wichtigsten Getränke. Eigentlich können die Blätter jeder Geschmack liefernden Pflanze das Wasser würzen. Im engeren Sinn versteht man unter Tee aber den Aufguss aus den Blättern des immergrünen Teebaums, der ursprünglich aus China stammt.

[34] Oolong
Der Name bedeutet „schwarzer Drache" oder „schwarze Schlange". Der sogenannte „schwarze" Tee ist fermentiert, der „grüne" wird nur getrocknet. Die Sorte „Oolong" ist halbfermentiert. Bei der Herstellung werden die Blätter zuerst in der Sonne gewelkt und dann fermentiert bzw. einer Oxidation zugeführt.

[35] ... Medizin gegen Malaria
Dieser Bitterlikör wurde Anfang des 19. Jahrhunderts von dem deutschen Arzt Johann Gottlieb Benjamin Sieger in der venezolanischen Stadt Angostura gegen Tropenkrankheiten entwickelt. Der Bitter hat in der Regel 44 Vol.-% Alkohol und wird aus Pflanzenteilen des Angosturabaumes gewonnen. Im Originalrezept wird die Rinde nicht verwendet.

Flüssiges [Fragen]

[36] Die Samen eines Doldenblütlers werden in Frankreich zu „Pastis" und in der Türkei zu „Raki" verarbeitet. Es handelt sich um ...
(1) Kümmel
(2) Fenchel
(3) Koriander
(4) Anis

[37] Der Kaffeebaum wird heute auf mehreren Kontinenten der Erde angebaut. Seinen Ursprung hatte er in ...
(1) Äthiopien
(2) Brasilien
(3) Jamaika
(4) Mexiko

[38] Ein „Caffè corretto" ist ein ...
(1) Kaffee mit Sahnehäubchen
(2) Espresso mit etwas Schokolade
(3) Espresso mit einem Schuss Alkohol
(4) Kaffee mit wenig Koffein

[39] In welchem Land ist „Glögg" das typische Getränk in der kalten Jahreszeit?
(1) Schottland
(2) Kanada
(3) Russland
(4) Schweden

[40] „Ramandolo" ist etwas Italienisches, nämlich ein ...
(1) Süßwein aus Friaul
(2) Bitterlikör aus der Lombardei
(3) Gebäck, das zu Wein serviert wird
(4) aromatischer Schaumwein aus Piemont

[41] „B and B" ist ein bekannter Cocktail oder Shortdrink. Aus welchen Zutaten?
(1) Bénédictine und Brandy
(2) Bols und Brandy
(3) Bourbon und Brandy
(4) Bénédictine und Bourbon

Flüssiges [Antworten]

[36] ... Anis
Frankreich kennt mehrere Arten von „Pastis". Ihm ähnlich sind der türkische „Raki" und der griechische „Ouzo". Alle erhalten ihr besonderes Aroma hauptsächlich von den Samen der Anispflanze.

[37] ... Äthiopien
Vermutlich ist der Name „Kaffee" von der äthiopischen Provinz Caffa abgeleitet.

[38] ... Espresso mit einem Schuss Alkohol
Typische Getränke in einer italienischen Bar sind Caffè und Espresso. Wird ein Espresso mit einem Schuss Alkohol, vorwiegend Grappa, „veredelt", ist es ein „Caffè corretto".

[39] Schweden
Dieser Punsch bzw. Glühwein hat viel oder wenig Alkohol und ist ein typisch schwedisches bzw. skandinavisches Heißgetränk. In der Zeit vor Weihnachten und speziell zum Fest der Santa Lucia wird reichlich „Glögg" getrunken. Die Rezepturen sind sehr unterschiedlich, aber Rosinen und geschälte Mandeln sind immer dabei.

[40] ... Süßwein aus Friaul
Er ist neben dem „Picolit" der zweite bekannte Süßwein aus der Region Friaul. Er wird aus der gleichnamigen Rebsorte gewonnen, deren begrenzte Anbauzone innerhalb der Colli Orientali liegt. Der Wein hat seit dem Jahrgang 2001 die Anerkennung als DOCG-Wein.

[41] Bénédictine und Brandy
Besonders in amerikanischen Bars werden gerne Abkürzungen für verschiedene Drinks verwendet. Bei diesem Cocktail, der gerne als „After Dinner Drink" angeboten wird, werden Bénédictine und Brandy nur kurz auf Eiswürfeln gerührt und dann ohne Eis in einem Cocktailglas serviert. „Bénédictine" ist ein französischer Kräuterlikör und „Brandy" für den Amerikaner und Engländer ein Cognac oder Weinbrand.

Flüssiges [Fragen]

[42] Welches dieser Getränke ist alkoholfrei?
(1) Pommard
(2) Pommery
(3) Pommac
(4) Pomerol

[43] „Lambic"-Biere werden auf besondere Art vergoren. Ihre Heimat ist …
(1) Dänemark
(2) Belgien
(3) Holland
(4) Frankreich

[44] Welche Anbaugebiete bringen die besten Qualitäten bei Kaffee?
(1) Höhere Hanglagen
(2) Plantagen in der Nähe von Flüssen
(3) Tieflagen in Äquatornähe
(4) Tropische Täler mit viel Niederschlag

[45] „Sambuca" ist ein klarer Likör aus Italien. Wenn er „con la mosca" (mit Fliege) serviert wird, bekommt man ihn mit …
(1) einigen Rosinen im Glas
(2) Kaffeebohnen, die darauf schwimmen
(3) einem Tupfen Schlagobers
(4) einem Pfefferminzblatt

[46] Den Konsum einer dieser Spirituosen lehnen strenge Veganer ab. Es ist …
(1) Crème de Banane
(2) Fernet
(3) Curacao blue
(4) Campari

[47] Was man für einen richtigen „Irish Coffee" garantiert nicht braucht, ist …
(1) brauner Zucker
(2) heißer Kaffee
(3) Irish Whiskey
(4) heiße Milch

Flüssiges [Antworten]

[42] Pommac
Er ist ein Klassiker unter den alkoholfreien Getränken in Schweden. Die besondere Limonade wird seit 1919 aus Früchten und Beeren erzeugt und ähnlich wie Wein in Holzfässern gereift.
„Pomerol" ist eine Anbauzone in Bordeaux, die nur Rotweine erzeugt, „Pommard" istein Wein aus der gleichnamigen Gemeinde in Burgund und „Pommery" eine bekannte Champagnermarke.

[43] ... Belgien
Das Besondere an „Lambic"-Bieren ist, dass sie nicht durch Reinzuchthefen, sondern durch „wilde" Hefen vergoren werden. Die Biere werden besonders lange in Fässern gelagert bzw. gereift.

[44] Höhere Hanglagen
Pflanzen, die eine längere Vegetationsperiode haben, bringen meistens die besten Früchte. So ist es auch bei Kaffee: Die Hochlandkaffees, fast ausschließlich die Sorte Arabica, gedeihen bis über 1200 Meter über dem Meeresspiegel. Sie zeichnen sich durch eine besonders feine Säure und hervorragenden Geschmack aus.

[45] ... Kaffeebohnen, die darauf schwimmen
Die „mosca" ist in diesem Fall nicht ein lästiges Insekt, das sich im Glas des süßen Likörs niedergelassen hat. Die „Fliegen" sind eine ungerade Zahl von Kaffeebohnen, die auf dem Likör schwimmen.

[46] ... Campari
Es ist nicht der Farbton, der von strengen Veganern abgelehnt wird, sondern der Umstand, woher die Farbe kommt. Für den Original-Campari wird der karminrote Farbstoff „Koschenille" aus Läusen hergestellt. Er hat als zugelassene Lebensmittelfarbe die Nummer E 120. Inzwischen wird allerdings auch ein synthetischer Farbstoff verwendet.

[47] ... heiße Milch
Guter „Irish Coffee" soll sein wie die Liebe: heiß, stark und süß! Heißer Kaffee, Zucker, Irish Whiskey und ein Häubchen Schlagobers bzw. Schlagsahne sind die einzigen Zutaten. Dabei gibt es kleine Unterschiede bezüglich der Art des Zuckers und der Qualität des Whiskeys. Er soll 1942 von Joe Sheridan im Foynes Dock für Flugbootpiloten kreiert worden sein.

Flüssiges [Fragen]

[48] In manchen Teilen Deutschlands verwendet man für ein Getränk den Begriff „Alsterwasser". Was ist damit gemeint?
(1) Eine Mischung aus Apfelwein mit Sodawasser
(2) Eine Mischung aus Bier und Limonade
(3) Eine Mischung aus Weißwein und Limonade
(4) Ein Weizenbier mit einem Schuss Sirup

[49] Welche dieser Teesorten wird nicht nur fermentiert, sondern auch noch geräuchert?
(1) Souchong
(2) Oolong
(3) Orange Pekoe
(4) Darjeeling

[50] Die meisten Biere werden aus Gerste, Hopfen, Wasser und Hefe hergestellt. Welche dieser vier Zutaten wurde im Reinheitsgebot von 1516 nicht erwähnt?
(1) Gerste
(2) Hopfen
(3) Wasser
(4) Hefe

[51] „Grand Marnier"-Liköre gibt es in verschiedenen Qualitäten, einer der folgenden ist allerdings nicht erhältlich. Es ist der Grand Marnier ...
(1) Cordon Millesimé
(2) Cordon Rouge
(3) Cordon Jaune
(4) Cuvée Centenaire

[52] Der Bierbrauer gewinnt sein Malz aus ...
(1) Gerste
(2) Hopfen
(3) Hefe
(4) Soja

[53] Welcher dieser Rotweine gilt als der teuerste?
(1) Château Mouton Rothschild
(2) Château Lafite Rothschild
(3) Château Haut Brion
(4) Château Petrus

Flüssiges [Antworten]

[48] Eine Mischung aus Bier und Limonade
Das Mischgetränk trägt verschiedene Namen: Was in Norddeutschland als „Alsterwasser" bekannt ist, ist in den südlichen Bundesländern das „Radler" oder die „Radler-Maß". Die Mischung ist nicht immer gleich, besteht aber auf jeden Fall aus Bier und Limonade.

[49] Souchong
Zwar stammen alle Tees aus den Blättern des Teestrauches, aber die Blattgrößen und Aufbereitungen sind sehr unterschiedlich. Ein Großteil wird fermentiert, manche wie z. B. „Oolong" nur halbfermentiert und wiederum andere nur getrocknet. „Souchong" und „Lapsang Souchong" gelten als „Rauchtees"; sie werden nach dem Fermentieren mit verschiedenen Hölzern und Harzen geräuchert.

[50] Hefe
Der einzellige Sprosspilz, der bei allen alkoholischen Getränken die Gärung bewirkt, ist die Hefe. Die verschiedenen Arten wurden erst ab dem 19. Jahrhundert wissenschaftlich erforscht. Als das Reinheitsgebot erlassen wurde, kannte man die heute meistens verwendete Hefe nicht; die alkoholische Gärung entstand durch „wilde" Hefen aus der Luft.

[51] ... Cordon Millesimé
Alle Liköre aus dem Haus Grand Marnier sind Top-Produkte. Die einfachste Qualität ist der Likör mit dem gelben Band „Cordon Jaune". Der nächste in der Qualitäts-Hierarchie ist der „Cordon Rouge". Die „Cuvée Centenaire" ist ein edles Produkt auf der Basis eines sehr alten Cognacs, das anlässlich des hundertjährigen Firmenjubiläums entstand. Die absolute Krönung ist allerdings die „Cuvée Cent Cinquantenaire", eine Likörkomposition zum 150. Jubiläum der Firma.

[52] ... Gerste
Malz kann aus jeder Art keimfähiger Getreide gewonnen werden, also auch aus Reis, Mais, Roggen oder Hirse. Nach dem deutschen Reinheitsgebot ist nur Gerste erlaubt. In Europa wird Malz überwiegend aus einer besonderen Sommergerste gewonnen.

[53] Château Petrus
Vergleicht man z. B. die Weine aus dem sehr teuren Spitzenjahrgang 2005, dann kostet der Pomerol-Wein „Château Petrus" mehr als 3.000 Euro pro Flasche, für „Haut Brion" bezahlt man mehr als 800 Euro. Die bekannten Medoc-Weine „Ch. Mouton Rothschild" und „Lafite Rothschild" kosten mehr als 600 Euro bzw. 800 Euro.

Flüssiges [Fragen]

[54] Wo in Schottland wird der „rauchigste" Whisky erzeugt?
(1) Auf den Orkney Inseln
(2) Auf der Insel Islay
(3) In den Highlands
(4) In Campelton

[55] Welcher dieser Portweintypen reift am längsten in der Flasche?
(1) Tawny
(2) Colheita
(3) Vintage
(4) Ruby

[56] „Izarra" ist ein Kräuterlikör und kommt aus ...
(1) Italien
(2) Frankreich
(3) Spanien
(4) Portugal

[57] Biere, deren Bezeichnung mit „...ator" enden, haben etwas gemeinsam. Sie ...
(1) werden aus Weizenmalz gebraut
(2) sind immer obergärig vergoren
(3) sind stark im Alkohol
(4) kommen nur aus Bayern

[58] Welche ist die teuerste Kaffeesorte der Welt?
(1) Blue Mountain aus Jamaica
(2) Kopi Luwak aus Indonesien
(3) Hawaii Kona aus Hawaii
(4) San Cristobal von den Galapagos Inseln

[59] „Aperol" ist ein hellroter Likör bzw. Kräuterbitter aus Italien. Für die Herstellung wird unter anderem eine Pflanze verwendet, die uns auch als Gemüse schmeckt. Es ist ...
(1) Rhabarber
(2) Spinat
(3) Fenchel
(4) Radicchio

Flüssiges [Antworten]

[54] Auf der Insel Islay
Islay ist die südlichste der Inneren Hebriden-Inseln und liegt vor der Westküste Schottlands. Es gibt derzeit acht aktive Brennereien auf der Insel, eine neunte ist im Entstehen. Der besondere Torf auf der Insel ist verantwortlich für die ausgesprochen „rauchigen" Whisky-Typen, deren Ton auch in Richtung Jod und Tang gehen kann.

[55] Vintage
Ein „Vintage-Port" ist ein sehr hochwertiger Jahrgangswein, der nur zwei bis drei Jahre im Fass reift. Seine gesamte weitere Reifezeit macht er in der Flasche durch. Die höchste Vollendung erreicht er meist erst nach 20, 30 oder mehr Jahren. Dies bewirkt naturgemäß ein starkes Depot in der Flasche; ein gereifter Vintage muss auf jeden Fall dekantiert werden.

[56] ... Frankreich
„Izarra" gibt es in zwei Farben: gelb und grün. Der grüne hat einen Alkoholgehalt von 48 Vol.-% und wird aus 48 Kräutern und Blüten gewonnen. Der gelbe benügt sich mit etwa 32 aromatischen Kräutern und ist mit 40 Vol.-% Alkohol leichter und lieblicher. Beide kommen aus einer Destillerie im französischen Baskenland.

[57] ... sind stark im Alkohol
Z. B. Salvator, Triumphator oder Kulminator haben mindestens 16 ° Stammwürze, ihr Alkoholgehalt liegt zwischen 5 und 10 Vol.-%. Starkbier wird auch „Bockbier" genannt und kann ober- oder untergärig, hell oder dunkel sein. Salvator aus der Brauerei Paulaner in München ist der Stammvater der Starkbiere.

[58] Kopi Luwak aus Indonesien
Diese vier Sorten zählen zum Feinsten, was die Welt an Kaffeebohnen zu bieten hat. Von „Kopi Luwak" werden jährlich nur etwa 250 bis 450 kg Rohkaffee gewonnen; besser bekannt ist die Rarität als „Katzenkaffee". Es sind Kaffeebohnen aus Kaffeekirschen, die von einer bestimmten Schleichkatzenart gefressen und wieder ausgeschieden werden. Die Fermentation der Bohnen geschieht also im Darm Katzen. Der Kaffee wird beschrieben mit „vollem Körper, vollem Aroma, mildem Schokogeschmack und erdiger Note". Ein Kilo davon kostet in Europa bis zu 1.000 Euro.

[59] Rhabarber
Aufgrund seines fruchtig-bitteren Geschmacks wird „Aperol" gerne als Aperitif oder für Cocktails verwendet. Gespritzt wird er mit Tonic, Sekt,

Flüssiges [Fragen]

[60] Bourbon-Whiskey wird überwiegend aus Mais gewonnen. In welchem Land ist diese Produktion typisch?
(1) Schottland
(2) Neuseeland
(3) USA
(4) Irland

[61] „Bellini" ist eine Spezialität aus „Harry's Bar" in Venedig. Welche pürierten Früchte werden dafür mit Champagner oder Spumante aufgefüllt?
(1) Himbeeren
(2) Pfirsiche
(3) Erdbeeren
(4) Zuckermelonen

[62] Welches dieser Orangengetränke muss den höchsten Fruchtanteil haben?
(1) Orangensaftgetränk
(2) Orangensirup
(3) Orangensaft
(4) Orangennektar

[63] „Armagnac" ist eine geschützte französische Bezeichnung für einen Weinbrand aus dem Gebiet ...
(1) Gascogne
(2) Charente
(3) Charolais
(4) Chartreuse

[64] James Bond wollte seinen „Martini" nicht mit Gin, sondern mit ...
(1) Whisky
(2) Rum
(3) Tequila
(4) Wodka

[65] Etliche schottische Whisky-Destillerien haben das Wort „Glen" in ihrem Namen. Was bedeutet es?
(1) Torf
(2) Tal
(3) Gebiet
(4) Fluss

Flüssiges [Antworten]

Prosecco oder anderen Getränken. Aperol hat in Italien und Österreich 11 Vol.-% und in Deutschland 15 Vol.-% Alkohol. Einer der Hauptbestandteile ist Rhabarber, und dieser wird als Knöterichgewächs zum Gemüse gerechnet.

[60] USA
Bourbon-Whiskey wird zu mindestens 51 Prozent aus Mais hergestellt, bevorzugt wird aber ein deutlich höherer Anteil. Mindestens 2 Jahre Lagerung in Fässern aus Weißeiche sind nach der Destillation vorgeschrieben. Die wichtigsten Herkunftsgebiete für Bourbon sind die Bundesstaaten Kentucky und Tennessee in den USA.

[61] Pfirsiche
Für den „Bellini-Cocktail" wird das Püree von weißen Pfirsichen mit schäumendem Wein aufgefüllt. Mancher Weinfreund findet es schade, wenn Sekt oder Champagner mit einer Frucht vermischt wird.

[62] Orangensaft
Orangensaft besteht zu 100 Prozent aus Orangen oder Orangensaftkonzentrat. „Orangensirup" enthält vor allem Zucker. „Orangensaftgetränk" hat einen Fruchtanteil von 6 bis 30 Prozent; „Orangennektar" wird aus Konzentrat hergestellt und hat 25 bis 50 Prozent Fruchtanteil.

[63] ... Gascogne
Er wurde bereits im 15. Jahrhundert urkundlich erwähnt und hat somit eine ältere Tradition als der deutlich bekanntere Cognac. Das Destillat kommt aus der historischen Provinz Gascogne im Südwesten Frankreichs bzw. südlich von Bordeaux.

[64] ... Wodka
Die klassische Art, einen Martini Cocktail zuzubereiten, ist mit Gin und trockenem weißen (französischen) Wermut. James Bond bevorzugte den Cocktail in seinen Büchern und Filmen allerdings auf eine besondere Art: mit Wodka und außerdem nicht gerührt, sondern geschüttelt. Normalerweise werden Drinks aus leicht vermischbaren Zutaten in einem Barglas gerührt. Nur wenn schwer Vermischbares dabei ist, werden sie im Shaker zubereitet.

[65] Tal
„The Great Glan" ist das große Tal, das durch Schottland verläuft. Die Destillerien befinden sich seit jeher Tälern, weil sie das Wasser der kleinen Bäche verwenden.

Flüssiges [Fragen]

[66] „Shandy" ist ein gerne in England bestelltes Getränk. Es besteht aus ...
(1) Whisky und Gingerale
(2) Gin und Tonic
(3) Bier und Limonade
(4) Wein und Sodawasser

[67] Wie hoch darf generell der Restzuckergehalt in allen Schaumweinen mit der Bezeichnung „demi-sec" sein? Bis ...
(1) 50 Gramm pro Liter
(2) 35 Gramm pro Liter
(3) 18 Gramm pro Liter
(4) 9 Gramm pro Liter

[68] Beim Vorgang der Destillation wird im Wesentlichen der Alkohol vom Wasser getrennt. Alkohol verdampft bei einer Temperatur von ungefähr ...
(1) 75 °C
(2) 78 °C
(3) 82 °C
(4) 85 °C

[69] „Bacardi" ist eine der meistverkauften Spirituosenmarken der Welt; nahezu jeder kennt das Etikett. Welches ist das Wappentier darauf?
(1) Panther
(2) Büffel
(3) Fledermaus
(4) Seeadler

[70] Mit welchem Likör wird die französische Stadt Dijon in Verbindung gebracht?
(1) DOM Bénédictine
(2) Crème de Cassis
(3) Crème de Menthe
(4) Cointreau

Flüssiges [Antworten]

[66] ... Bier und Limonade
Was bei uns als „Radler" oder „Alsterwasser" bekannt ist, ist in England das „Shandy", eine Mischung aus Bier und Gingerale (Limonade mit Ingwergeschmack).

[67] ... 50 Gramm pro Liter
Die Restzuckerwerte sind bei Schaumweinen generell höher als bei Stillweinen, auch wenn sie auf dem Etikett die gleichen Bezeichnungen tragen. „Demi-sec" ist halbtrocken, solche Schaumweine dürfen in der EU einen unvergorenen Restzucker von 33 bis 50 Gramm pro Liter enthalten. Die nächste Stufe wäre „doux" (süß) mit mehr als 50 Gramm. Bei einem nicht schäumenden halbtrockenen Wein liegt die absolute Obergrenze bei 18 Gramm pro Liter, in Deutschland genauso wie in Österreich.

[68] ... 78 °C
Alkohol hat einen niedrigeren Siedepunkt als Wasser und verdampft daher eher. Der jeweilige Siedepunkt ist abhängig von der Meereshöhe; in mittleren Höhenlagen liegt er bei etwa 78 °C.

[69] Fledermaus
Sie ist auf jeder Bacardi-Flasche abgebildet. Ursprünglich wurde das Unternehmen in Kuba gegründet, heute ist der Firmensitz auf den Bermudas. Mehr als 200 Spirituosenmarken gehören dem Konzern.

[70] Crème de Cassis
Das Gebiet rund um Dijon im nördlichen Burgund hat eine besondere Bedeutung für den Anbau von schwarzen Johannisbeeren. Nach dem französischen Namen „Cassis" für diese Beeren ist auch der Likör benannt. Er ist Bestandteil verschiedener Drinks in der Bar und der Geschmack gebende Bestandteil von „Kir" und „Kir Royal".

Flüssiges [Fragen]

[71] Nicht nur bei der Formel-1 spielen große Champagnerflaschen eine Rolle. Welche dieser Flaschen hat den größten Inhalt?
(1) Balthazar
(2) Salmanazar
(3) Methusalem
(4) Jeroboam

[72] Bei der Gewinnung von Schwarztee werden die gewelkten Teeblätter ...
(1) hydriert
(2) fermentiert
(3) naturiert
(4) pasteurisiert

[73] Eine dieser Spirituosen gibt es wirklich. Welche?
(1) Ahornwhisky
(2) Rosenblattcognac
(3) Rosmarinobstler
(4) Büffelgraswodka

[74] „Grenadin" ist ein roter Sirup, der in keiner Bar fehlt und so manchem Drink seine Farbe gibt. Er wird gewonnen ...
(1) roten und schwarzen Johannisbeeren
(2) Kirschen und Weichseln
(3) Granatäpfeln
(4) Himbeeren und Erdbeeren

[75] Etliche Spirituosen werden mit Gewürzen und Kräutern aromatisiert. Den Geschmack von Kümmel hat vor allem ...
(1) Aquavit
(2) Raki
(3) Ouzo
(4) Gin

[76] Welches spanisch-portugiesische Weinhaus hat den „Don", einen Mann mit Hut und Umhang, als Markenzeichen?
(1) Lustau
(2) Sandeman
(3) Osborne
(4) Torres

Flüssiges [Antworten]

[71] Balthazar
Die Großflaschen tragen meist biblische Namen. Die Inhaltsmengen unterscheiden sich teilweise von gleich großen Bordeauxflaschen. „Balthazar" enthält 12 Liter. „Jeroboam" ist eine Doppelmagnum mit einem Inhalt von 3 Litern; „Methusalem" fasst 6 Liter; „Salmanazar" hat 9 Liter Inhalt und entspricht 12 Normalflaschen. Noch größer ist mit 15 Litern Inhalt „Nebukadnezar".

[72] ... fermentiert
Wie bei vielen anderen Getränken und Nahrungsmitteln entstehen gewünschte Veränderungen durch Fermente. Schwarzer Tee fermentiert durch entstehende Wärme, verfärbt sich, baut unerwünschte Stoffe ab und erzeugt die erwünschten Tannine und den typischen Geschmack. Grüner Tee wird vor allem gedämpft und nicht oder nur schwach fermentiert.

[73] Büffelgraswodka
Viele Spirituosen werden mit allerlei Zutaten aromatisiert; etliche davon sind reine Modegetränke. Ein Klassiker unter den Schnäpsen ist der polnische „Büffelgraswodka". Das dafür verwendete Büffelgras kommt aus den Wäldern und Lichtungen eines polnischen Nationalparks, es wächst aber auch in anderen Teilen Europas.

[74] ... Granatäpfeln
Dieser Sirup ist des Barmixers liebster Farbgeber, wenn ein Drink rot werden soll, z. B. der „Tequila Sunrise". Der Sirup wird aus den tropischen Granatäpfeln gewonnen. Die vielen Körner (lat. Granae) gaben der Frucht ihren Namen.

[75] ... Aquavit
Er hat seinen Ursprung in Dänemark, Schweden und Norwegen.

[76] Sandeman
Neben dem Stier von Osborne ist auch der „Don" entlang Spaniens Straßen immer wieder zu sehen. Er ist das Markenzeichen des Sherry- und Portweinproduzenten Sandeman.

Flüssiges [Fragen]

[77] **Rund um das Alter edler Cognacs gibt es viele Legenden. Wie alt muss das jüngste Destillat für einen Cognac mit der Bezeichnung „X.O." oder „Napoléon" mindestens sein?**
(1) 4 Jahre
(2) 20 Jahre
(3) 6 Jahre
(4) 10 Jahre

[78] **Der feinherbe Geschmack von „Tonic-Water" kommt von ...**
(1) Coffein
(2) Tannin
(3) Teein
(4) Chinin

[79] **Wer seinen Sherry als Aperitif wirklich trocken haben möchte, sollte bestellen...**
(1) Manzanilla
(2) Oloroso
(3) Amontillado
(4) Cream

[80] **Welche Spirituose wird gelegentlich auch als „La Fée Verte" bzw. „Grüne Fee" bezeichnet?**
(1) Izarra
(2) Absinth
(3) Crème de Menthe
(4) Chartreuse verte

[81] **Eine der eher seltenen Spirituosen ist „Xtabenum". Es ist ein ...**
(1) russischer Wodka mit Kräutern
(2) argentinischer Brandy mit Rosmarin und Lavendel
(3) mexikanischer Honiglikör mit Anis
(4) finnischer Beerenlikör

[82] **„Guinness", das dunkle irische Bier, ist nach der Einteilung in Bierqualitäten ein ...**
(1) Lager
(2) Ale
(3) Porter
(4) Stout

Flüssiges [Antworten]

[77] 6 Jahre
In einem Gesetz aus dem Jahr 1983 wurden die Altersbezeichnungen festgelegt und in „Konto-Nummern" eingeteilt. Die Qualitäten „X.O." und „Napoléon" werden dem Konto 6 zugeordnet, die jüngsten Destillate sind also mindestens 6 Jahre alt.

[78... Chinin
Tonic-Water, Bitter Lemon und Bitter Orange haben ihren erwünschten bitteren Beigeschmack von Chinin. Es ist ein Alkaloid, das aus der Rinde des Chinarindenbaumes gewonnen wird. Ursprünglich wurde es als Mittel gegen Malaria angewandt. Es wirkt schmerzstillend und fieberhemmend, die erlaubte Menge in Limonaden ist jedoch sehr gering.

[79] ... Manzanilla
Sherry ist einer der berühmtesten Südweine und kommt aus dem spanischen Andalusien. Die zwei trockenen Varianten sind „Manzanilla" und „Fino". In Spanien werden die trockenen und halbtrockenen Sherrytypen nicht nur als Aperitif, sondern auch als Speisenbegleiter serviert.

[80] Absinth
Diese Bitterspirituose ist grün oder grünlich; das hat ihr den Namen „Grüne Fee" eingebracht. Absinth wird aus Wermut, Anis, Fenchel und anderen Kräutern gewonnen. Der Alkoholgehalt liegt meist zwischen 40 und 80 Vol.-%.

[81] ... mexikanischer Honiglikör mit Anis
In Europa nicht leicht zu bekommen, aber Globetrottern nicht unbekannt: der mexikanische Likör, der mit Kleehonig und Anis hergestellt wird.

[82] ... Stout
Das kernige Schwarzbier von der grünen irischen Insel ist ein obergäriges Bier. Es wird aus stark geröstetem Gerstenmalz gebraut und ist stark hopfenwürzig. Es fällt in die Klasse „Stout". Die Herkunft des Begriffs geht auf „Stout Porter" (starkes Porter) zurück, was mit der Zeit einfach zu „Stout" verkürzt wurde.

Flüssiges [Fragen]

[83] Welches dieser Getränke hat in einer spanischen „Sangria" nichts verloren?
(1) Orangensaft
(2) Likör
(3) Sekt
(4) Rotwein

[84] Die „Kalte Ente" ist eine Bowle. Welche Frucht oder Pflanze gibt ihr den besonderen Geschmack?
(1) Zitrone
(2) Waldmeisterkraut
(3) Gurke
(4) Zitronenmelisse

[85] Welches Land hat weltweit die meisten Brauereien?
(1) Österreich
(2) USA
(3) Deutschland
(4) Tschechien

[86] „Dirndlschnaps" ist eine rare und teure österreichische Spezialität. Aus welcher Frucht wird er gebrannt?
(1) Eberesche
(2) roter Holunder
(3) Kornelkirsche
(4) Schattenmorelle

[87] Krimsekt war einmal als Qualitätsschaumwein der Sowjetunion bekannt. Jetzt kommt der Sekt aus ...
(1) Moldawien
(2) Georgien
(3) Armenien
(4) der Ukraine

[88] Welche dieser Bierarten hat die höchste vorgeschriebene Stammwürze?
(1) Weizenbier
(2) Bockbier
(3) Pils
(4) Märzenbier

Flüssiges [Antworten]

[83] Sekt
Frei übersetzt bedeutet Sangria „Aderlass". Es ist eine Rotweinbowle. Ein Rezept dafür gibt es nicht, dafür viele Variationen. Anders als in üblichen Bowlen in Deutschland, Österreich oder der Schweiz wird für die spanische Sangria kein Sekt, also auch kein spanischer Cava, verwendet.

[84] Zitrone
Die üblichen Zutaten für eine Weißweinbowle sind weitgehend bekannt: Weißwein und dazu ein kohlensäurehaltiges Getränk wie Sekt, Perlwein oder zumindest Mineralwasser. Die jeweilige weitere Zutat gibt dann der Bowle nach längerem Ziehen im Kühlschrank den Geschmack. Bei der „Kalten Ente" ist es eine Zitonenschalenspirale.

[85] Tschechien
Bei der Anzahl der Braustätten liegt Tschechien vor Deutschland an der Spitze, da das Land noch immer sehr viele kleine Brauereien hat. Übrigens ist der Pro-Kopf-Verbrauch in Tschechien der höchste der Welt.

[86] Kornelkirsche
Neben Schnaps werden aus der „Dirndlfrucht" auch Essig, Saft und Marmelade gemacht. „Dirndl" ist der regionale Name in Niederösterreich , die Frucht ist auch bekannt als „Kornelkirsche", „Dirlitze" oder „Herlitze" und in der Deutschschweiz als „Tierlibaum". Der derzeit größte bekannte Kornelkirschenbaum ist die „Sigrid-Dirndl" im niederösterreichischen Mostviertel.

[87] ... der Ukraine
Die Halbinsel Krim liegt am Schwarzen Meer und ist jetzt ein Teil der unabhängigen Republik Ukraine. Das Land hat mehr als 100.000 Hektar Weingärten. Das bekannteste Produkt ist nach wie vor Krimsekt oder „Sowjetskoje Schampanskoje".

[88] Bockbier
Eine hohe Stammwürze bedeutet einen hohen Alkoholgehalt. Traditionell wurden zu bestimmten Festtagen stärkere Biere gebraut, so entstanden zum Beispiel der „Weihnachts-" und der „Osterbock", die jeweils mindestens 16° Stammwürze vor der Vergärung aufweisen müssen. Den Namen haben die Biere übrigens von der Stadt Einbeck in Niedersachsen.

Flüssiges [Fragen]

[89] „Kombucha" gilt allgemein als Heiltrunk. Ein besonderer Pilz wird dafür meistens angesetzt in ...
(1) Tee
(2) Fruchtsaft
(3) Milch
(4) Wein

[90] In welchem europäischen Land ist der Bierverbrauch je Einwohner laut Statistik am höchsten?
(1) Österreich
(2) Irland
(3) Tschechien
(4) Deutschland

[91] Was ist für schottische Whisky-Produzenten ein „Angel's Share"?
(1) Der Anteil der Produktion, der für Verkostungen verwendet wird
(2) Die Menge, die von den Mitarbeitern „verkostet" wird
(3) Der Teil des Destillats, das während der Reifezeit verdunstet
(4) Die produktionsbedingte Abgabe an die anglikanische Kirche

[92] Vermutlich wurde schon vor 6000 Jahren Bier gebraut. Von welchem Kulturvolk?
(1) Sumerer
(2) Griechen
(3) Germanen
(4) Kelten

[93] Den schottischen Whisky „Johnnie Walker" gibt es in verschiedenen Qualitäten. Der teuerste davon ist ...
(1) Green Label
(2) Blue Label
(3) Black Label
(4) Gold Label

[94] „Singapore Sling" ist ein bekannter Drink auf der Basis von Gin. Entstanden ist er in einem bekannten Hotel, nämlich im ...
(1) Riz-Paris
(2) Adlon-Kempinski
(3) Raffles Hotel
(4) Waldorf Astoria

Flüssiges [Antworten]

[89] ... Tee
Beim Ansetzen von „Kombucha" erfolgt eine Fermentation, also eine Art Gärung; genau genommen aber nicht durch einen Pilz, sondern durch Hefen und Bakterien. Es entstehen verschiedene Stoffwechselprodukte, denen positive Wirkungen zugeschrieben werden. Als Basis wird gesüßter Tee verwendet.

[90] Tschechien
Wenn der Bierkonsum in den meisten Ländern auch leicht rückläufig ist, ergeben sich in vielen Ländern doch noch gewaltige Mengen pro Kopf. Führend in Europa ist Tschechien mit etwa 160 Litern. Laut Statistik hat Österreich Deutschland leicht überholt; allerdings spielt der Tourismus dabei eine Rolle. Irland liegt auf Platz vier.

[91] Der Teil des Destillats, das während der Reifezeit verdunstet
Ähnlich wie bei der Reifung von Cognac verdunstet auch bei der Whisky-Herstellung während der langen Lagerung in kleinen Holzfässern ein erheblicher Teil des Volumens. Man spricht von fünf oder mehr Prozent. Da die Fässer zu dieser Zeit aber noch unter Zollverschluss stehen, ist der „Anteil für die Engel" zumindest noch steuerfrei.

[92] Sumerer
Bier zählt zu den ältesten Kulturgetränken der Menschheit. Die frühesten Nachweise gibt es von den Sumerern aus dem mesopotamischen Raum, also dem heutigen Gebiet des Iraks und Teilen Syriens.

[93] Blue Label
Der bekannteste Whisky aus dem Hause Johnnie Walker ist der „Red Label", der teuerste der „Blue Label". Er ist ein „Blend" der absoluten Spitzenklasse. Einige der verwendeten Malts sind bis zu 50 Jahre alt. Jede Flasche ist nummeriert und wird in einer dekorativen Box geliefert.

[94] ... Raffles Hotel
Gin, Cherry Brandy, Zitronensaft und etwas Sodawasser sind die Hauptzutaten des Drinks, der um 1915 in der Long-Bar des berühmten Raffles Hotels in Singapur von dem damaligen Barchef kreiert wurde.

Flüssiges [Fragen]

[95] Welcher europäische Süd- oder Dessertwein war ursprünglich eine Kopie des spanischen Sherrys?
(1) Marsala
(2) Malaga
(3) Samos
(4) Madeira

[96] Den Bier-Typ „Lager" gibt es seit etwa 160 Jahren. Entwickelt wurde es in der Brauerei ...
(1) Carlsberg in Kopenhagen
(2) Becks in Bremen
(3) Kronenbourg in Strassburg
(4) Schwechater nahe Wien

[97] Von den in Flaschen abgefüllten Getränken liegt Mineralwasser in Europa an der Spitze. Am meisten davon wird getrunken in...
(1) Deutschland
(2) Italien
(3) Frankreich
(4) der Schweiz

[98] Welche Kaffeesorte wird auf der Welt am meisten angebaut?
(1) Coffea Robusta
(2) Coffea Liberica
(3) Caffea Arabica
(4) Coffea Affinis

[99] „Coca Cola" wurde ursprünglich beworben als ...
(1) Kaffee-Ersatz
(2) Energie-Drink
(3) Nahrungsmittelergänzung
(4) Medizin

[100] In welchem Land wird „Absolut"-Vodka erzeugt?
(1) Schweden
(2) Polen
(3) Russland
(4) Finnland

Flüssiges [Antworten]

[95] Marsala
Es war ein englischer Weinhändler, der Ende des 18. Jahrhunderts nach Sizilien kam, um Wein zu kaufen und nach England zu exportieren, weil der Bedarf an Sherry und Portwein das Angebot überstieg. So entstand der „Marsala", benannt nach der Stadt im Westen der Insel.

[96] ... Schwechater nahe Wien
Das „Lagerbier" ist ein untergäriges Bier, das ursprünglich als letztes Bier im Frühjahr gebraut und so weit als möglich in Eiskellern zur Reifung eingelagert wurde. Als „Erfinder" gilt der Wiener Karl Dreher. Als dann einige Jahrzehnte später Carl von Linde die Kühlmaschine erfand, konnte auch das sogenannte „Märzenbier" während des ganzen Jahres gebraut werden.

[97] ... Italien
In allen romanischen Ländern ist es nahezu selbstverständlich, dass Wasser auf dem Esstisch steht, egal, ob im privaten Haushalt oder im Restaurant. Nach einer aktuellen Statistik liegt Italien mit fast 200 Litern pro Person und Jahr eindeutig in Führung, gefolgt von Deutschland, Spanien und Belgien.

[98] Coffea Arabica
Es gibt zahlreiche Kaffee-Arten in den verschiedenen Anbauländern. Die Sorte „Coffea Arabica" ist mit einem Anteil von 60 bis 75 Prozent die am häufigsten angebaute. An zweiter Stelle steht „Coffea Robusta", beide zusammen liefern mehr als 90 Prozent des Rohkaffees.

[99] ... Medizin
Der „Erfinder" von Coca-Cola war ein Drogist. Der Name des Getränkes wurde abgeleitet aus den Zutaten Kokablatt und Kolanuss (engl.: Coca leaves und Cola nut). Anfangs wurde das Getränk als Medizin verkauft an Intellektuelle, die unter Müdigkeit, Kopfschmerzen, Depressionen, Impotenz und Ähnlichem litten. Die heute verwendeten Inhaltsstoffe sind wahrscheinlich deutlich verändert.

[100] Schweden
Dieser Vodka wird seit 1879 im südschwedischen Åhus aus Winterweizen erzeugt. Die Firma war lange Zeit im Besitz des schwedischen Staates und wurde 2008 an einen französischen Konzern verkauft. „Absolut" zählt zu den bekanntesten Marken-Spirituosen der Welt und wird auch mit verschiedenen Zusätzen in den Handel gebracht.

Flüssiges [Fragen]

[101] „Caipirinha" ist ein weltweit bekannter Bardrink, der keinesfalls ohne eine bestimmte Frucht auskommt. Es ist die...
(1) Orange
(2) Kokosnuss
(3) Limette
(4) Banane

[102] Was versteht man unter „Cidre"?
(1) Apfelsaft in England
(2) Französischen Apfelwein
(3) Italienischen Fruchtschaumwein
(4) Spanischen Sekt

[103] In welchem Land wird am meisten Rohkaffee produziert?
(1) Vietnam
(2) China
(3) Kolumbien
(4) Brasilien

[104] Viele Spirituosen bekommen ihren besonderen Geschmack von einem Würzkraut. Bei Gin ist es ...
(1) Wacholder
(2) Pfefferminze
(3) Rosmarin
(4) Kümmel und Anis

[105] Welches Gas entsteht bei jeder alkoholischen Gärung?
(1) Ozon
(2) Kohlendioxid
(3) Kohlenmonoxid
(4) Stickstoff

[106] Wie wird Molke gewonnen?
(1) Sie bleibt bei der Herstellung von Butter übrig
(2) Sie entsteht aus Milch, wenn Bakterien zugesetzt werden
(3) Sie bleibt bei der Herstellung von magerem Joghurt übrig
(4) Sie bleibt bei der Herstellung von Käse übrig

Flüssiges [Antworten]

[101] ... Limette
Der Name ist abgeleitet von „Landbewohner"oder „Hinterwäldler". Cachaça, ein Zuckerrohrschnaps, Rohzucker und Limetten sind die Zutaten. „Crushed ice" kühlt den Drink sehr schnell auf die gewünschte Temperatur.

[102] Französischen Apfelwein
Den Begriff „Cidre" oder „Cider" kennt man in verschiedenen Ländern. Das Original ist ein moussierender französischer Apfelwein aus der Normandie. Cidre ist auch die Basis für die Destillation von Calvados, einem Apfelbranntwein.

[103] Brasilien
Noch ist es das riesige südamerikanische Land Brasilien, aber Vietnam ist bereits der zweitgrößte Kaffeeproduzent. Danach kommen Kolumbien und Indonesien.

[104] ... Wacholder
Gin ist eine meist farblose Spirituose und Hauptbestandteil vieler Cocktails. Der Basisalkohol wird aus Getreide gewonnen. Der unvergleichliche Geschmack kommt vor allem von Wacholderbeeren.

[105] Kohlendioxid
Jede alkoholische Gärung ist ein biochemischer Vorgang, bei dem Kohlehydrate, hauptsächlich Zucker, zu Alkohol und Kohlendioxid (Kohlenstoffdioxid) abgebaut bzw. umgewandelt werden.

[106] Sie bleibt bei der Herstellung von Käse übrig
Daher ist die „Molke" im Volksmund auch als „Käsewasser" bekannt. Die grünlich-gelbe Flüssigkeit besteht vor allem aus Wasser und etwas Milchzucker. Zudem enthält sie Vitamine und Mineralstoffe, aber kaum Fett. Zusammen mit Fruchtextrakten lassen sich wohlschmeckende Getränke daraus herstellen.

Flüssiges [Fragen]

[107] Die Substanz „Taurin" findet man vor allem in ...
(1) Schokolade mit hohem Kakaoanteil
(2) Spirituosen von schlechter Qualität
(3) Energydrinks
(4) grünem Tee

[108] Wenn in der Bar von einem „Longdrink" gesprochen wird, dann enthält das Glas mehr als ...
1) 14 cl
(2) 1/8 l
(3) 1/5 l
(4) 25 cl

[109] „Oloroso" ist der Grundtyp für einen Dessertwein. Für welchen?
(1) Portwein
(2) Sherry
(3) Malaga
(4) Madeira

[110] Wie hoch ist der durchschnittliche Wasseranteil im Bier?
(1) 20-30 %
(2) 40-50 %
(3) 65-80 %
(4) 84-88 %

[111] Welcher bekannte spanische Hersteller von Brandy hat den Stier in seinem Logo?
(1) Torres
(2) Espléndido
(3) Sandeman
(4) Osborne

[112] Für den Engländer ist der „Toddy" ein besonderer heißer Drink und in Mitteleuropa am ehesten vergleichbar mit ...
(1) Grog
(2) Glühwein
(3) Jagertee
(4) Glögg

Flüssiges [Antworten]

[107] ... Energydrinks
Der Begriff „Taurin" stammt von der lateinischen Bezeichnung für Stiergalle. Erstmals wurde esim 19. Jahrhundert aus der Galle von Ochsen isoliert. Heute wird die Substanz synthetisch hergestellt und ist vor allem in den bekannten Energydrinks enthalten. Taurinhaltige Getränke sollen die geistige Leistungsfähigkeit steigern; in Frankreich sind sie nicht erlaubt.

[108] ... 14 cl
Ein „Longdrink" besteht in der Regel aus 2 bis 4 cl von einer Spirituose und einem „Filler" aus Sodawasser, Limonade oder Fruchtsaft. Klassische Beispiele dafür sind Gin-Tonic, Cola-Rum oder der „Screwdriver"-Wodka mit Orangensaft. Das fertige Getränk sollte ein Volumen von mehr als 14 cl haben.

[109] Sherry
Die vier Dessert- oder Südweine kommen aus Spanien bzw. Portugal. Der spanische Sherry kennt zwei Grundtypen: „Fino" und „Oloroso". Letzterer ist meist dunkler in der Farbe und milder, im Geschmack halbtrocken bis sehr süß.

[110] 84–88 %
Je nach Art des Bieres variiert der Wasseranteil im fertigen Getränk. Bei sehr starken Bieren ist der Anteil geringer, bei leichten höher. Bier besteht in der Regel zu 84 bis 88 Prozent aus Wasser.

[111] Osborne
Was nicht aus Frankreich kommt und doch wie Cognac hergestellt wird, gilt in vielen Ländern pauschal als „Brandy". In Spanien gibt es einige große Produzenten von Weinbrand. Der „Weinstier" von Osborne gilt schon fast als nationales Kunstwerk und steht in unzähligen Exemplaren entlang spanischer Straßen.

[112] ... Grog
Einst brachten die Briten einen Palmenmarkwein aus den Kolonien mit in ihre Heimat. Die heiße Version war der Vorläufer des heutigen „Whisky-Toddy". Als „Hot Toddy" wird heute ein Getränk aus Rum, Zucker und Wasser bezeichnet, das einem Grog sehr ähnlich ist.

Flüssiges [Fragen]

[113] Den tropischen Drink „Daiquiri" gibt es in Bars auf der ganzen Welt und in vielen Variationen. Welche zwei Zutaten sind immer enthalten?
(1) Whisky und Zuckersirup
(2) Wodka und Cointreau
(3) Rum und Ananassaft
(4) Rum und Zitrone (oder Limette)

[114] „Tonic Water" unterscheidet sich von anderen Soft-Drinks vor allem durch den Gehalt von ...
(1) Theobromin
(2) Coffein
(3) Chinin
(4) Taurin

[115] Für welche Großstadt ist obergäriges Bier mit Frucht- oder Kräutersirup typisch?
(1) Strassburg
(2) Prag
(3) Mailand
(4) Berlin

[116] „Averna" ist einer der bekanntesten Kräuterbitter Italiens. Wo genau hat er seinen Ursprung?
(1) In Apulien
(2) Auf Sizilien
(3) In der Toskana
(4) In der Lombardei

[117] Von wem stammt das Zitat „Wein saufen ist Sünde, Wein trinken ist beten, lasset uns beten"?
(1) Theodor Heuss
(2) Martin Luther
(3) Günter Grass
(4) Hermann Hesse

[118] „Testarossa" ist ein bekannter Sektcocktail. Außer Sekt braucht man dafür ...
(1) Ananassaft
(2) Erdbeerpüree
(3) Aprikosennektar
(4) Himbeermark

Flüssiges [Antworten]

[113] Rum und Zitrone (oder Limette)
Der Drink wurde nach einer kubanischen Siedlung benannt; das Originalrezept entstand vermutlich Ende des 19. Jahrhunderts auf Kuba. Damals waren die Zutaten weißer Rum, Limettensaft und Rohrzuckersirup, die auch heute noch die Basis für den Shortdrink sind.

[114] Chinin
Früher war „Tonic Water" bei europäischen Kolonialarmeen ein wirksamer Schutz gegen Malaria. Heute darf das chininhältige Getränk in keiner Bar fehlen darf.
„Theobromin" ist dem „Coffein" ähnlich und findet sich in Kakao; „Taurin" ist der besondere Inhaltsstoff vor allem von Energydrinks.

[115] Berlin
Es ist nicht nur ein Getränk einer Groß-, sondern auch einer Hauptstadt: die berühmte „Berliner Weiße". Ein leichtes obergäriges Bier aus Weizen- und Gerstenmalz ist die Basis. Meist steht Berliner Weiße „rot" oder „grün" zur Auswahl, also mit Himbeersaft oder Waldmeistersirup.

[116] Auf Sizilien
Das Rezept für den erfolgreichen Kräuterbitter wurde im 19. Jahrhundert von einem Kapuzinermönch entwickelt. Er war ein Freund von Salvatore Averna, der den Kräuterlikör für seinen Familien- und Bekanntenkreis produzierte. Kurz vor seinem Tod gab der Mönch das Rezept an Averna weiter. Das alles geschah in Caltanissetta auf Sizilien, wo auch noch heute der Firmensitz ist.

[117] Theodor Heuss
Wein, das edle Getränk, wird schon seit Jahrtausenden mit Respekt genossen. Unzählige Gedichte und Zitate zeugen davon, das angeführte stammt von Theodor Heuss, dem ersten Bundespräsidenten der Bundesrepublik Deutschland.

[118] ... Himbeermark
„Testarossa" ist ein köstlicher Sektcocktail, bestehend aus einem Drittel Himbeermark und zwei Dritteln trockenem Sekt. Am besten schmecken passierte frische oder tiefgekühlte Himbeeren, aber auch fertiges Himbeermark ist gut geeignet. Die gesamte Menge sollte etwa ein zehntel bis ein achtel Liter betragen.

Flüssiges [Fragen]

[119] „Wenn die keinen ... haben, geh' ich wieder heim" – dieser überaus erfolgreiche Werbeslogan wirbt für ...
(1) Traubisoda
(2) Almdudler
(3) Sinalco
(4) Chabeso

[120] Kaum jemand macht sich darüber Gedanken, wie ein guter Espresso entsteht. Für einen kleinen Espresso braucht man ...
(1) 1-3 Gramm Kaffee
(2) 3-5 Gramm Kaffee
(3) 6-8 Gramm Kaffee
(4) 10-14 Gramm Kaffee

[121] Welche dieser Bezeichnungen auf einer Cognacflasche lässt auf die längste Reifung schließen?
(1) X.O.
(2) V.S.
(3) V.O.
(4) V.S.O.P.

[122] Sogenannte „Ganzfruchtgetränke" sind immer häufiger auf dem Markt. Unter welchem Namen sind sie besser bekannt?
(1) Hippies
(2) Smoothies
(3) Smilies
(4) Frooties

[123] Tee wird nach verschiedenen Kriterien bezeichnet und sortiert, so z. B. auch nach Blattgraden. Welche Bezeichnung gilt für die jüngsten und kleinsten Blätter des Teestrauches?
(1) Pekoe
(2) Orange Pekoe
(3) Flowery Orange Pekoe
(4) Broken Pekoe

Flüssiges [Antworten]

[119] ... Almdudler
Diese kultige Kräuterlimonade aus Österreich wird seit 1957 in Wien und seit 1994 auch in anderen Ländern abgefüllt. Die Essenzen aus etlichen verschiedenen Kräutern werden in Eichenfässern gereift und zu Sirup verarbeitet. 99 Prozent der Österreicher kennen die Marke. Die Limonade wird ausschließlich in der „Kräuterpärchenflasche" verkauft und gerne zum Mischen mit Wein oder Bier verwendet. Der Werbe-Slogan hat ganz erheblich zum Erfolg der Marke beigetragen.

[120] ... 6–8 Gramm Kaffee
Maschinen stellen Espresso automatisch her, und die Kaffee-Tabs sind fest verschweißt. Wer aber kalkulieren muss, weiß, dass 6 bis 8 Gramm Kaffeepulver für eine ordentliche Qualität erforderlich sind. Der Gastronom rechnet also damit, dass er etwa 125 bis 165 Portionen Espresso aus einem Kilo gerösteter Bohnen herstellen kann.

[121] X.O.
Die Mindestlagerzeiten für die verschiedenen Cognacqualitäten sind von zweijähriger bis zu sechsjähriger oder längerer Fasslagerung vorgeschrieben. Für Destillate mit sechs oder mehr Jahren Lagerung im Fass können verschiedene Bezeichnungen verwendet werden: X.O = „Extremly Old" und auch „Extra", „Vieux", „Napoléon" oder „Hors d'Age". Die unterste Stufe trägt nur Sterne. Dreijährige Lagerung wird durch verschiedene Bezeichnungen angekündigt, so zum Beispiel mit V.S. = „Very Special"; V.O. und V.S.O.P. = „Very Old" und „Very Superior Old Product" kann für Produkte mit mindestens fünfjähriger Lagerung verwendet werden.

[122] Smoothies
Diese Durstlöscher wurden in den 1960er Jahren in Kalifornien populär, in einer Zeit, als bei den Hippies vegetarisches Essen angesagt war. Vorbilder waren wohl die Südamerikaner, die schon lange erntefrische Früchte pürierten und zu Säften verarbeiteten. Inzwischen sind „Smoothies", in denen die Kraft ganzer Früchte steckt, auch in Europa bekannt.

[123] Flowery Orange Pekoe
Auch wenn diese Bezeichnungen gerne verwendet werden, hat die Blattgröße nur bedingt etwas mit der Teequalität zu tun. Allerdings lassen sich aus den Bezeichnungen für den Experten besondere Eigenschaften wie Farbe und Aroma ableiten. „Flowery Orange Pekoe" beschreibt einen hochwertigen Tee aus kleinen Blättern.

Das Restaurantquiz

Kategorie: Service

Service

Alles sollte nach Möglichkeit passen, nicht nur das schöne Lokal und das feine Essen. Der bzw.das gute Service ist fast genauso wichtig, wenn man ein Restaurant besucht und viel Geld ausgibt. Ein delikates Gericht schmeckt nur halb so gut, wenn es lieblos angerichtet und von einer unfreundlichen Person serviert wird. Umgekehrt kann eine perfekte und freundliche Bedienung eine versalzene Suppe oder ein zähes Stück Fleisch zwar nicht verbessern; mit einem netten Wort kann sie aber so manchen Gast davon überzeugen, dass dies heute ein Ausrutscher der Küche war und man trotzdem wiederkommen sollte.

Auszubildende in einem gehobenen Gastronomiebetrieb oder Studierende an einer Hotelfachschule werden meistens streng geschult und auf bestimmte Servierregeln eingeschworen. Ich habe über viele Jahre an einem Kolleg für Tourismus auch das Servieren unterrichtet, und wenn dann die letzten Prüfungen vorbei waren, traute ich mich, einen Ratschlag zu geben, den vorher niemand von mir erwartet hatte: „In eurer zukünftigen Praxis werden Freundlichkeit und ein nettes Lächeln viel wichtiger sein, als den Teller von rechts oder von links einzustellen…"

Service [Fragen]

[1] Wenn in der Küche die Speisen „à part" angerichtet werden, ...
(1) wird alles getrennt angerichtet
(2) sind die Portionen besonders klein
(3) wird jeder Teller besonders dekoriert
(4) sind die Speisen besonders heiß

[2] Die „Cloche" ist im Restaurant ...
(1) eine Klingel als Verständigung zwischen Küche und Service
(2) ein Deckel zum Warmhalten von Speisen
(3) eine Reinigungskraft
(4) eine Warmhalteplatte

[3] Welches Gerät verwendet der Kellner, wenn am Tisch des Gastes eine Servierplatte warm gehalten werden soll?
(1) Frikandeau
(2) Tableau
(3) Timbale
(4) Rechaud

[4] Welchen Teil des Frühstücks sollte man nicht mit einem Silberbesteck essen?
(1) Müsli mit Trockenfrüchten
(2) Pfannkuchen mit Ahornsirup
(3) Brötchen mit echtem Honig
(4) Weich gekochte Eier

[5] In welcher Reihenfolge werden bei einem mehrgängigen Menü die Weine üblicherweise serviert?
(1) Weißwein, Rotwein, Süßwein
(2) Süßwein, Rotwein, Weißwein
(3) Weißwein, Süßwein, Rotwein
(4) Süßwein, Weißwein, Rotwein

[6] Was macht man mit dem Brot, das zum Gedeck gereicht wird?
(1) Vom ganzen Stück abbeißen
(2) Zuerst bestreichen und dann in Streifen schneiden
(3) In kleine, mundgerechte Stücke brechen
(4) In kleine Würfel schneiden

Service [Antworten]

[1] ... wird alles getrennt angerichtet
„À part" bedeutet soviel wie „extra" oder „getrennt" anrichten und servieren. So wird zum Beispiel zu einem Stück Fleisch die Sauce extra in einer Saucière serviert.

[2] ... ein Deckel zum Warmhalten von Speisen
„Cloche" ist das französische Wort für Glocke. Sie ist ein gewölbter Deckel zum Warmhalten von Speisen auf Tellern und Platten. Beim Servieren sieht es sehr elegant aus, wenn die „Cloches" bei mehreren Gästen gleichzeitig von den Tellern abgehoben werden.

[3] Rechaud
„Chaud" heißt auf Französisch „warm". Im Restaurant kennt man zwei Arten von „Rechauds": den Platten- oder Tellerwärmer und den Wärmeschrank.
„Frikandeau" ist ein Fleischteil, „Plateau" ein Tragebrett und „Timbale" eine kleine Beilagenschüssel.

[4] Weich gekochte Eier
Servicemitarbeiter wissen es natürlich: Weich gekochte Eier werden niemals mit einem Silberlöffel serviert. Beim Kontakt mit einem Silberlöffel oxidiert dessen Oberfläche spontan zu Silversulfid. Der Geschmack verändert sich stark, und das Silber wird schwarz. Geeignet sind Löffel aus Edelstahl, Kunststoff, Horn oder Perlmutt.

[5] Weißwein, Rotwein, Süßwein
Wenn das Menü nicht zu „exotisch" ist und nicht gegen jede Regel der Menükunde verstößt, wird Weißwein vor Rotwein und Süßwein serviert. Eine Begründung dafür ist die Regel „leicht vor schwer" oder „trocken vor süß".

[6] In kleine, mundgerechte Stücke brechen
Besonderes Gebäck, das zum „Kouvert" (Gedeck) gereicht wird, ist meistens von einem Aufstrich begleitet. Richtig ist es, das Brot in kleine Stücke zu brechen, zu bestreichen und erst dann zu essen.

Service [Fragen]

[7] Welcher italienische Schaumwein ist eine passende Begleitung zu einem süßen Dessert?
(1) Talento Brut
(2) Moscato d'Asti
(3) Prosecco Spumante
(4) Franciacorta Satèn

[8] Ein feines Weinglas hält man am besten ...
(1) mit beiden Händen, damit es einem nicht ausrutscht
(2) nur mit Daumen und kleinem Finger
(3) mit der hohlen Hand unter dem Kelch
(4) nur am Stiel, damit der Wein nicht angewärmt wird

[9] Wie lautet beim französischen Serviersystem die Reihenfolge in der Hierarchie vom untersten bis zum höchsten Rang?
(1) Chef de Rang, Commis de Rang, Demi-Chef, Apprentie
(2) Commis de Rang, Demi-Chef, Chef de Rrang, Mâitre d'Hôtel,
(3) Demi-Chef, Chef de Rang, Commis de Rang, Apprentie
(4) Maitre d'Hôtel, Apprentie, Chef deRang, Demi-Chef

[10] Wer mit dem Essen fertig ist, legt sein Besteck ...
(1) quer über den Teller von links nach rechts
(2) nebeneinander quer über den Teller mit den Spitzen nach links oben
(3) zurück auf den Tisch neben den Teller
(4) gekreuzt über den leeren Teller

[11] Im Restaurant ist der „Guéridon" ...
(1) ein Weinkühler
(2) der Durchgang zwischen Küche und Restaurant
(3) ein kleiner Hilfstisch
(4) ein klimatisierter Behälter für Zigarren

[12] Eine Folienkartoffel isst man im Restaurant mit...
(1) Gabel und Löffel
(2) Messer und Löffel
(3) einem Löffel
(4) Messer und Gabel

Service [Antworten]

[7] Moscato d'Asti
Ein süßes Dessert verlangt nach einer süßen Begleitung. Unter den vier sehr bekannten italienischen Schaumweinen ist nur der „Moscato d'Asti" aus dem Piemont süß.
„Prosecco" aus Venetien in der Qualität Spumante, „Franciacorta Satèn" aus der Lombardei und „Talento Brut" (aus verschiedenen Regionen) sind immer trocken.

[8] … nur am Stiel, damit der Wein nicht angewärmt wird
Es sieht nicht nur eleganter aus, es macht auch einen Sinn, wenn man ein feines Weinglas am Stiel anfasst. Die richtige Temperatur ist bei allen Weinen wichtig, und diese würde sich durch die Handwärme schnell ändern.

[9] Commis de Rang, Demi-Chef, Chef de Rang, Maître d'Hôtel
Die Bezeichnungen nach dem französischen Serviersystem sind in der gehobenen Gastronomie immer noch üblich, sowohl bei Stellenausschreibungen als auch bei Diensteinteilungen. Von den vier Begriffen ist der „Apprentie" wohl am wenigsten bekannt. Es ist der Auszubildende.

[10] … nebeneinander quer über den Teller mit den Spitzen nach links oben
Die Art, wie das Besteck verwendet oder nach dem Essen hinlegt wurde, sagt einiges über die Manieren des Gastes bei Tisch aus und ob er sein Essen beendet hat oder nicht.

[11] … ein kleiner Hilfstisch
Der „Gueridon" ist ein wichtiger Helfer für das Service-Personal. Der kleine Beistelltisch wird an den Tisch des Gastes gestellt, um Platten, Flaschen oder Ähnliches kurzfristig abzustellen.

[12] … einem Löffel
Wenn im Restaurant eine Folienkartoffel serviert wird, sollte auch das richtige Besteck dabei sein: ein Löffel in entsprechender Größe, also ein Kaffee- oder ein Dessertlöffel.

Service [Fragen]

[13] Eine dieser teuren Delikatessen wird nicht mit dem Silberbesteck gegessen. Es ist ...
(1) Kaviar
(2) Gänseleber
(3) weißer Trüffel
(4) Schneckenpastete

[14] Am wenigsten geeignet für den Genuss von trockenem Sekt oder Champagner sind ...
(1) Champagnerkelche
(2) Sektschalen
(3) Sektflöten
(4) Sektspitze

[15] Eine kleine „Zwischenmahlzeit", die unbedingt eiskalt serviert wird, ist ein ...
(1) Parfait
(2) Bouchée
(3) Panini
(4) Sorbet

[16] Das Besteck ist das „Werkzeug" für unsere Nahrungsaufnahme. Welches Teil wurde vermutlich chronologisch als letztes zum Essen „erfunden"?
(1) Spieß
(2) Messer
(3) Gabel
(4) Löffel

[17] Wenn ein Mitarbeiter eines Restaurants eine um den Hals hängende „Tastevin-Schale" trägt, ist er wohl der ...
(1) Sommelier
(2) Oberkellner
(3) Mâitre d'Hotel
(4) Concierge

[18] Was sollte ein guter Korkenzieher unbedingt haben?
(1) Hals
(2) Seele
(3) Herz
(4) Lunge

Service [Antworten]

[13] … Kaviar
Silberbesteck ist edel und wertvoll und passt besonders gut zu exquisiten Speisen. Nur zum Servieren von Kaviar werden Gefäße oder Bestecke aus Silber nicht genutzt, da es aufgrund der Oxidation zu einem metallischen Geschmack kommen kann. Dieser würde den Kaviargeschmack negativ beeinflussen. Bei Goldbesteck besteht dieses Problem nicht.

[14] … Sektschalen
Für den Genuss von trockenen Schaumweinen ist fast jede Form von Gläsern geeignet, solange sie hoch und schmal sind. Breite Sektschalen, die noch immer vielfach verwendet werden, sind nicht geeignet, weil sie den Duft hemmen und man nicht das Getränk im Mund hat, sondern nur Schaum. Zudem verflüchtigt sich die Kohlensäure zu schnell.

[15] … Sorbet
Schon am königlichen Hof in Frankreich war es beim klassischen mehrgängigen Menü üblich, zwischendurch etwas „Neutralisierendes" zu servieren. Damals wie heute ist es ein nicht zu süßes Sorbet, z. B. ein Champagner- oder Zitronensorbet. Kreative Köche haben in den letzten Jahrzehnten ihren Phantasien freien Lauf lassen und auch skurrile Kreationen geschaffen.

[16] Gabel
Manche Besteckteile wurden ursprünglich nur zum Zerteilen von Speisen und zum Vorlegen verwendet. So soll es auch mit der Gabel gewesen sein. Die Gabel als Essbesteck wurde im 11. Jahrhundert am Hofe des Dogen von Venedig und etwa ab dem 16. Jahrhundert im übrigen Italien und in Frankreich eingeführt. Vor allem die katholische Kirche hatte die Gabel als Symbol des Teufels interpretiert und abgelehnt.

[17] … Sommelier
Der „Tastevin" ist eine flache, meist aus Silber gefertigte Schale zum Verkosten von Weinen. Heute wird er kaum noch verwendet, ist aber das Symbol für den Sommelier im eleganten Restaurant.

[18] Seele
Es gibt viele Arten von Korkenziehern, aber alle haben dieselbe Aufgabe: eine Weinflasche zu öffnen, ohne den Korken zu zerbröseln. Allerdings sind manche Modelle eher geeignet, ein Loch zu bohren. Daher sollte ein guter Korkenzieher unbedingt eine „Seele" rund um die Wendel haben.

Service [Fragen]

[19] Käse wird auch in Italien meistens nach der Hauptspeise angeboten. Welcher Käse wird aber überwiegend als Vorspeise serviert?
(1) Mozzarella
(2) Mascarpone
(3) Grana Padano
(4) Pecorino

[20] Was sollte nach dem Servieren von Austern oder frischen Artischocken der nächste Gang sein?
(1) Ein kleiner Schnaps
(2) Ein frisches Tischtuch
(3) Eine kleine Schale mit warmem Wasser
(4) Eine klare Suppe

[21] In welcher Reihenfolge der Gäste sollte an einem Tisch im Restaurant das Essen serviert werden?
(1) Beginnend beim Besteller
(2) Im Uhrzeigersinn
(3) Das ist gleichgültig
(4) Gegen den Uhrzeigersinn

[22] Was ist bei einem korrekten Restaurantservice nicht richtig?
(1) Alle Teller werden von rechts abserviert
(2) Die Getränke werden von rechts eingeschenkt
(3) Der Salat steht links von der Hauptspeise
(4) Die Fingerbowle ist lauwarm

[23] Wie wird japanischer Reiswein serviert?
(1) Auf Eiswürfeln
(2) Heiß mit einem Silberlöffel
(3) Kalt in einer Cocktailschale
(4) Kalt oder warm

[24] Wenn auf der Einladung zu einem eleganten Bankett „White Tie" erwünscht ist, trägt der Herr ...
(1) einen Frack
(2) eine weiße Krawatte
(3) weiße Lackschuhe
(4) einen weißen Smoking

Service [Antworten]

[19] Mozzarella
In Italien findet man unzählige regionale und international bekannte Käsesorten, die sehr unterschiedliche Verwendungen finden. Mozzarella ist ein Frischkäse, der wenig Eigengeschmack hat und daher meistens zusammen mit einigen Zutaten als Vorspeise serviert wird.

[20] Eine kleine Schale mit warmem Wasser
Für manche Speisen braucht man kein Besteck, es genügen die Finger. Danach sind die gute alte „Fingerbowle", also eine Schale mit lauwarmem Wasser und einer Zitronenscheibe darin, und eine weitere Serviette angebracht.

[21] Im Uhrzeigersinn
Wenn es die Räumlichkeit erlaubt, wird im Uhrzeigersinn serviert. Üblich ist es, bei der Dame zu beginnen, die rechts vom Besteller sitzt, bzw. beim Besteller selbst.

[22] Alle Teller werden von rechts abserviert
Damit der Gast beim Servieren möglichst wenig gestört wird, gibt es eine Reihe von Servierregeln. Bei den angeführten Beispielen ist fast alles richtig. Allerdings werden nur jene Teller von rechts abserviert, die vor dem Gast oder rechts von ihm stehen. Somit sollte ein Salat- oder Brotteller, der ja links vom Gedeck steht, unbedingt von links abserviert werden.

[23] Kalt oder warm
In Asien gibt es verschiedene Arten von Reiswein. Seine Herstellung ähnelt eher der des Bieres als des Weines. Eine auch in Europa bekannte Art ist der japanische „Sake". In der kalten Jahreszeit wird er warm mit einer Temperatur von höchstens 55 °C serviert. In hochwertiger Qualität wird er meistens kalt bei etwa 7 °C serviert.

[24] ... einen Frack
»White Tie« ist der Dresscode für die allerfeierlichsten Anlässe in hoher Gesellschaft. Gemeint ist damit eine »vollständige Abendgarderobe«, also ein schwarzer Frack mit weißer Fliege für die Herren.

Service [Fragen]

[25] Wenn zu einer eleganten Abendveranstaltung Smoking oder dunkler Abendanzug erwünscht ist, könnte als „Dresscode" auf der Einladung stehen ...
(1) Grey Tie
(2) Black Tie
(3) Cravate blanche
(4) Private-casual

[26] Wo sollte beim Gedeck für ein mehrgängiges Menü der Dessertlöffel liegen?
(1) Über der Dessertgabel mit dem Griff nach links
(2) Unter der Dessertgabel mit dem Griff nach links
(3) Über der Dessertgabel mit dem Griff nach rechts
(4) Unter der Dessertgabel mit dem Griff nach rechts

[27] Bei einem klassischen internationalen Menü wird zur Suppe meistens kein Wein serviert. Wenn doch, dann am ehesten ...
(1) leichter Weißwein
(2) feiner Champagner
(3) alter Portwein
(4) trockener Sherry

[28] Wenn es ganz fein sein soll: Wie lautet der korrekte Ausdruck für die Tischordnung?
(1) Place à table
(2) Mise en place
(3) En place
(4) À la place

[29] Nach dem Essen sollten beide Besteckteile parallel nebeneinander auf dem Teller liegen nach welchem Zeigerstand auf einer Uhr?
(1) Neun Uhr
(2) Zwischen vier und fünf Uhr
(3) Sieben bis acht Uhr
(4) Drei Uhr

Service [Antworten]

[25] ... Black Tie
Er verlangt einen Smoking oder dunklen Abendanzug.

[26] Über der Dessertgabel mit dem Griff nach rechts
Beim Decken eines mehrgängigen Menüs sollten gewisse Regeln eingehalten werden, zumindest bei einem korrekten Service. Alle Serviceregeln haben den Sinn, dem Gast Annehmlichkeit zu bieten. Da die meisten Menschen den Dessertlöffel mit der rechten Hand nehmen, sollte er auch leicht mit rechts zu greifen sein.

[27] ... trockener Sherry
Es klingt zwar etwas verstaubt und altmodisch, aber als das einzige passende Getränk zu Suppen wird trockener Sherry angesehen. Natürlich gibt es Ausnahmen: Zu einer Weinsuppe trinkt man gerne denselben Wein, der zum Kochen verwendet wurde.

[28] Place à table
Im deutschsprachigen Raum wohl nicht mehr so oft verwendet, aber beim feinen Bankett noch gebräuchlich.

[29] Zwischen vier und fünf Uhr
Wer mit dem Essen fertig ist, sollte sein Besteck nicht einfach irgendwie auf dem Teller liegen lassen. Ein mit der Gabel gekreuztes Messer bedeutet zum Beispiel: „Ich hätte gerne noch mehr!" Nach dem Essen sollte das Besteck fast quer über dem Teller liegen.

Service [Fragen]

[30] Auf welcher Seite des Hauptspeisentellers sollte der kleine Teller für das Beilagenbrot stehen?
(1) Rechts
(2) Oberhalb des großen Tellers
(3) Links
(4) Egal, ob links oder rechts

[31] Die Kaffeehauskultur wird in Wien auch heute noch sehr hochgehalten. Wann wurde das erste Kaffeehaus eröffnet?
(1) Ende des 16. Jahrhunderts
(2) Anfang des 17. Jahrhunderts
(3) Ende des 17. Jahrhunderts
(4) Anfang des 18. Jahrhunderts

[32] Was macht man mit der Serviette, wenn man während des Essens den Tisch verlässt? Man ...
(1) legt sie links neben das Gedeck
(2) nimmt sie am besten mit
(3) deckt damit die Weingläser zu
(4) gibt sie inzwischen dem Tischnachbarn

[33] Mit welchem Besteck sollte ein geräucherter Aal serviert werden?
(1) Mit einem Gourmetlöffel
(2) Mit einem normalem Essbesteck
(3) Mit einem Fischbesteck
(4) Am besten nimmt man die Filets mit den Fingern

[34] Welches ist das Originalglas für Sherry?
(1) Coppa
(2) Tumbler
(3) Copita
(4) Flute

[35] Wie oft kann ich aus einer Magnumflasche Wein jeweils einen achtel Liter ausschenken?
(1) sechsmal
(2) achtmal
(3) zehnmal
(4) zwölfmal

Service [Antworten]

[30] Links
Der Brotteller und auch der Salatteller stehen bei einem fachlich perfekten Service links vom Hauptspeiseteller. Daher sollten Brot und Butter genauso wie Salat von links eingestellt oder eingereicht werden.

[31] Ende des 17. Jahrhunderts
Das erste Kaffeehaus Wiens wurde nach der zweiten Belagerung durch die Türken eröffnet. Über die Entstehung gibt es unterschiedliche Geschichten. Es ist auch nicht ganz sicher, ob der Offizier Georg Franz Kolchitzky oder der Grieche Johannes Diadato der erste „Kaffeesieder" der Stadt war. 1683 scheint aber als Eröffnungsjahr gesichert. 1983 wurde das 300-jährige Jubiläum in den vielen noch existierenden „echten" Kaffeehäusern Österreichs gebührend gefeiert.

[32] … legt sie links neben das Gedeck
Leicht zusammengefaltet legt man die Serviette links neben das Gedeck.

[33] Mit einem normalem Essbesteck
Das Fleisch vom Aal ist sehr kompakt, egal, ob geräuchert oder gebraten. Wie auch für andere kalte Fischgerichte ist das „normale" Essbesteck das passendste. Wenn der Aal in einem Menü serviert wird, dann ist das Dessertbesteck das richtige.

[34] Copita
Die spanische Bezeichnung für ein kleines Probierglas für Wein ist „copita". Das typische kleine Sherryglas mit tulpenförmigem Kelch heißt auch „catavino" oder „caña".

[35] 12 Mal
Die Magnumflasche hat einen Inhalt von 1,5 Litern. Ein Achtel sind 0,125 Liter. Somit kann man wenn zwölf Gläser füllen. Als Speisenbegleiter reicht eine solche Flasche immerhin schon für einen größeren Gästekreis.

Service [Fragen]

[36] Wenn bei einer eleganten Veranstaltung nach „französischer Art" von der Platte serviert wird, wird zuerst vorgelegt ...
(1) das Fleisch
(2) die Sauce
(3) die Sättigungsbeilage
(4) die Gemüsebeilage

[37] Welche Regel passt bei einer Weinempfehlung zu einem süßen Dessert?
(1) Zu einem süßen Dessert passt überhaupt kein Wein
(2) Je süßer das Dessert, desto süßer der Wein
(3) Je süßer der Wein, desto weniger süß das Dessert
(4) Je süßer das Dessert, desto trockener der Wein

[38] Welche Bedeutung hat es, wenn man bei einem Essen Messer und Gabel gekreuzt auf den Teller legt?
(1) Ich bin gesättigt
(2) Ich habe schlechte Tischmanieren
(3) Ich hätte gerne Nachschlag
(4) Es hat mir nicht geschmeckt

[39] Wer „xerophilen" Wein liebt, bestellt diesen in der Geschmacksrichtung ...
(1) süß
(2) lieblich oder halbsüß
(3) halbtrocken
(4) trocken

[40] Damit ein hochwertiger Rotwein in der richtigen Temperatur serviert werden kann, wird er manchmal ...
(1) chambriert
(2) dekantiert
(3) präsentiert
(4) vakuumiert

[41] Der „Table d'hôte"-Service ist in manchen Ländern und somit auch in Urlaubsländern aktuell. Was ist das Besondere dabei?
(1) Essen, so viel man will, zu einem Fixpreis
(2) Ein einheitliches Menü für alle Gäste, zur selben Zeit serviert
(3) Jeder Gast holt sein Essen selbst vom Buffet
(4) Nur Plattenservice für alle Gäste

Service [Antworten]

[36] ... das Fleisch
Egal, ob alles auf einer Platte angerichtet ist oder nicht, das Fleisch wird immer als erstes vorgelegt.

[37] Je süßer das Dessert, desto süßer der Wein
Die Regeln bei der Anpassung von Wein und Speisen richten sich nach dem Geschmacksempfinden des Einzelnen. Aber allgemein gilt für ein Dessert: Süße und Süße gleichen sich aus, daher sollte auch entsprechend süßer Wein serviert werden.

[38] Ich hätte gerne Nachschlag
Allerdings gibt es bei einem feinen Essen nicht immer einen Nachschlag oder ein „Supplement", wie es in der Restaurantsprache heißt.

[39] ... trocken
Die Bezeichnung „xerophil" kommt aus dem Griechischen und bedeutet „trocken-lieblich". Nach den Weingesetzen in Österreich und Deutschland dürfen solche Weine höchstens bis zu 9 Gramm Restzucker pro Liter haben, allerdings abhängig von der Säure.

[40] ... chambriert
Ein gutes Restaurant sollte besondere Weine in der richtigen Temperatur aus einem Weinklimaschrank anbieten können. Früher waren Rotweine aus dem Keller oft zu kalt. Ein langsames Erwärmen auf Raumtemperatur ist das „Chambrieren". Leider werden Rotweine heute oft zu warm serviert. Der Alkohol als flüchtiger Bestandteil dominiert dann den Duft, und die Fruchtaromen kommen zu kurz.

[41] Ein einheitliches Menü für alle Gäste, zur selben Zeit serviert
Was für den Franzosen „Table d'hôte", ist für den Engländer der „Host table": der Tisch der Gastgeber. In Hotelpensionen mit geschlossenem Gästekreis ist es ein festes Menü, das für alle Gäste zur selben Zeit serviert wird.

Service [Fragen]

[42] Welcher dieser österreichischen Weine sollte zu einem gekochten „Wiener Tafelspitz" empfohlen werden?
(1) Gewürztraminer
(2) Blaufränkischer
(3) Grüner Veltliner
(4) Blauer Zweigelt

[43] Im eleganten Restaurant wird noch „filetiert" und „tranchiert". Was ist der Unterschied?
(1) Es gibt keinen Unterschied
(2) Kleine Gerichte werden filetiert, große tranchiert
(3) Orangen werden filetiert, Bananen tranchiert
(4) Fleisch wird tranchiert, Fisch filetiert

[44] Welches dieser Eieromelettes sollte nicht mit Messer und Gabel serviert werden?
(1) Omelette aux confitures
(2) Omelette paysanne
(3) Omelette aux asperges
(4) Omelette florentine

[45] Verschiedene Dinge, die auf einem Gasthaus- oder Restauranttisch stehen, sind für das Servicepersonal die „Menagen". Nicht dazu gehört/gehören ...
(1) die Maggiflasche
(2) der Aschenbecher
(3) der Salz- und Pfefferstreuer
(4) der Zuckerstreuer

[46] Funktionelle und schöne Weingläser haben im Restaurant eine immer größere Bedeutung. Die größte Pionierarbeit bei der Entwicklung zeitgemäßer Gläser leistete die Firma ...
(1) Spiegelberg
(2) Lilienthal
(3) Riedel
(4) Stolzhof

Service [Antworten]

[42] Grüner Veltliner
Die Regel „roter Wein zu dunklem Fleisch" ist alt und überholt. Die Art der Zubereitung ist meistens wichtiger als die Art des Fleisches, wenn es um die Anpassung von Wein und Speisen geht. Unter den angeführten österreichischen Weinen kommt nur der Grüne Veltliner als Begleiter zum Tafelspitz infrage. Wäre der Tafelspitz aber geschmort, dann passen auch Zweigelt oder Blaufränkisch.

[43] Fleisch wird tranchiert, Fisch filetiert
Beide Begriffe kommen aus dem Französischen. „Filetieren" müsste eigentlich „filieren" heißen, denn „le fil" ist der Faden. „Trancher" ist die Bezeichnung für abschneiden oder zerlegen. Die Unterscheidung ist ziemlich eindeutig: Fische und Früchte werden „filetiert", Fleischstücke und Geflügel „tranchiert". Übrigens: Auch der Hummer wird tranchiert.

[44] Omelette aux confitures
Die Regel ist einfach: Ein pikant gefülltes Omelette wird wie eine warme Vorspeise serviert, also mit Messer und Gabel in der Größe des Essbestecks.
Das „Omelette aux confitures" ist süß und wird wie ein warmes Dessert mit Dessertlöffel und Dessertgabel serviert (als „Menage" den Staubzucker nicht vergessen!). „Omelette paysanne" = Bauernomelette; „asperge" ist Spargel, und „florentine" wird immer mit Spinat in Verbindung gebracht.

[45] ... der Aschenbecher
Alle angeführten Gegenstände findet man vor allem auf den Tischen von einfachen, gutbürgerlichen Gaststätten. Der Aschenbecher gehört allerdings auf keinen Fall dazu, auch dort nicht, wo eventuell noch geraucht werden darf.

[46] ... Riedel
Schon vor etwa 50 Jahren begann die Tiroler Glashütte Riedel mit der Entwicklung und dem Design funktioneller Weingläser. Der Glaspionier Prof. Claus Josef Riedel erforschte als erster den Einfluss von Glasformen auf die Eigenschaften und den Geschmack verschiedener Weine. Die berühmte „Sommelier-Serie" ist noch immer das große Vorbild in der Branche und hat unzählige Nachahmungen erlebt.

Service [Fragen]

[47] Welches Essbesteck verwendet derzeit die Mehrheit der Menschen zur Aufnahme von festen Speisen?
(1) Messer und Gabel
(2) Essstäbchen
(3) Die Finger der rechten Hand
(4) Die Finger der linken Hand

[48] Spätestens beim Essen von „Pasta asciutta" erkennt ein italienischer Kellner, dass der Gast Deutscher oder Österreicher ist, weil er ...
(1) zusätzlich noch Ketchup braucht
(2) seine Spaghetti mit Löffel und Gabel isst
(3) sich mit dem Sugo bekleckert
(4) die langen Nudeln zuerst mit einem Messer zerteilt

Service [Antworten]

[47] Die Finger der rechten Hand
Es klingt für uns vielleicht eigenartig, aber Messer und Gabel haben in der Welt des Essens am wenigsten Bedeutung. Die Verwendung unseres Bestecks ist eine vergleichsweise neue Sitte, die sich erst im bürgerlichen Europa des 19. Jahrhunderts durchgesetzt hat. Wesentlich mehr Menschen verwenden Essstäbchen als Essbesteck. In den meisten Kulturen der Welt wird teilweise oder ganz auf ein Essbesteck verzichtet und mit den Fingern gegessen. Dazu dürfen im islamischen Kulturbereich und bei Anhängern des Hinduismus nur die Finger der rechten Hand für die Nahrungsaufnahme verwendet werden. Mit der linken „unreinen" Hand wird die Köperreinigung vorgenommen. Nach Schätzungen verwenden weltweit 900 Millionen Menschen Messer und Gabel, 1,2 Milliarden Essstäbchen und etwa 4,2 Milliarden die Finger.

[48] … seine Spaghetti mit Löffel und Gabel isst
In einem Teller mit Spaghetti, der in Italien von Touristen bestellt wurde, liegt meistens schon ein großer Löffel. Wo es etwas feiner zugeht, wird der Suppenlöffel nachgedeckt, denn die meisten Gäste aus Mittel- und Nordeuropa brauchen zum Nudelessen auch einen Löffel. Der Italiener isst seine Pasta hingegen nur mit der Gabel und rollt die Spaghetti am Tellerrand zu mundgerechter Größe zusammen.

Index

▶ A

Aachener Printen 113
Aalsuppe 53
Abendanzug 317
Aceto Balsamico 129, 169
Adipositas 231
Agar-Agar 127
alkoholfrei 269
Alligator pear 83
Alsterwasser 281
Alters-Diabetes 259
Altwiener-Küche 11
Al dente 39
al dente 217
Aminosäure 259
Amuse gueule 101
Amuse gueule 27
Anchovis 131
Angel's Share 295
Angostura 267, 271, 275
Angusrind 69
Antipasti 95, 115
AOC 123
Aperitif 273, 291
Aperol 283
Applejack 185
Aquafarming 185
Arborio 73
Argenteuil 55
Armagnac 265, 285
Ars Vivendi 193, 201
Artischocke 239, 273
Artischocken 315
Ascorbinsäure 249, 257
Asiatische Petersilie 149
Aspartam 137
Aurora 35
Ausgebackenes 101
Austern 315
au four 41
Averna 303
AW-Wert 241
à discretion 181
À la carte-Restaurant 43
À la Dubarry 29
à la marinière 101
à la minute 203
À part 185
à part 309

▶ B

Bacalhau 69
Bacardi 287
Backpulver 251
Baden-Baden 59
Bain-marie 195
Baked Alaska 101
Bakterien 239
Ballaststoffe 235, 237, 243, 259
Bami goreng 83
Bananen 241
Bananenproduzent 209
Bardrink 299
Baronstück 55
Basilikum 147
Basis 19
basischen Ernährung 261
Basmati 175
Beamtenforelle 213
Béarnaise 19
Béchamelsauce 29, 51
Beefeater 215
Beefeaters 185
Beeren 233
Beerenfrucht 13, 155
Beilagenbrot 319

Index

Beiried 175
Bellini 285
Besteck 311
Bib Gourmand 123
bien cuit 201
Bier 269, 281, 283, 291, 293, 297, 301, 303
Bio-Eier 147
Bisque 67
Bistecca alla Fiorentina 93
Bitteraperitif 271
Blauschimmel-Käse 141
Blinis 17, 37
Blütengewürz 131
blutig 201
BMI 231
Body-Maß-Index 231
Bœuf à la mode 67
Bohnenkraut 35
Bollito misto 83
Bombay Sapphire 215
Bordelaise 35
Borschtsch 83, 93
Bottarga 123
Bouillabaisse 69
Bouquet Garni 187
Bourbon-Whiskey 285
Bowle 293
Brackwasserfische 163
Braisière 181
Brandy 301
Brasato 115
Brasserie 197
Bratenthermometer 223
Brauerei 267, 273
Bresse 87
Bressehuhn 123
Bries 131
Brioche 39
Brot 309
Bruch 205
Brühwürfel 219
Brunoise 199
Brussels Sprouts 165
Büffelmilch 141
Buffet 211

Bummerlsalat 201
Bündner Fleisch 81
Burritos 91
BYO 79
B and B 277

▶ **C**

Café-de-Paris 37, 85
Caffè corretto 277
Caipirinha 273, 299
Calvados 123
Campari 271
Cannelloni 79
Cantucci 91
Cantuccini 91
Carbonara Sauce 109
Carpaccio 21, 71
Cashew-Nüsse 205
Cerealien 95
Cesar`s Salad 13
Cevapcici 115
Champagner 217, 285, 289, 313
Charlotte 37
Chateaubriand 47
Châteaubriand 37
Cherry Heering 271
Chèvre 143
Chiabatta 143
Chiffonade 29
Chili con carne 83, 107
Chinarestaurant-Syndrom 243
Chinesische Haselnuss 151
chinesische Stachelbeere 145
Cholesterin 233, 247
Chop Sue 75
Chorizo 85
chweinsnetz 29
Cidre 299
Clam chauder 17
Cloche 309
Cobalamin 253
Coca Cola 297
Cocktail 271, 275, 277
Cognac 291, 305
Coleslaw 103
Confit 107

Index

Consommé 67, 119
Convenience Food 251
con la mosca 279
con melanzane 63
Court Bouillon 27
Couscous 77
Cox Orange 149
Cozze 73
Crème Chantilly 37, 85
Crêpes Suzette 10
Crépinetten 37
Croissants 89
Crostini 69
Crostini alla Toscana 69
Croûtons 11, 49
Curacao 271
Curry 139, 171
Currypulver 139

▶ **D**

Daiquiri 265, 303
Darne 25
demi-sec 287
Demiglace 31
Dessert 311
Dessertwein 297, 301
Deutscher Kaviar 157
Dextrose 227
Diabetes 259
Diät 235, 247
Diätetik 261
Dim Sum 85
Dirndlschnaps 293
Disgusting Food 195
doppeltes Steak 37
Dresscode 317
durchgebraten 201

▶ **E**

E-Nummern 183, 195, 227, 235, 255
Earl Grey 269
Èclairs 31
Edelkastanie 149
Edelpilzkäse 191
Eierfrucht 79, 131

Eieromelette 323
Eierstich 31
Einspänner 265
Eiserzeugung 21
Eissorte 119
Eiszubereitung 261
Eitrige 123
Eiweißstoffe 229
Ekelspeisen 196
Emu-Fleisch 145
Emulsion 55
Emulsionen 49
Englische Marmelade 107
Englische Supp 101
Entrecôte 85
Entrée 15
Entremetier 201
Enzyme 241
en papillote 21
Erdbeeren Romanow 25
Escargots 63
Escoffier 17
Espresso 305
Essbesteck 325
Estragon 59
EU 223

▶ **F**

Fabergé-Ei 127, 209
Falafel 87
Farce 23
Fast-Food-Kette 105
Fastfood 237
Feingemüse 147
Feta 151
Fiakergulasch 93
Filet 25
filetiert 323
Fines herbes 43
Fine de claire 89
Fingerfood 31
Fischsuppe 69
Flachspflanze 167
Flädle 75
Flecksuppe 97
Fleischpastete 17

Index

Fleischsorten 167
Fleurons 27
Flip 265
Florentine 49
Florentiner Art 49
Focaccia 113
Fogosch 85
Foie gras 81
Folienkartoffel 311
Fond 31
Fondant 31
Forelle Blau 11
frappieren 203
French Dressing 33
Friedrich von Holstein 33
Frikandeau 175
Frischfleisch 203
Frischlingskotelett 21
Frittaten 75
Fruchtgemüse 165
Fuselöle 259
Fussili 153

▶ **G**

g. g. A. 173
Galantine 33
Gambrinus 193
Ganzfruchtgetränke 305
Garde-Manger 205
Garde Manger 33
Garnitur 23, 29, 33, 35, 55, 59, 87, 93
Gärungsessig 165
Gastropoden 197
Gault Millaut 213
Gazpacho 75, 89
Gedeck 317
Geflügelarten 227
Geflügelsorte 123
geräucherter Aal 319
Germkuchen 97
Geschnetzeltes 187
Getreide 181
Gewichtsklasse 143
Gewichtsreduzierung 235
Gin 285
Glasnudeln 165

Glen 285
Glögg 277
Gluten 241
Gorgonzola 145, 191
Grana Padano 147
Grand Marnier 265, 281
Granita 87
Granitée 87
Grenadiermarsch 115
Grenadin 289
Grundsauce 51
Grundzube-reitungsart 187
Grundzubereitungsart 11
Grüne Fee 291
grüne Rauke 161
Grünkern 173
Guave 171
Guéridon 311
Gugelhupf 23
Güggeli 97
Guide Michelin 123
Guinness 291
Gulasch 51, 91
Gurke 137, 199
Gurkenschnee 211

▶ **H**

HACCP 224
Haferbrei 73
Haggis 99
halal 103, 189
Handkäs mit Musik 57
Harry's Bar 285
Hartkäse 173
Hautgout 95
heißes Eis 211
Helix pomatia 107
Hessen 57
Hollandaise 19
Homogenisieren 207
Hülsenfrüchte 173
Humidor 185
Hummer 165
Hygiene 223

331

Index

▶ **I**

Ingwer 159
Innereien 177, 231
Insalata Caprese 81
Irish Coffee 279
Irish Stew 95
italienische Käse 163
Izarra 283

▶ **J**

Jansson's Frestelse 63
japanisches Fondue 99
Jause 157
Joghurt 259
Johnnie Walker 295
Joule 227
Julienne 15

▶ **K**

Kabeljau 133
Käferbohnen 173
Kaffee 269, 279
Kaffeebaum 277
Kaffeegebäck 57
Kaffeehaus 269, 319
Kaffeehauskultur 319
Kaffeesorte 297
Kalbfleisch 113
Kalbschnitzel 33
Kalbsleber 23
Kalorie 227
Kalorien 261
Kältemaschine 197
Kalte Ente 293
Kalzium 245
Kamut 131
Kantalup 139
Kapaun 153, 155
Kapstachelbeere 167
Karambole 127
Karkasse 41
Kartoffeln 215
Kartoffelpüree 53
Käse 13, 203

Käsefondue 107
Käseherstellung 205
Käsesorte 135, 155
Kasseler 27
Kasseler Rippenspeer 27
Kaviar 135, 221
Kaviarersatz 157
Kebab 111
Kefir 127
Kellner 325
Kerntemperatur 223
Keta-Kaviar 141
KFC 105
Kipper 97
Kirschlikör 271
Knäckebrot 149
Knoblauch 191
Knurrhahn 157
Kobe-Rind 167
Kochverfahren 33
Kohlehydraten 249
Kokotte 47
Kombucha 233, 295
Konditor 39
Königsberger Klopse 47
König der Käse 109
König der Köche 17
Konservierung 241
Kopffüßler 155
Kopra 41
Korkenzieher 313
Kraftbrühe 75
Kräuterbitter 283, 303
Kräuterlikör 273, 283
Kräutersirup 303
Kressesorte 157
Krimsekt 293
Krustentiere 145
Küchenbrigade 33, 41
Küchenfachsprache 31, 37
Küchengewürz 157, 177
Küchenkraut 149
Kugelfisch 91
Kühlmaschinen 21
Kumquat 153

Index

▶ L

Labskaus 19, 87
Lachs 39, 145
Lady Curzon 13
Lager 297
Lakka-Likör 275
Lakritze 205
Laktoseintoleranz 253
Lambic 279
Lamm 55
Lammbraten 117
Lammfleisch 105
Landjäger 157
Languste 165
Laugenbrezel 187
La Fée Verte 291
Lebensmittelzusätze 249
Lebensmittelzusatzstoff 137
Lebensmittelzusatzstoffe 183, 227
Leipziger Allerlei 35
Liebesknochen 31
Likör 43, 271, 279, 281, 283, 287
Limonade 237, 255
Lipoiden 233
Litschi 141
Liwanzen 91
Longdrink 301
Lukullus 189, 209
Lungenbraten 79

▶ M

Maggikraut 161
Magnumflasche 319
Maizena 177
Mangold 207
Maniok 161
Maraschino 43
Marmelade 57, 171
marmoriert 49
Martini 285
Martini Dry 275
Marzipan 139
Mate 269
Matrosenfleisch 115
Mayonnaise 43, 53, 253

Mazerieren 15
mazerieren 43
Meat-Tenderizer 221
medium 223
Mehlsorte 155
Mehlspeise 23
Menagen 323
Menü 309, 317
Metropole des Senfs 199
Michelin-Führer 193
Mignon de veau chasseur 19
Milchgebiss 233
Mineralstoff 245
Mirabelle 153
Mirepoix 29
Mise en place 211
Mock turtle soup 73
Molekularküche 207
Molke 163, 299
Montieren 15
Mornaysauce 51
Mostrich 151
Mozartkugel 189
Muckefuck 215
Müllerinnen Art 15
Mulligatawny 75
Muskatnuss 177

▶ N

Nachtschattengewächs 161, 169
Nahrungsergänzung 249
Napoléon 291
Nationalgerichte 111
Noilly Prat 45
Nouvelle Cuisine 183
Nudelblätter 63
Nudelsorten 173
Nusssorten 159

▶ O

Obatzter 99
Obers 15
Obi 185
Obstsorten 165
Oktopus 155

Index

Öl 153
Ölbaum 205
Olivenöl 147
Oloroso 301
Omnivore 217
Ossietra 129
Ossobuco 65
Osteoporose 257
Ostrich 117

▶ **P**

Pacojet 51
Paella 63, 65, 147
Panettone 77
Panna Cotta 93
Pannetone 97
Panzanella 123
Paprika 181
parieren 183, 195
Pariser Kartoffeln 75
Parmentier 23, 47
Parmesan 141
Pasta 63, 75
Pasta aglio e olio 65
Pasta asciutta 325
Pastis 277
Pastrami 99
Patissier 37, 41
Pektin 251
Pellkartoffeln 115
Pesco-Vegetarier 257
Pesto 159, 167
Petit Fours 29
Pfannkuchenstreifen 75
Pfeilwurz 49
Pilaw 71
Pilze 255
Pilzsauce 47
Pinienkerne 147
Piroggen 105
Pizza-Gewürzkraut 13
Pizzagewürz 53
Pizza funghi 89
Plattfisch 163, 169
Plongeur 213
pochiert 13

pochierte Eier 35
Polenta 35
Pommes frites 19, 77
Pop-Art 207
Popcorn 155
Popeye 213
Portwein 283
Porzellan 211
Posten 213
Potage 119
Poularde 137, 155
Powidl 89, 175
pré-salé 117
Pressknödel 57
Probiotisch 259
Profiterolen 45
Protein 227, 245
Pudding 121
Pulversuppe 219
Püree 45

▶ **Q**

Quattro stagioni 103
Quiche Lorraine 113

▶ **R**

Raki 277
Ramandolo 277
Rambutan 163
Rapunzel 219
Ratatouille 93
Rauchbier 267
Raznici 77
Reinheitsgebot 209, 267, 281
Reis 163
Reissorte 175
Reiswein 315
Restaurantführer 213
Restaurantküche 195
Restaurantservice 315
Retsina 197
Rettich 191
Rhabarber 137, 231
Rheinischen Sauerbraten 13
Ribiseln 151

Index

Riboflavin 253
Rinderlende 37
Rinderrasse 167
Rindersteak 223
Rindsgulasch 93
Roastbeef 121
Rohkaffee 299
Rohschinken 67
Rolling Pin 221
Römertopf 197
Roquefort 191
Rostbraten à la Esterhazy 13
Rote Bete 137
Rôti au four 57
Rotwein 281, 321
Rotweinsauce 35
Roux 43
Rübe 193
Russischen Sauce 53

▶ S

Sachertorte 57
Safran 161
Sago 141
Sahne 251
Sake 267
Salami 135
Salatklassiker 13
Salatmarinade 33
Salatsauce 121
Salat Niçoise 11
Salmonellen 181, 239
Salmoniden 181
Salsa verde 91
Saltimbocca 87
Saltimbocca alla romana 73
Salzburger Nockerln 97
Sambal 113
Sambal Oelek 143
Sambuca 279
Sangria 293
Sardellen 133
Sashimi 73
Sauce aioli 41
Sauce Béarnaise 53
Sauce Cumberland 17

Sauce Hollandaise 15, 51
Sauce Maltaise 51
Sauerkraut 167
Sauermilchgetränk 127
Savarin 17
Schafsmilch 135, 141
Schaumwein 287, 311
Schiffskoch 203
Schildkrötensuppe 73
Schillerlocken 133
Schimmel 189
Schlachtfleisch 175
Schlagsahne 15
Schnitzel 47
Schokoglasur 57
Schokoladentorte 39
Schöpsenbraten 117
schottisches Nationalgericht 99
Schupfnudeln 19
Schwäbischen Maultaschen 97
Schwarzplenten 71
Schwarztee 289
Schweinskarree 27
Schweizer Rüblitorte 105
Seeaal 145
Seemanns-Art 101
Seemannsgericht 87
Seezunge Colbert 63
Seezunge Walewska 113
Seitan 237
Sekt 303, 313
Sektcocktail 303
Senf-Hauptstadt 85
Servierplatte 309
Serviersystem 311
Serviette 319
Sevruga 129
Shandy 287
Sherry 291, 297, 319
Shortdrink 277
Silberbesteck 309
Singapore Sling 295
Skifahrertee 275
Skorbut 191, 259
Slow Food 183, 213
Smoking 317

335

Index

Soljanka 99
Sorbet 21
Soubise 45
Sous-Chef 195
Sous-vide 55
Souvlaki 93
Spaghetti 75
Spaghetti alla carbonara 111
Spaghetti alle vongole 77
Spargel 147, 169
Spargelernte 195
Speiseeis 21
Speisefisch 153
Spumante 285
Steak 37, 69, 117, 121
Steakhaus 201
Sternekoch 207
Stilton 109, 191
Stockfisch 133
Stopfei 205
Stracciatella 119
Striezel 57
Südtiroler Küche 71
Sukiyaki 99
sunny side up 65
Sunshine drink 265
Suppe 317
Suppeneinlage 45
Supplément 207
Surf`n Turf 79
Surimi 109, 129
Sushi 73, 87, 109
Süßholz 207
Süßigkeit 181
Süßspeise 37, 41, 45, 53, 167
Süßstoff 253
Szegediner Gulasch 51

▶ **T**

Tabak 161
Table d'hôte 321
Tandoor 103
Tandur 103
Tanqueray Rangpur 215
Tapas 109, 219
Tarhonya 119

Tarte aux pommes 69
Tastevin-Schale 313
Taurin 301
Tee 275, 281, 305
Teigtaschen 105
Teigwaren 217
Temperatu 203
Tempura 51
Tequila 271
Terrine 67
Testarossa 303
The Naked Chef 213
Thousand-Island-Dressing 121
Thunfisch 139
Tiefkühlkette 251
Tiefkühltruhe 221
Tintenfisch 155
Tiramisu 83
Tirol 57
Tischordnung 317
Titbits 69
Toddy 301
Tofu 163
Tomate 169
Tomaten 253
Tomatenconcassé 25
Tomatensuppe 207
Tonic-Water 291
Tonic Water 303
Topinambur 133
toskanisches Mandelgebäck 91
Tournedos 21, 43
Tournedos à la Rossini 25
Tournedos Rossini 23
tourniert 27
tranchieren 189
tranchiert 323
Traubenkernöl 129, 241
Trauttmansdorff 55
Trennkost 247
Trepang-Suppe 103
Tripes 71
Tripes à la mode 123
Tris 119
trockener Wermut 175
Trüffel 199

Index

Tuber 137
Typenbezeichnung 155
Tzatziki 111

► U

umami 223

► V

Vakuum 223
Vanille 11
Vanillerostbraten 11
veccio 199
Veganer 235, 257, 279
Vegetarier 229, 257
Velouté 33
Verlorene Eier 27
Vermouth 267
Vichissoise 101
Vinaigrette 17
Vitamine 229, 239, 253
Vitamin C 237, 247
Vitello tonnato 119
Vodka 297
Vol-au-vent 119
vollendendes Kochverfahren 33
Vollmilch 143, 149
Vongole 77

► W

Waldorf-Salat 25
Waldorfsalat 51
Wanderfische 163
Wanzendill 157
Wasabi 139
Weihnachtsdessert 17
Wein 319, 321
Weinbrand 285
Weinglas 311
Weingläser 323
Weintrauben 143
Weintyp 191
Weißbrot 143
Wellington 11
Welsh Rarebit 121

Wermut 45
Whisky 267, 283, 295
White Tie 315
Wienerwald 217
Wiener Kaffeehaus 265
Wiener Tafelspitz 57, 323
Wiener Würstchen 95
wilder Majoran 161
Wildfleisch 59
Wildschwein 135
Windbeutel 45
Wurzelgemüse 51
Würzkraut 161, 299
Würzkräuter 43
Würzsauce 113, 147

► X

X.O. 291
xerophilen 321
Xtabenum 291

► Y

Yorkshire Pudding 121

► Z

Zähne 233
Zarzuela 65
Zar Russlands 25
Zestenreißer 223
Zimt 167
ziselieren 199
Zuckerwürfel 237
Zuppa Inglese 101, 121
Zuppa Pavese 121
Züricher Geschnetzeltes 11
Zwischenmahlzeit 313

Der Autor

Für den Wein war es ein schlechter Jahrgang – 1942 – das Geburtsjahr von Egon Mark. Seine strenge gastronomische Lehrzeit hat er nach der „Alten Schule" in einem Top-Hotel am Arlberg absolviert. Nach einer wunderschönen Zeit auf dem schwedischen Luxus-Liner „Kungsholm" blieb er für drei Jahre in Schweden hängen. Es war 1964/65, als er ausgerechnet dort die Liebe zum Wein entdeckte und damit begann, Weinseminare zu besuchen. Als Abschluss der Schweden-Praxis absolvierte er in Stockholm die Serviermeister-Prüfung (Hovmästare).
Wieder zurück in Tirol, war er als Oberkellner, Geschäftsführer und selbstständiger Gastwirt tätig, bis er dann 1977 eine Stelle als Fachlehrer am Kolleg für Tourismus in Innsbruck antrat.

Egon Mark

Nach der pädagogischen Ausbildung kamen Lehramtsprüfungen für Hotelfach- und Berufsschulen.
Die Idee der Schwedischen Mundschenks-Vereinigung (Sommeliervereinigung) ließ ihn nicht los, und er gründete 1987 den Tiroler Sommelierverein.
Die Idee wurde österreichweit nachgemacht, und Egon Mark erhielt dafür (im Jahr 1995) den Bacchus-Preis für besondere Verdienste um den österreichischen Wein. Nachdem es vorerst in Österreich keine Möglichkeit für eine Ausbildung zum Sommelier gab, absolvierte er die zwei Prüfungen für den italienischen Sommelier in Bozen – allerdings in deutscher Sprache.
Durch die Initiative des Tiroler Sommeliervereins wurden im Jahr 1989 die ersten Kurse und Prüfungen für Diplom-Sommeliers in Österreich durchgeführt. Das Tourismusland Tirol hatte nun die ersten geprüften Sommeliers in Österreich und Egon Mark war einer davon. An verschiedenen Sommelier-Wettbewerben nahm er teil und wurde u. a. 1992 FALSTAFF-Sommelier des Jahres und 1994 Österreichsieger des „Grand Prix SOPEXA" mit dem Titel „Österreichs bester Sommelier für französische Weine und Spirituosen". Inzwischen wurden Sommelierausbildungen in ganz Österreich angeboten, und Egon Mark war Trainer und vielfach auch Prüfer. In den vergangenen 15 Jahren war er als freier Fachjournalist sehr beschäftigt. Zahlreiche Publikationen über kulinarische Themen, mit Schwerpunkt Wein, und umfangreiche Schulungsunterlagen sind in den letzten Jahren entstanden. Für die »Edition Löwenzahn« schrieb Egon Mark drei Taschenbücher über Wein und Bier. Im Verlag Gebrüder Kornmayer ist bereits das Weinquiz „Wein erlernen mit Spaß" erschienen.

weitere Titel des Autors

DAS WEINQUIZ

Wein erlernen wie ein Sommelier

„Den Seinen gibt´s der Herr im Schlaf", sagt der Volksmund (vielleicht stammt das Zitat aus der Bibel ...?).

In Wirklichkeit sieht es aber anders aus, denn das Thema Wein ist fast unerschöpflich. Immer neue Weinländer, die von sich reden machen, kommen dazu. Man kann so manches Gebiet oder Thema zwar in recht kurzer Zeit erlernen, aber ein umfangreiches Wissen muss langsam wachsen, wenn es nicht nur im Kurzzeitgedächtnis gespeichert sein soll.

Es ist sicher ein nicht alltägliches Fachbuch über Wein, wahrscheinlich sogar das Erste dieser Art. Sie als Leser müssen ausnahmsweise nicht mit Seite 1 beginnen. Sie können überall einsteigen, genau bei dem Thema oder Stichwort, das Sie gerade interessiert. Die Unterteilung in acht Fachgebiete wird Ihnen dabei helfen. Die Meinung: „Dieses Buch habe ich schon gelesen", wird es nicht geben, weil Sie immer wieder Interessantes in wenigen Sätzen finden.

Das Weinquiz ist eine beliebte Vorbereitung auf die Sommelier-Prüfung und Gastronome verwenden es gerne, um ihre Mitarbeiter zu schulen. Weininteressierten Laien ermöglicht es, auf spielerische Weise Fachwissen zu erwerben oder zu erweitern und sich zum „Weinwisser" zu entwickeln.

Endlich mitreden können, wenn „Weinexperten" über Anbaugebiete, Kellerarbeiten und Traubensorten fachsimpeln!

Etliche Erfolge bei Wettbewerben kann der Autor & Sommelier Egon Mark verbuchen. So zum Beispiel als „Falstaff–Sommelier des Jahres 1992/93" oder „SOPEXA-Österreich-Sieger 1994" mit dem Titel „Österreichs bester Sommelier für französische Weine und Spirituosen". Für besondere Verdienste um den österreichischen Wein erhielt er 1995 den BACCHUS-Preis.

weitere Titel des Autors

Inhalt:
- Vorwort
- Wein allgemein
- Das Weinland Österreich
- Das Weinland Deutschland
- Die Schweiz als Weinland
- Frankreich „Grande Nation" des Weines
- Italien „Land des Weines"
- Internationale Weine
- Die Geschichte des Weines

Index
Der Autor

 Ausgezeichnet mit dem Gourmand World Cookbook Award in der Kategorie: "Best Wine Education Book"

Autor: Egon Mark
2. Auflage . 520 Seiten . Softcover
Format 21 x 13 cm . Preis: 19,90 €
ISBN 978-3-938173-41-1

weitere Titel des Autors

WEINQUIZ-CD-ROM

Das ultimative Weinquiz mit mehr als 1.300 Fragen aus 8 Fachgebieten für Ihren PC

Die WEINQUIZ-CD des Diplom-Sommeliers Egon Mark enthält über 1.300 Fragen mit 5.200 Antwortmöglichkeiten aus 8 verschiedenen Fachgebieten: allgemeines Weinwissen, Weingeschichte, internationale Weinwelt, Weinländer (Frankreich, Italien, Österreich, Deutschland). Zu jeder Frage gibt es eine Auswahl von 4 möglichen Antworten. Hilfreich und informativ sind dabei die Erklärungen, die Egon Mark jeder einzelnen Frage beigefügt hat.

Sein Weinquiz ist eine beliebte Vorbereitung auf die Sommelier-Prüfung, und Gastronomie verwenden es gerne, um ihre Mitarbeiter zu schulen. Weininteressierten Laien ermöglicht es, auf spielerische Weise Fachwissen zu erwerben oder zu erweitern und sich zum „Weinwisser" zu entwickeln.

Endlich mitreden können, wenn bereits „Wein-Erfahrene" fachsimpeln, über Anbaugebiete, Kellerarbeiten und Traubensorten diskutieren.

Etliche Erfolge bei Wettbewerben kann der Autor & Sommelier Egon Mark verbuchen. So zum Beispiel als „Falstaff–Sommelier des Jahres 1992/93" oder „SOPEXA-Österreich-Sieger 1994" mit dem Titel „Österreichs bester Sommelier für französische Weine und Spirituosen". Für besondere Verdienste um den österreichischen Wein erhielt er 1995 den BACCHUS-Preis.

Computer Software . CD-ROM im Booklet . Format 14 x 12 cm
3. Auflage
Autor: Egon Mark
Preis: 29,80 € [D] / 29,80 € [A] / 46,50 CHF
ISBN 978-3-938173-40-4

weitere Titel des Autors

Frage-Kategorien:
- Allgemeines
- Österreich
- Deutschland
- Schweiz
- Frankreich
- Italien
- International
- Weingeschichte

Systemvoraussetzungen:
Microsoft (TM) Internet Explorers (Vers. 6) für Windows (TM)-Betriebssysteme
Folgende Browser wurden i.V.m. Javascript 1.2 oder höher, erfolgreich getestet:
1. Microsoft Internet Explorer ab Version 5.0
2. Netscape Navigator ab Version 7
3. Mozilla ab V1.3
4. Opera ab Version 7*
5. Konqueror ab Version 3*
(* kleinere Abweichungen in der Darstellung)
Das Quiz muss nicht auf dem PC installiert werden. Die CD in das Laufwerk schieben „und schon läuft das Programm" unter Windows mit allen gängigen Browsern.

...weitere kulinarische Titel finden Sie im Internet:

www.kornmayer-verlag.de